JN441567

# '장소' 론

이 번역총서는 2007년도 정부 재원(교육과학기술부 인문학진흥방안 인문한국지원사업비)으로 한국연구재단의 지원을 받아 연구되었음(NRF-2007-361-AL0001).

Theory of Location in the information society

# '장소'론

## 웹상의 리얼리즘과 지역의 로맨티시즘

마루타 하지메 지음

박화리 | 윤상현 옮김

심산

【일러두기】

1 이 책은 마루타 하지메(丸田一)의 『'場所'論: ウェブのリアリズム, 地域のロマンチシズム』(2008, NTT出版)을 번역한 것이다.
2 원저자의 미주는 편의상 각주로 바꾸었다. 참고문헌은 원서(일본어)에 따라서 그대로 표기하였다. 독자들의 이해를 돕기 위해 추가한 옮긴이의 역주는 각주에 원저자의 미주와 구분하여 시작 부분에 따로 '역주_ '라고 표기하였다.
3 외국의 인명 및 지명, 서명에 대한 표기는 원칙적으로 국립국어원에서 2002년에 펴낸 〈외래어 표기법〉에 근거하였다.
4 이 번역본에 사용한 약호는 다음과 같다. 음이 같은 한자는 ( )를, 강조나 개념어 그리고 인용문은 ' '와 " "를 사용하였다. 그리고 단행본 · 전집 · 정기간행물 등에는 『 』를, 논문 · 단편 · 기사 등에는 「 」를 사용하였다.

## 목차

## 들어가기

이 책은 인터넷이 등장한 후 '장소'의 의미를 재고한 책이다.

장소에 대한 개인적인 관심은 '지역'의 쇠퇴를 생각하던 와중에 생겨났다. 이미 1960년대에는 어디를 가든 똑같은 동일한 경관, 동일한 맛, 동일한 정취를 느낄 수 있게 도시개발이 진행되고 있었다. 그런 기묘한 현상은 '비장소성'(1976, 렐프)[1], '맥도날드화'(1993, 리처)[2], '교외화'(1997, 미야다이)[3], '패스트푸드화'(2004, 미우라)[4], '자스코적

---

1) **역주_** Edward Relph, *Place and placelessness(Research in planning and design ; 1)*, A revision of the author's thesis, University of Toronto, 1973, p.156 (高野岳彦 外 譯, 『場所の現象學』, 筑摩書房, 1999, 341쪽). 'placelessness'는 일본의 번역서(高野岳彦 外 譯, 『場所の現象學』, 筑摩書房, 1999)에서는 '몰장소성(沒場所性)'으로 번역되어 있으며, 김덕현 씨의 번역서에서는 '장소 상실'로 되어 있다. 아마도 렐프의 원서와 마루타 하지메의 문맥을 고려해 보면, 권정화 씨가 서평에서 표현한 '비장소성'이 가장 우리말 문맥에 잘 어울린다고 판단되어, 본 역서에서는 '몰장소성'을 '비장소성'으로 사용하기로 한다(권정화, 「장소의 상실 혹은 진정성의 상실?」, 에드워드 렐프 지음, 김덕현·김현주·심승희 옮김, 『장소와 장소상실』, 논형, 2005, 216쪽 참조).

2) **역주_** George Ritzer, *The McDonaldization of society: an investigation into the changing character of contemporary social life*, Thousand Oaks, Calif: Pine Forge Press, 1993, p.265 (김종덕 번역, 『맥도날드 그리고 맥도날드화—유토피아인가, 디스토피아인가』, 시유시, 1999, 375쪽 ; 正岡寬司 監譯, 『マクドナルド化する社會』, 早稻田大學出版部, 1999, 383쪽).

3) **역주_** 宮台眞司, 『まぼろしの郊外: 成熟社會を生きる若者たちの行方』, 朝日新聞社, 1997, 285쪽.

공간'(2007, 아즈마 · 기타다)[5] 등으로 거듭 설명되어 왔는데, 어느 것이나 모두 공간의 과잉유동성이 초래한 지역의 비장소성을 지적하고 있다.

1990년대로 들어서면서 인터넷이 급속도로 보급되었다. 인터넷이 기존 미디어와 다른 것은 단순한 '전송방식'을 넘어서 '공간형식'을 갖추고 있다는 점이다. 모든 미디어를 잠식해 가고 있는 인터넷상에서 지금까지 우리에게 익숙하던 전화와 텔레비전 같은 기존 미디어는 많은 애플리케이션 중 하나에 불과하게 되었다. 거기에서 기존 미디어가 자만해 온 전송방식은 무효가 되고 그 대신 공간형식이 출현하였다. 이렇게 돌연 '웹 공간'이라고 불리는 새로운 활동공간이 현실세계에 등장하였다.

한쪽에서는 장소를 상실하고, 다른 한쪽에서는 새로운 장소가 생겨난다. 조용히 진행되고 있는 극적인 사태를 명확히 밝혀내는 것이 이 책의 목적이다.

장소란 인간과 관련된 의미있는 공간이다. 말하자면 활동공간인데, 인간에게는 '주거공간'이라고 할 수 있다. 지역을 비롯한 종래의 활동공간을 '현실공간'이라고 부른다면, 웹 공간은 현실공간에 필적할 중요한 활동공간이다. 우리는 두 개의 이질적인 활동공간을 손에 넣었지만, 이 두 공간은 이쪽 편과 저쪽 편, 혹은 리얼(real)과 버추얼(virtual)이라는 식으로 명쾌하게 선을 그을 수는 없다. 오히려 키보드나 스크린을 경계로 두 공간은 서로 겹치고 우리의 지각은 뒤섞여, 특히 '주거공간'으로 보면 이 두 공간은 복잡한 관계를 띠고 있다.

단 이러한 존재론적 논의는 요즈음 거의 볼 수 없게 되었다. 1970년대

4) **역주_** 三浦展, 『ファスト風土化する日本: 郊外化とその病理』, 洋泉社, 2004, 221쪽.

5) **역주_** 東浩紀 · 北田曉大, 『東京から考える: 格差 · 郊外 · ナショナリズム』, 日本放送出版協會, 2007, 297쪽.

까지만 해도 떠들썩했던 존재론적 장소론도 지금은 그 본가였던 지리학에서까지 잊혀져버린 것 같기도 하다. 그러나 최근 들어 사회활동의 중점이 웹 공간으로 이동하면서 자기 혹은 개인을 표현하는 방법이 변질되었다는 지적이 많아지고, 웹 공간을 실존의 근거로 삼아 결국 '주거공간'(장소)으로 보려는 시점이 생겨나고 있다. 거기서 다시 존재론적인 공간(장소)의 관점에서 장소를 둘러싼 상황을 분명히 밝혀나가겠다는 생각을 했다.

이 책의 포인트는 두 가지이다.

하나는 웹 공간의 공간성과 장소성을 분명히 설명하는 것이다. 웹 공간은 약간 과장하는 것 같지만 놀랄 정도의 공간 특성을 보여준다. 대략만 언급해 봐도 '보이지 않는 존재'를 허락지 않는 인터페이스, 섬세한 커뮤니케이션을 실현하는 공시성과 통시성(제1장 각주 7 참조), 제4의 권력으로서의 아키텍처(architecture), 거듭제곱 법칙[6]을 보여주는 데이터베이스 등 현실공간에서는 볼 수 없는 공간성을 보여준다.

---

6) **역주_** 신성철, 「거듭제곱법칙 세상」, 『국민일보』 2008년 4월 15일, 22면 〈과학의 窓〉 칼럼에서 신성철 씨는 다음과 같이 설명하고 있다. "'거듭제곱법칙(power law)'은 큰 현상이 일어날 확률이 적은 반면, 작은 현상이 일어날 확률은 크다. 지진의 예를 들면 강도 높은 지진이 일어날 확률은 작고, 강도 낮은 지진이 발생할 확률은 크다는 것이다. 일상 생활에 문명의 이기 물질로 널리 이용되는 자석에도 무작위적 현상이 존재한다는 사실이 오래 전부터 알려져 왔다. 즉, 자석 물질 내의 미세 자석 방향이 N극에서 S극 방향으로 역전하는 과정이 일정하지 않고 무작위로 불규칙하게 일어나는 현상을 1919년 독일 물리학자 박크하우젠(Barkhausen)이 처음 발견하였다. 거듭제곱법칙에 대해서는 사회학자들도 최근 지대한 관심을 보이고 있다. 일정한 지역에서 서로 관련이 있는 사람 간의 연결망을 만들면 연결망 수와 빈도수의 관계를 알 수 있다. 연결망이 많은 경우의 빈도수는 적고 연결망이 적은 경우의 빈도수는 많음을 예상할 수 있다"고 한다. 이 밖에도 양정훈 · 조항현, 「거듭제곱법칙의 공간패턴 모델링 : 행위자기반모형」, 한국GIS학회 2009년도 춘계학술대회논문집, 275~276쪽 등이 있다.

그리고 이러한 특이한 공간성은 특히 인간과 관련된 웹 공간이 '장소'로서 나타날 때 두드러진다. 개인과 세계가 반전된 그라데이션(gradation)을 제시하며, 휴대폰의 이력 정보와 같은 편재된 디지털 데이터로서 존재한다. 이렇게 웹 공간은 우리의 실존을 지탱하는 '생활공간'이다.

또 하나의 포인트는 현실공간(지역)의 행방을 찾는 데 있다. 웹 공간의 등장으로 우리의 상황은 활동공간의 전체 지도를 바꾸어놓았다. 그 결과, 지역은 모든 존재를 병치하는 '공통의 공간'을 상실하고 '헤테로토피아(混在鄕)'[7]로 바뀌고 있다. 그것은 유토피아(非在鄕)를 지향해 온 우리들이 선호한 현실일 것이다. 우선은 이러한 현실공간의 모순어법(oxymoron)[8]적인 상황을 명확하게 정리한 후에 현실공간의

---

7) **역주_** 배정희, 「카프카와 혼종공간의 내러티브—『국도 위의 아이들』과 헤테로토피아」, 『카프카연구』 vol. 22, 2009, 43~60쪽에서 배정희 씨는, "헤테로토피아(heterotopia)는 '다른, 낯선, 다양한, 혼종된'이라는 의미를 가진 hetero와 장소라는 의미의 topos/topia의 합성어로서 미셸 푸코는 *Die Ordnung der Dinge* (1966)(이광래 역, 『말과 사물』, 민음사, 1987) 서문에서 서로 상관없는 사물들을 묶는 하나의 허구적 질서와 연관지어 언급하고 나서, 1967년 라디오 강연문 「헤테로토피아—유토피아적 몸 : 2개의 라디오 강연문(Die Heterotopien-Der utopische Körper: Zwei Radiobeiträge)」에서 이 개념을 본격적으로 주제화하였다. 푸코는 헤테로토피아를 구성하지 않는 인간의 문화 및 인간 집단은 존재하지 않는다고 하며 한편으로는 헤테로토피아의 보편성을 강조하고, 다른 한편으로는 헤테로토피아는 문화와 문화마다 다르며 또 한 문화 내에서도 그것의 역사적 전개 속에서 다양하고 유동적으로 나타나므로, 절대적으로 보편적인 단일한 형태를 가지지 않는다"고 소개한다. 또한 "이상세계에는 존재하지만 현실세계에는 존재하지 않는 것이 유토피아(utopia=비소성 非所性)라고 한다면, 헤테로토피아는 현실세계에는 존재하나 결코 장소성을 가지지 못하는, '장소 밖'의 장소(=異所性)를 말한다"고 주장하고 있다.

8) **역주_** 모순어법(矛盾語法, oxymoron) : 그리스어로 이루어진 이 단어의 어원(oxus=sharp, moros=foolish)에서 볼 수 있듯이 서로 반대가 되거나, 의미가 상치하는 두 어구를 조합하여 독특한 표현효과를 노리는 표현상의 기교이다. '찬란한 슬픔' '침묵의 웅변' 등이 그 예이다.

행방을 탐구해 나가겠다.

현재 이 두 공간을 보면, 현실공간의 웹 공간화가 진행되고 있으며 에드워드 소자(Edward Soja)[9]를 비롯한 이들의 많은 관심이 이 두 공간의 '중복'에 집중하고 있다. 그러나 이 책에서는 웹 공간화에 의해서도 잠식되지 않는 현실공간의 '잔역(殘域)'에 주목한다.

그렇다면 잔역이란 어디에 착지하는가? 해답은 '향토'에 있다.

이 책의 흐름을 간단히 설명하기로 한다.

먼저 제1장에서는 일본이 직면한 '지역'의 심각한 상황을 살펴보고자 한다. 조화롭지 못한 경관과 정합성이 결여된 생활 양상이 펼쳐지고 있을 뿐 아니라 문화면, 경제면, 자치면, 민족면 그리고 어디에서 봐도 지역 간의 격차는 확인할 수 없다. 그럼에도 정치적으로는 지금도 여전히 격차 해소를 과제로 삼아 균질화를 추진하고 있다. 이러한 우스꽝스러운 풍경은 푸코의 '헤테로토피아(混在鄕)'에 비유할 수 있다. 헤테로토피아는 우리에게서 장소를 빼앗아 불안하게 만드는 한편, 장소 재편의 준비를 의미하기도 한다. 헤테로토피아를 긍정하는 것, 이것이 이 책의 일관된 기본 입장이다.

제2장에서는 '장소'와 '공간', 그 의미와 기능을 분명히 설명하고자 한다. 에드워드 렐프(Edward Relph)와 가와모토 히데오(河本英夫)[10]의 공간구분을 길잡이로 참조한다. 거기에는 공간이 갖는 다양한 모습이 나타나 있다. 특히 인간이 체험하면서 의미를 갖는 공간(=장소)

---

9) **역주_** Edward W. Soja, *Thirdspace: journeys to Los Angeles and other real-and-imagined places*, Cambridge, Mass: Blackwell, 1996, p.334(加藤政洋 譯, 『第三空間: ポストモダンの空間論的轉回』, 青土社, 2005, 413쪽).

10) **역주_** 河本英夫, 「解題: 生命の幾何學から建築的身體へ」(荒川修作・マドリン ギンズ 著, 河本英夫 譯, 『建築する身體: 人間を超えていくために』, 春秋社, 2004, 179쪽).

중 친숙함이 적은 것이 존재론적인 '주거공간'이다. 그런 면에서 오토 볼노브(Otto Friedrich Bollnow), 마르틴 하이데거(Martin Heidegger), 나카무라 유지로(中村雄二郎), 니시다 기타로(西田幾多郎) 등을 참조하여 존재론적 공간과 장소성을 정리해 보고자 한다. 그곳에 등장하는 '주체'와 '현존재'의 공간성은 이후의 설명에서 반복 참조할 것이다. 약간은 지루하게 여겨질 설명도 웹 공간의 공간 특성을 해명하기(제4장~제5장) 위해서는 꼭 필요한 사항이라 여겨진다.

이러한 장소와 공간의 정리를 기초로 하여 제3장에서는 다시 한 번 '지역'을 검토한다. 렐프는 이러한 지역의 상황을 '비장소성(placelessness)'이라고 표현했는데, 이것을 우리는 흥미를 가지고 수용하고 있는 바이다. 비장소성은 질서를 빼앗아 불안을 자극함과 동시에 모든 공간을 지나치게 유동적으로 만들지만, 복수의 개인을 조종하는 '자기 자신'의 입장에서는 환경의 최적화를 도모하기 쉽게 하는 편안함이라는 장점이 있다. 우리는 한 사람의 자아(플레이어)로 크건 작건 복수의 개인(캐릭터)을 조종해 나가야 하며, 그러기 위해서라도 공간의 디자인과 컨트롤이 필요해진다. 어쨌든 불안정한 평온을 가져다주는 비장소성은 시대의 요청이라고 할 것이다.

제4장부터 웹 공간을 본격적으로 검토하고자 한다. 웹 공간은 일상생활을 유지시키는 활동공간이면서 동시에 '제4공간'(미야다이)[11]이나 '편재하는 나'(스즈키)[12]에서 나타나듯이 '주거공간'이기도 하다. 거기서 웹 공간을 와다 신이치로(和田伸一郞)[13]와 폴 비릴리오(Paul

---

11) **역주_** 宮台眞司, 『まぼろしの郊外: 成熟社會を生きる若者たちの行方』, 朝日新聞社, 1997, 85쪽.

12) **역주_** 鈴木謙介, 『ウェブ社會の思想: '遍在する私'をどう生きるか』, 日本放送出版協會, 2007, 265쪽.

13) **역주_** 和田伸一郞, 『存在論的メディア論: ハイデガーとヴィリリオ』, 新曜社, 2004,

Virilio)[14]의 미디어론 등을 빌려 존재론적 관점에서 다시 바라보고자 한다. 웹 공간에서는 현존재(現存在, Dasein)[15]와 주체가 비슷한 공간 구성을 보이며, 정황적 퍼스낼리티(personality)가 중시되어 세계와 개인이 반전된 공간의 단계적인 변화가 나타난다.

이러한 장소성에 대한 검토를 바탕으로 제5장에서는 드디어 웹 공간의 공간 그 자체에 초점을 맞추고자 한다. 우선 웹 공간에서는 '내적분절'이나 '이름을 정하는 행위' 등의 작용으로부터 근대사회에서 요구된 '자아'='개인'이 아닌 '자아'＜'개인'이 전제가 되는 것을 확인한다. 그리고 나서 비록 지구 내부에 관해서 말하는 것은 아니지만, 거대한 웹 공간의 지각(인터페이스 interface)을 헤치고 들어가 맨틀(애플리케이션 application)로 침입하고, 다음에는 외핵(아키텍처 architecture)으로, 최종적으로는 내핵(데이터베이스 database)에 다다름으로써 이 네 가지 각 부위의 공간 특성을 분명히 밝히고자 한다.

'인터페이스(interface)'를 채용하고 있는 스크린은 투과광(透過光)과 어포던스(affordance) 등, 유저(user)에게 말을 거는 다양한 장치로 준몰

---

49쪽.

14) **역주_** ポール·ヴィリリオ 著, 市田良彦 譯, 『速度と政治: 地政學から時政學へ』, 平凡社, 1989, 229쪽 (이재원 옮김, 『속도와 정치: 공간의 정치학에서 시간의 정치학으로』, 그린비, 2004, 335쪽).

15) **역주_** 다자인(Dasein)은 18세기 이후의 철학에서 라틴어 에크시스텐티아(existentia)의 역어로 사용되어, 어떤 것의 일반적 본성을 가리키는 '본질'에 대해 개별적인 것 그 자체가 여하간 '거기에(da) 있다(sein)'고 하는, 그 자체의 '존재'를 가리키는 철학 용어였다. 그러나 인간의 일반적인 본질보다도 개개의 인간 존재를 중시하는 독일의 실존철학에서 현존재(現存在)는 특히 인간의 존재에 대한 술어로 사용된다. 예컨대 M. 하이데거는 인간이 자기의 존재(실존)를 묻는 유일한 존재자라는 점에서 현존재라 하였고, K. 야스퍼스는 좁은 의미에서 인간의 생명적 · 생물적 존재양식을 현존재라고 하여, 이것을 초월자와 대면하는 본래적 인간의 존재양식인 실존과 구별한다.

입(準沒入, semi-jack-in) 형으로 되어 있다. 거기에는 '보이지 않는 존재'를 허용치 않는 '인터페이스 특성'을 엿볼 수 있는데, 이것이 웹 공간 전체의 공간성에 커다란 영향을 주고 있다.

'애플리케이션(application)'에서는 존재론적 검토를 통해 동위(同位)성을 명확히 설명하고자 한다. 웹 공간의 복제 환경은 시간의 간격을 소멸시켜 실제와 비슷한 '시간적 현존성'을 만들어 내는데, 이것이 참가자 동료 간의 '동위'를 촉진시킨다. 공간의 거리를 소멸시켜 '공간적 현존성'을 만드는 '공시(同期)' 작용은 이미 전화에서 분명하게 드러나는데, '동위'는 싱글벙글 동영상이나 트위터(Twitter) 등에서 볼 수 있듯이 아우라(aura)[16]를 재생시키는 극히 섬세한 기능을 갖고 있다.

'아키텍처(architecture)'란 코드(code)들로 구성된 환경을 말한다. 로렌스 레식(Lawrence Lessig)[17]은 아키텍처를 규범, 법, 시장에 필적하는 제4의 권력으로 평가하였다. 인간을 동물로 취급하는 오토매틱한 사회 컨트롤 방법인 아키텍처가 웹 공간의 확장과 침투로 말미암아 서서히 영향력을 강화시키고 있다.

'데이터베이스(database)'에 수용된 데이터들은 그 크기가 다양하지만, 대부분은 베키의 법칙에 따르고 있다. 베키의 법칙이란 어떤 사물과 현상을 나타내는 데이터가 베키의 제곱분포로 보이는 것을 말한다. 우리는 많은 사물과 현상이 정규 분포를 보인다고 배워 왔지

---

16) **역주_** 아우라(aura)는 독일 철학가 발터 벤야민(Walter Benjamin, 1892~1940)의 예술이론으로, 예술작품에서 흉내낼 수 없는 고고한 '분위기'를 뜻하는 말이다.

17) **역주_** Lawrence Lessig, *Code and other laws of cyberspace*, Basic Books, 1999, p.297 (山形浩生・柏木亮二 譯, 『Code: インターネットの合法・違法・プライバシー』, 翔泳社, 2001, 449쪽 ; 김정오 역, 『코드: 사이버 공간의 법이론』, 나남출판, 2002, 543쪽).

만, 웹 공간에서는 그렇게 간단하지 않다. 베키의 법칙에 따르는 데이터들은 간접적이지만 우리의 활동이나 실존에도 영향을 주고 있다.

마지막 제6장에서는 '잔역(殘域 : 웹 공간에 잠식되지 않은 실존 공간)'을 검토한다. '자아'≠'개인'. 이와 같은 시대에 살고 있는 불안정한 우리에게는 개인이 '변천하는 장소'와 '돌아가야만 하는 장소'(고향)라는 새로운 장소의 도움이 필요하게 되었다. '변천하는 장소'란 복수(複數)의 개인이 내재되어 있는 현대인에게 가장 중요한 장소이며, 그 장소는 각기 다른 입장의 '자기'를 단적으로 나타낸다. 거기에는 고차원적으로 장소가 기능되어야 하지만, 현재의 지역은 거기까지 미치지 못한다.

한편 '돌아가야만 하는 장소'(고향)란 어떤가. '고향'은 현재, 현실의 장소를 떠나 각자의 기억 속에서 떠돌고 있다. '귀향'이란 태어나서 자란 땅으로 되돌아가는 것이 아니라, 기억의 근원이 되는 모라토리엄(moratorium)기의 '기조(基調)적인 개인'으로 돌아가는 것이다. 거기는 복수의 개인이 내재된 성장한 인간이 언제나 참조하는 근원적인 장소이다. 만약 지역이 '기억하는 고향'을 입증하는 '향토'로 기능하여 귀향을 촉진한다면, 헤테로토피아(혼재향)가 초래할 막연한 불안은 해소될 것이다. 그것이 '잔역'의 중요한 역할임에 틀림이 없다.

# 제1장 헤테로토피아(混在鄕)에 살다

## 1. 지역에서부터 생각하다

### 지역과 지방

우리들은 평소에 지역을 의식하지 않고 살아가고 있다. 다시 한번 재출발해서 지역에 주목해 보자면, 지역에는 다양한 의미와 기능이 부여되어 있음을 알 수 있다.

지역이란 '지방'을 뜻한다. 일본어로 '로컬'이라고 하면 시골이나 지방을 말하는데 실제로는 지역과 지방을 혼동해서 사용하는 경우가 많다. 지방이라는 말은 원래 '지형'이라고 하여 땅의 형상을 나타내었지만, 얼마 안 있어 농업이나 농민의 생활을 나타내는 말로 쓰이게 된다.

에도(江戸) 시대에는 도시나 상인을 나타내는 '마치카타(町方)'[1]와 '지카타(地方)'라고 하는 농촌이나 농업 행정을 표현하는 말이 있었다. 그것이 메이지(明治) 시대가 되자 '중앙 vs 지방'식으로, 지방은 중앙의 반의어 개념으로 사용되었다. 중앙은 사회제도상의 중심지이며 또한

---

1) **역주_** 마치카타(町方)는 일명 시골에서 도시를 가리키는 말로 혹은 도회의 것, 도회 사람을 나타내기도 한다. 지카타(地方)로 불리는 지방과는 상반되는 뜻이다.

근대적 가치의 발신지이기도 하여, 중앙에 종속된 지방이라고 하는 뚜렷한 상하관계가 탄생하였다. 더욱이 고도경제성장기를 거치면서 사람 · 물건 · 돈 · 지식이 집중 · 집적되는 중앙에 대해 지방은 시대에 뒤떨어진 시골이라고 하는 대조적인 개념으로 일반인 사이에 널리 정착되어 현재에 이르렀다.[2)]

전후(戰後),[3)] 지방에서 대도시로 급격한 인구이동이 일어나자 지방에서는 '과소 현상', 중앙(대도시)에서는 '과밀 현상'이 현저하게 드러났다. 과소 현상이 전적으로 종전의 지역사회 유지와 관련된 과제인 것에 비해서, 과밀 현상은 장거리 교통의 혼잡이나 주택문제, 공해문제 등 지역사회를 훨씬 넘어선 광범위한 과제가 중심이 되기 때문에 여기서도 지역문제는 지방문제와 같은 뜻이다. 또한 중앙(대도시)에서는 일찌감치 지연(地緣)에 기초한 지역사회가 붕괴되었고, 지방에서만 지역문제가 발생되었다는 사정도 있다. 본래 지역에는 중앙도 지방도 없는 것이지만, 이러한 몇 가지 사정 때문에 지역과 지방은 혼동해서 사용되게 되었다.

애당초 지역이란 '경계로 구분된 토지(area)'를 의미한다. 경계로 둘러싸인 획지, 지리적 · 공간적인 범위가 바로 지역이다. 이러한 공간적인 범위에 주목해서 지역을 나누면 다음과 같다.

---

2) '지역'과 '지방'의 의미나 역사적 배경 등은 이하의 문헌을 참조했다. 玉野井芳郎, 『地域主義からの出發』, 學陽書房, 1990, 7~8쪽.

3) **역주_** 전후(戰後)는 전쟁종결 후 단기 혹은 장기적인 기간을 나타내는 말의 개념. 전쟁에서는 많은 파괴나 사회 시스템의 대변혁이 이루어지기 때문에 전쟁이 종결된 후 사회제도 등이 새롭게 만들어지고 가치관까지도 변화한다. 이 때문에 큰 전쟁을 전전(戰前) · 전중(戰中) · 전후(戰後)로 구분한다. 전후는 종종 전쟁에 의한 혼란에서 완전하게 극복하지 못한 시대를 말하는 의미를 내포한다. 여기서는 제2차 세계대전이 끝난 뒤를 말한다.

ⓐ 국가와 비교하여 좀더 좁은 지역을 가리키는 경우
ⓑ 국경을 넘어 여러 국가에 걸친 광역을 가리키는 경우
ⓒ EU처럼 여러 국가들을 포함한 초광역을 가리키는 경우

지구화가 가속화됨에 따라 이러한 복수의 지역화가 동시에 진행되고 있으며, 최근에는 ⓐ는 '로컬리즘(localism)'[4], ⓑ와 ⓒ는 '리저널리즘(regionalism)'[5]으로 불리고 있다.

일본의 지역화는 전전(戰前)의 대동아공영권 구상이나 최근에 보이는 동아시아공동체 구상 등을 제외하면, 예나 지금이나 한결같이 ⓐ '로컬리즘'이다. '국가보다도 좁은 구역'인 지역의 크기는 일반적으로 '생활권'을 가리킨다. 구체적으로 설명하자면, 만나고 싶다는 생각이 들었을 때 가볍게 만나러 갈 수 있는 범위, 가격이나 품질 등을 비교해 보면서 쇼핑을 할 수 있고 물건을 사러 돌아다닐 수 있는 범위로서, 시간과 거리를 감안하면 대체로 20~30분 정도이며 자동차를 탈 경우에는 10~20킬로미터 정도로서 현재 시구(市區) 정촌(町村)의 범위를 조금 웃도는 크기이다. 도시계획상 지역은 주민의 활동범위 안에서 가장 넓은 '3차 생활권'을 가리키며 크기는 시구(市區) 혹은 정촌(町村)에 해당한다.[6]

---

4) **역주_** 로컬리즘은 지역중심주의라고 하며, 중앙에 의한 획일적 보편적인 컨트롤에 대해서 각 지방의 독자성이나 특징을 중시하고 존중하는 생각을 말한다. 일본에서는 지역중심주의를 영어의 로컬리즘과 리저널리즘을 합친 미묘한 개념으로 사용한다.

5) **역주_** 리저널리즘(regionalism, regionalization)은 지역적으로 접근해서 일정의 공통성이나 이해를 함께하는 복수의 나라 혹은 자치체 등이 그 관계를 강화하는 데서 이익을 추구하는 지역주의의 일종이다. 특히 그 정치적 경제적인 통합의 강도가 센 경우, 지역통합이라고 불린다. 리저널리즘은 상호배타적인 것이 아니고 상호중복적인 또한 종속적으로 설정 가능한 것으로 로컬리즘, 내셔널리즘, 글로벌리즘과 정합적으로 쓰인다. 영어권에서는 지역주의 일반의 뜻으로 쓰인다.

## 장소로서의 지역, 주체로서의 지역

그런데 "지역에서……"라고 말하는 경우, 지역이란 '장소'이다. 지역에는 장소로서 중요한 역할이 있다. 장소를 의미하는 지역이란 단순히 공간적인 범위가 아니라 그곳에서 활동하는 인간에게는 '거처' 혹은 '거처하는 곳'이다. 우리들은 활동하는 그때마다 반드시 어떤 특정 장소를 점유하며 또한 우리들은 그 장소 안에 있다. 이처럼 장소는 인간과 밀접한 관련을 맺고 있으며 동시에 인간의 활동을 뒷받침해 주는 다양한 기능을 가지고 있다.

그 중에서도 중요한 것은 사람들이나 물건들을 서로 병치시키고 통합하는 기능이다. 장소는 공간적으로 떨어져 생활하고 활동하는 사람들 사이의 거리를 좁히는 '공시성(共時性, synchronism)'[7]의 기능을 가지고 있는 것이다. 이러한 기능 덕분에 지역을 통해서 사람들이 관계를 폭넓게 맺을 수 있으며 지역에서 각 주체들 간의 '지역적 의지'도 생겨난다.

---

6) 계획에 의해 만들어진 지역구분을 보면 '주거구(住區)' 등의 명칭으로 불리는 1차 생활권, 1차 생활권을 두서넛 모은 '지구(地區)' 등의 명칭으로 불리는 2차 생활권, 그 위에 2차 생활권을 두서넛 모은 '지역' 등의 명칭으로 불리는 3차 생활권이 있다. 3차 생활권은 시구(市區) 정촌(町村) 범위와 일치하는 경우와 일치하지 않는 경우가 있지만 인구의 규모나 크기에 따라서 다르다(都市計劃教育硏究會, 『都市計劃教科書』, 彰國社, 1995, 133쪽).

7) **역주_** 원문에는 '동기(同期, synchronism)'와 '동위(同位, coordination)'라고 표기되어 있는데, 물론 원서의 참고문헌을 확인하지는 않았지만 아마도 저자는 벨(Daniel Bell, 1980)이 주장한 여러 나라의 사회변동을 통시적(通時的)이고 공시적(共時的)으로 고찰하는 광범한 시야를 가져야 한다는 '탈공업화사회(post-industrial society) 이론'에 영향을 받은 번역어로 사용한 것이 아닐까 한다. 따라서 본문의 맥락에 따라서 '동기(synchronism)'는 동시대를 살아가는 횡적인 인간관계를 의미하는 '공시성(共時性)'으로, '동위(coordination)'는 각 시기와 시대를 초월한 횡적인 인간관계를 의미하는 '통시성(通時性)'으로 번역하는 것이 보다 더 우리말에 가깝다고 생각한다.

그리고 장소에는 다른 시기, 다른 시대를 살았던 사람들의 시간차를 좁히는 기능도 있다. 이 책에서는 이것을 '통시성(通時性, coordination)'이라고 부른다. 이 '통시성'의 기능이, 단절되어 맥락이 끊어진 수많은 기억들을 지역으로 통합하고 '지역의 역사(기억)'를 만들어 나간다. 공시성과 통시성의 기능은 지역에 일체감을 가져다줄 뿐 아니라 공간적인 일체감이나 시간적인 일관성을 담보로 하여 지역의 동질성(同質性, identity)을 만들어 내는 것이다. 어쨌든 공시성은 그렇다 해도, 통시성은 조금 낯선 개념인데 제5장에서 상세하게 설명하겠다.

한편 "지역은……"이라고 말할 경우의 지역은 어디까지나 '주체'이다. 주체로서의 지역이란 일반적으로 지역에 출현하는 '지역사회'를 가리킨다. 여기에서 지역사회란 사람들의 생활, 현지 기업의 활동, 물건 · 돈 · 정보의 유통을 포함한 생활공동체이다. 지역사회는 전체 사회의 일부분이면서 자치적인 시스템을 내재하고 있으며 국가, 기업, 가정 등과 마찬가지로 자율적인 사회적 주체로 평가된다. 자율성을 의미하는 오토노미(autonomy)는 본래 자치 혹은 자치권을 의미하며, 지역에 자치 시스템이 존재하는 것은 지역이 자율적인 주체임을 증명하는 것이라고 할 수 있다.

이처럼 '장소' × '주체'라고 하는 구도에서 지역을 바라보면, 원래 장소로서의 지역이 느슨하게 자율로 향하고 주체로서의 지역으로 변화한다고 생각할 수 있다.[8] 장소가 가지는 병치와 통합의 기능에 의해 지역에는 사회적 · 정치적 · 경제적 일체감이 생겨나며, 그것이 다시금 통합의 기능을 높여 관습이나 룰(rule), 그리고 통일적인 '지역의 의지'로까지 발전함에 따라 지역은 자율성을 띠게 된다. 지역은

---

8) 丸田一 · 國領二郎 · 公文俊平 編著, 『地域情報化: 認識と設計』, NTT出版, 2006, 14~15쪽.

'장소' →'약한 주체' →'강한 장소' →'강한 주체' → …… 라는 진폭을 반복하면서 사회적 주체로 뛰어오른다. 사회관계자본(social capital)은 이러한 주체화의 경험이 축적된 것으로, 단순한 인프라와는 다른 경험적 자산이다.

이처럼 지역은 폭넓은 의미를 갖추고 있다. 지역은 장소이며 또한 주체이기도 하다.

## 2. 실체를 잃어버린 지역

### 지역을 점검하다

근 20년에 걸친 지역 연구를 통해 나는 지역의 존재 그 자체를 의심하게 되었다. 이 같은 생각은 웹 공간의 등장에 따라 더욱 분명해졌다. 현재로는 자율적인 '주체로서의 지역'은 물론 '장소로서의 지역'을 찾아내는 것도 뜻대로 되지 않고 있다.

이러한 인식을 다같이 공유하기 위해 지역의 실정을 몇 가지 전형적인 단면을 들어 소개하고자 한다. 여기에 나타나는 지역상은 자율성과 개성을 잃고 더욱이 병치나 통합 기능까지 쇠퇴한 빈껍데기만 남은 지역으로, 사실은 우리가 늘 접하는 일상 모습이다. 더구나 여기에서는 지역을 임시변통으로 생활의 장(場)이라고 조심스럽게 정의해 두고 싶다.

그런데 군더더기 같은 사족이지만, 지역에 대한 정의를 통해서도 커다란 사회변화를 엿볼 수 있다. 1970년대에 다마노이 요시로(玉野井芳郎)[9] 등이 제창한 '지역주의'의 연구 분야에서 지역에 대한 정의는

---

9) **역주_** 다마노이 요시로(玉野井芳郎, 1918~1985)는 일본의 경제학자로서 도쿄대학 교양학부 명예교수를 역임했다. 지역 개념에 관련된 대표적 저서로는 『地域分權の思想』(東洋經濟新報社, 1977), 『地域主義の思想』(農山漁村文化協會,

10년에 걸쳐 변화를 거듭해 왔고 그에 따라 지역주의의 의미도 변질되었다. 당초 정의의 초점은 유럽의 지역주의(regionalism)에서 볼 수 있는 그런 지역단위로서의 '정치적인 자율성과 문화적인 독자성'에 맞추어져 있었다. 거기에서는 역사적으로 자율적인 정치 환경이 존재하지 않았던 일본에서는 지방자치의 확립을 통해서만 비로소 정치적 자율성을 획득한다는 강한 신념을 볼 수 있다. 그러다가 1970년대에 공해가 사회문제화된 시점이라든가 두 번에 걸친 오일쇼크의 영향으로 초점은 점차 '풍토적인 개성(ecology)' 쪽으로 옮겨 갔고 최종적으로는 '엔트로피(entropy)'라고 하는 동태적 지역의 자율모델(기초 모델)로 귀착되었다. 지역주의는 부분사회(部分社會)[10]로서 생태학적인 균형을 지향하는 규모가 큰 이데올로기가 되었지만 세상이 거품경제로 돌입하면서 완전히 잊혀져 버렸다.[11]

이 지역주의의 정의에 비하면 '주체로서의 지역'이라는 정의는 지나치게 조심스러울 정도이다. 현재로서는 지역이 실체를 잃어 버리고 '장소로서의 지역'이라는 최소한의 정의조차 현실과 괴리되고 있다. 다만 한편으로 단카이(團塊) 세대[12]의 지역 회귀나 자녀들의 안전

---

1979), 『地域からの思索』(沖縄タイムス社, 1982) 등이 있다.

10) **역주_** 다카타 야스마(高田保馬, 『改訂社會學概論』, 岩波書店, 1950)에 따르면 "기능주의적인 사회개념 안에서 부분사회 시스템이라고 할 때는, 스스로 만족할 만한 완결체로서의 전체 사회 시스템 속에서 기능적으로 그 하위 시스템을 이루고 있는 것, 혹은 시스템의 존속을 위해서는 불가결한 기능적인 요건을 그 자체로는 충족시키지 못하는 시스템을 말한다."

11) 鶴見和子, 「原型理論としての地域主義」, 앞의 玉野井芳郎, 『地域主義からの出發』, 265~272쪽.

12) **역주_** 단카이(團塊) 세대는 1970년대부터 80년에 걸쳐서 일본사회의 중산층을 결정짓는 세대였지만, 현재는 중산층의 붕괴와 사회격차를 탄생시킨 장본인으로서의 세대가 되고 있다. 특히 그들의 아이들 세대는 정규 사원이 된 자와 되지 못한 자와의 소득격차가 현재 확대되고 있으며, 사회인으로서 애초부터 격차가 확대된 시대에 살 수밖에 없는 불행한 세대라고 말할

등을 둘러싸고 지역의 역할에 주목하고 있는 것도 사실이다. 지역주의 또한 환경문제가 다시 화두에 오르게 되면서 전체 사회에 대한 부분사회라는 본연의 존재로서 다시 주목받게 되었다.

그렇다면 '지역 간의 차이'에 주목해서 지역의 현상을 살펴보도록 하겠다. 지역에는 개성이 있기 때문에 다양한 차이가 나타난다. 차이의 존재는 그 지역이 다시금 자기 스스로를 뒤돌아보는 계기를 마련해 주며, 차이가 극에 달하면 지역의 자립을 후원하여 동티모르처럼 현실적으로 지역(사회)이 주권국가로서 독립하는 자격도 갖출 수 있다. 또 한편으로 지역 차이는 주민소득 등의 격차가 심해져 문제가 되는 경우가 많은데, 일본에서도 격차 문제는 큰 사회문제가 되고 있다.

그런 까닭에 우선 ① '국내 격차'를 점검해 보고자 한다. 여기에 ② '문화적 차이' ③ '경제적 차이' ④ '민족적 차이'의 세 가지 항목을 더해서 언급하고자 한다. 나아가 자율성의 표현인 ⑤ '주민의 자치'를 덧붙인 다섯 가지 항목으로 현대 일본의 지역을 점검해 보고자 한다.

## 의외로 작은 지역 간 격차

먼저 '국내 격차'를 살펴보자.

'남북격차'는 선진국과 개발도상국 사이에서만이 아니라 한 국가 안에서도 존재한다. 이탈리아와 영국의 남북격차나 중국의 연안부와 내륙부의 경제격차는 잘 알려져 있다. 중국 내에서 지역별로 2005년의 1인당 총생산액이 가장 많은 상하이 시(上海市)가 51,474위안/1인당(약 772,000엔), 가장 적은 구이저우 성(貴州省)이 5,052위안/1인당(약 75,800엔)으로 10배 이상 차이가 나며, 지역 간 격차는 정치문제로

---

수 있다.

비화되고 있다.[13] 중국에 비하면 일본은 평등한 편이다. 2005년도 도쿄 도(東京都)의 1인당 현(縣)에 거주하는 주민의 총생산은 7,209,000엔인데, 오키나와 현(沖繩縣)은 2,631,000엔으로서 그 차이는 2.77배이다.[14] 2005년 시점에서 소득격차를 살펴보아도 상하이 시 소득의 상위 20%에 속하는 계층의 연봉은 하위 20% 계층의 5.7배로서, 도쿄 도의 격차의 3~4배를 웃돈다.[15]

한 국가 안에서 지역 간 격차가 불평등하다는 현실을 직시하는 것은 다시 지역과 국가 간의 바람직한 형태를 규명하는 계기가 되어, 국가에 의한 재분배 정책이나 분산화 정책이 제대로 기능하지 못하고 격차가 시정되지 않을 경우는 지역경계의 수정이라든가 분권독립으로 향하는 동기가 될 수 있다.

최근 몇 년간 '격차사회'[16]에 관한 논쟁이 일어났다. 격차사회론의 논점은 '격차의 유무'와 '격차의 선악' 두 가지이다. 후자는 "격차를 무엇 때문에 나쁘다고 하는가"라고 했던 고이즈미(小泉) 전 일본 수상의 발언으로 상징되듯이 경쟁의 결과로 생겨난 격차, 즉 시장에 의한 소득분배의 시비가 논쟁 대상이 되며, 거기에 정치사상이나 가치관이

---

13) 中國國家統計局, 『中國統計年鑑2006』, 中國統計出版社, 2006.

14) 원래대로 한다면 소득격차로 비교해야 하지만, 중국통계에는 지역별 1인당 소득지표가 없다. 덧붙여서 말하면 2005년도 도쿄 도(東京都)의 1인당 현민(縣民) 소득은 477.8만 엔, 똑같이 오키나와 현(沖繩縣)은 202.1만 엔으로 2.36배의 격차가 있다.

15) 日置純子, 「中國における格差問題と日本の課題」, 『IIST WORLD FORUM』 0127, 2007.

16) **역주_** 중류계층의 붕괴 과정에서 나타나는 일본형 경제 · 사회 양극화 현상을 일컫는 말. 이러한 원인은 장기적인 경기침체와 함께 고령화의 급속한 진전에 의한 세대간 소득분배의 악화, 핵가족화나 청년층 단신세대의 증가 등 가족형태의 변화로 인한 가구별 소득의 축소, 교육과 부의 대물림 등으로 분석된다.

개입되어 논쟁은 자연적으로 확산된다. 선악 논쟁의 전제가 되는 '격차의 유무'에 대한 사실관계가 혼란스러운 감도 있고 해서 여기서는 일단 선악논쟁은 뒤로 미루어 두겠다.

'격차의 유무'에 대해서는, 1990년대 후반 불평등의 정도를 측정하는 매개변수인 '지니계수'를 다양한 사회통계에 적용하여 격차가 확대되고 있다는 사실이 잇달아 명확해졌다. 경제불황이 더욱 장기화되면서 격차사회론은 국민적 논쟁으로 발전하여 2006년에는 '격차사회'가 신조어 혹은 유행어의 10위권 안에 들었다. 마찬가지로 2006년도 격차의 확산은 '가시적인 문제'라고 하는 정부 견해가 공표되어, 격차 확대에 관한 시시비비를 놓고 논쟁이 재연되었다. 아직도 혼란이 계속되는 가운데 일련의 격차사회론은 다음과 같이 정리할 수 있을 것이다.[17] ① 장기적으로 보면 사회적 격차는 축소되어 가고 있지만, ② 중단기적으로 보면 사회적 격차는 확대되고 있고, ③ 격차가 확대되는 주요 원인은 고령화이다. ④ 다만 세계적으로 보면 일본의 격차는 낮은 수준이다.

일본은 세제나 국토의 균형 있는 발전을 지향하는 국토정책 등에 의해서 장기적(과거 50년간)으로는 사회적 격차를 축소시켜 왔다. 그러나 중기적으로 보면 1980년대부터 사회적 격차가 확대되고 있어서 일본사회의 평등신화도 점차로 붕괴되어 간다. 재분배 후 소득의 지니계수는 1981년 0.314에서 2002년 0.381로 상승해, 불평등화가 진행되고 있음을 알 수 있다([그림 1]). 지니계수란 격차론의 대두와 함께 이용하게 된 불평등의 정도를 측정하는 매개변수로서, 완전평등은 0이고 1에 가까울수록 격차는 크다. 불평등의 주된 요인은 정부가

17) 격차사회론은 이하의 문헌을 참고했다. 橘木俊詔,『格差社會: 何が問題なのか』, 岩波新書, 2006 ; 竹內文雄,『日本の不平等: 格差社會の幻想と未來』, 日本經濟新聞社, 2005 ; 神野直彦・宮本太郎,『脫'格差社會'への戰略』, 岩波書店, 2006.

지적한 바와 같이 고령화의 진전과 독신자 비율의 증가이다. 원래 고령자 계층은 빈부차가 심하고 독신자의 소득수준은 낮아 그들의 비율이 증가하면서 빈부차가 확대되고 있는 것이다.

[그림 1] 지역 간 격차와 사회적 격차[18)]

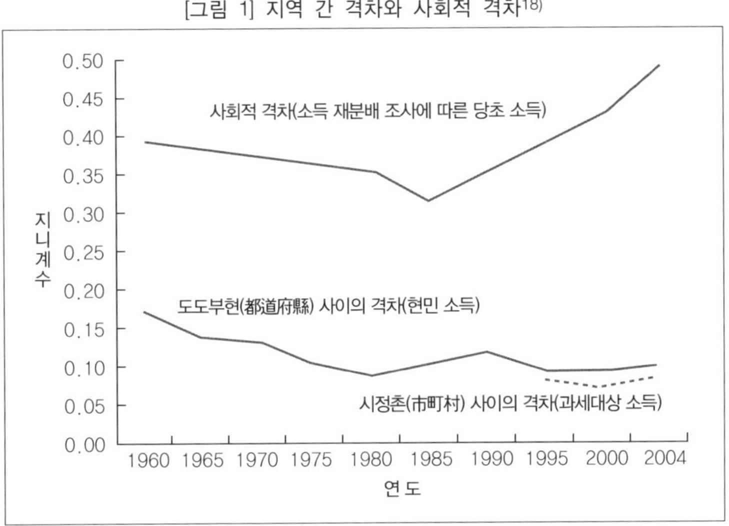


한편 세계적으로 일본의 격차는 낮은 수준이다. 최근 2004년도 OECD(경제협력개발기구) 조사에 의하면, 일본 1인당 총생산액의 지니계수는 0.09(OECD 평균 0.15)로서 가맹국 중에서 두 번째로 낮으며, 전 세계적으로 보아도 일본은 격차가 작은 것이 명백하다.[19)]

---

18) 데이터의 산출은 厚生勞動省, 「平成一七年所得再分配調査報告書」; 厚生勞動省, 「平成一九年國民生活基礎調査」; 內閣府經濟社會綜合研究所, 「平成一七年道縣民經濟計算」.

19) Outlook Globalization and Inequality, Ocotober 2007에 의하면, 일본의 지니계수는 2002년 시점에서 0.305로, 선진국에서는 프랑스 다음으로 낮은 수준이다. 또 OECD, Regions at a Glance, 2005에 의하면, 일본은 1인당 총생산의 지니세수가 0.09(OECD평균 0.15)로 가맹국 중 두 번째로 낮은 수준이라고

단, 격차가 절대적인 수준의 문제만이 아니라 '차이의 등급 부여'라고 할 정도로 불평등화가 진행됨에 따라 의해 사회적 계층이 정착되어 버린다는 데에 문제가 있다. 그러한 점에서 일본은 독거노인이나 청년실업자층 등 새로운 빈곤층의 탄생이 문제라는 지적이 있다.

그렇다면 이러한 격차사회론에 입각하여 지역 간의 차이를 살펴보고자 한다. 처음에 주목해야 할 것은 일본 전체가 사회적 격차와 지역 간 격차가 서로 다른 움직임을 보이고 있다는 점이다([그림 1]). 1인당 현에 거주하는 주민소득의 지니계수를 보면 1990년은 0.089에서 2004년에는 0.078로 감소하고 있다. 또한 같은 시기의 1인당 현에 거주하는 주민 총생산의 지니계수를 보아도 0.104에서 0.088로 감소하고 있어 지역 간 격차가 축소되고 있음을 알 수 있다.

그런데 같은 지역 간 격차를 미시적으로 보면 결과는 달라진다. 도도부현(都道府縣)이 아닌 시정촌(市町村)별로 1인당 소득의 지니계수를 보면 2002년까지는 도도부현의 분석과 마찬가지로 감소하지만, 2002년 0.070을 기점으로 해서 2004년에는 0.080까지 상승하였다.[20] 여기에서 알 수 있는 것은 지역 간 격차가 대도시와 지방이라는 커다란 권역 간이 아닌 권역 내부, 그것도 극히 작은 지역에서 나타난다는 점이다. 권역 내부의 격차는 중추 중핵도시 × 과소지역, 도심 × 교외라고 하는 종래의 대립구도와는 달리, 지방에서는 한계집락[21]

---

한다. 한편, 일본의 격차 수준이 높은 수준이라고 하는 조사결과도 있다. OECD, Income Distribution and Poverty in OECD Countries in Second Half of the 1990s, 2004에 의하면, 재배분 후 소득의 지니계수가 0.314(OECD평균 0.309)로 가맹국 중 여섯 번째로 높은 수준이라고 한다. 여기에서는 OECD, Regions at a Glance, 2005를 인용했다.

20) 宮崎雅人, 「地域間格差は擴大しているか: ジニ係數による檢証」, 『地域開發』 vol. 513, 2007.

21) **역주_** 주민의 50% 이상이 65세 이상의 고령자라서 생활도로, 임야정비,

등 사회 유지가 곤란해진 지역이 등장하면서, 또한 도쿄에서는 도심으로 회귀하는 등으로 특정 지역에 고소득층이 집중하면서 발생하게 된 새로운 형태의 격차이다. 이러한 국소적인 지역 간 격차는 확실히 확대되고 있으며, 권역 간 격차와 비교하여 이 국소적인 지역 간 격차야말로 커다란 사회문제로 발전할 가능성이 있다.

또한 '격차실감'과 소득이나 생산지표가 가리키는 격차에는 무시할 수 없는 차이가 있다. 예를 들면 후쿠오카 현(福岡縣)은 1인당 현민(縣民) 소득이 전국 29위를 밑돌지만, 실제로는 내가 후쿠오카에서 몇 년간에 걸쳐 생활한 경험을 토대로 풍요로움을 측정한다면, 도쿄를 훨씬 웃도는 결과가 나온다. 확실하게 생활의 질을 형성하는 지표를 횡단적으로 살펴보면 많은 측면에서 지방이 우위를 점하는 '역(逆)격차'를 볼 수 있다. 주택, 통근, 공원, 의무교육 등 인구 1인당 지표 값은 압도적으로 지방이 우위이다.[22] 소득이나 고용 등은 도쿄가 압도적으로 우위이지만, 지방이 우위를 점하는 지표도 많다. 이것들이 서로 상쇄되어 실제의 격차감이 형성되는 것이다. 단일 지표로 격차를 논해서는 실상을 제대로 알 수 없다.

이처럼 일본의 지역 간 격차는 의외로 작으며, 이러한 점에서 보더라도 균일한 지역의 모습을 떠올릴 수 있다. 지역 측면에서 보아도 '격차'의 존재가 지역을 위협하는 일은 없다.

---

관혼상제 등 공동체의 기능을 유지하는 것이 어려워 집락으로서 한계에 달하고 있는 촌락을 말한다. 1991년 당시 고치(高知) 대학 교수인 오노 아키라(大野晃, 1940~ )가 제창한 개념. 산간부나 외딴섬 등 소외 · 고령화 문제나 지방경제의 피폐를 상징하는 말로 사용된다.

22) 片山健介 · 佐藤遼, 「種々のデータから地域間格差に迫る」, 『地域開發』 vol. 513, 2007.

## 지역문화의 동질화

다음으로 '문화적 차이'를 살펴보자. 언어나 행동양식, 생활관습 등에 나타나는 지역문화는 기반문화라고도 일컬어지듯이 오랜 세월에 걸쳐 퇴적된 것으로 사회관계자본으로도 통용된 즉 지역의 자질이라고도 할 수 있는 것이다. 고유의 지역문화가 지역의 정치적 · 경제적 · 사회적 퍼포먼스를 개성적으로 만든다는 사실을 생각한다면, 지역문화에 차이가 있다는 것은 당연하다. 또한 지역문화에 두드러진 차이가 있다면 국가단위와는 다른 문화적 공동체가 형성되고, 자립이나 독립의 계기를 만든다.

그러나 근래 들어 문화적 차이가 사라지고 있다. 국어교육이나 미디어의 표준어 사용 등으로 사투리가 점차 사라지는 것과 마찬가지로 전국 각지의 고유한 생활습관이나 의 · 식 · 주 관련 문화가 일제히 표준화될 뿐만 아니라 동질화되어 가고 있다. 이를 단적으로 보여주는 것이 미우라 아쓰시(三浦展)[23]의 '패스트 풍토화'라는 진단이다.

> 가족이 변했다, 청소년이 변했다 라고 말하기 이전에 풍토가 변한 것이다. 범죄나 사건의 진상을 이해하지 못하는 것은, 애초부터 공통된 이해를 가질 수 있는 토대 자체가 변질했거나 아니면 소멸했다는 것을 의미한다. 어느샌가, 토대와 풍토가 확실히 변질 혹은 유출된 것이다. 그렇다면 과거 약 20년 동안 일본 전국의 지방에서 일어난 것은 무엇인가. 그것을 이 책에서는 '패스트 풍토화'라고 이름 붙였다. 말할 것도 없이 외식산업의 패스트푸드에 빗댄 조어(造語)이다. 그것은 직접적으로는 지방의 농촌이 교외로 바뀐다는 것을 의미한다. 이와 동시에 중심시가지가 몰락하는

---

23) **역주_** 미우라 아쓰시(三浦展, 1958~ ) : 소비사회 연구가, 평론가. 마케팅 리서치나 마케팅 기획, 컨설팅 등 위탁업무 등을 하는 주식회사 컬처스터디스연구소의 대표이사를 맡고 있다. 대표적인 저서로는 『ファスト風土化する日本』(洋泉社新書, 2004), 『下流社會』(光文社新書, 2005. 80만 부의 베스트셀러), 『下流大學が日本を滅ぼす!』(ベストセラーズ, 2008) 등이 있다.

> 것을 가리킨다. 도시와 농촌 모두에서 지역의 고유한 역사 · 전통 · 가치관 · 생활양식을 가진 커뮤니티가 붕괴되고, 그 대신 마치 패스트푸드처럼 전국에 걸쳐 일률적이고 균일한 생활환경이 확산되었다. 그것이야말로 패스트 풍토화인 것이다. (중략) 범죄가 많은 위험한 도시와 한적하고 평화로운 지방. 이건 이제 환상의 이분법적 세계이다. 패스트 풍토화된 지방이야말로 지금 가장 위험하다. 이 이상 패스트 풍토화가 진행된다면 어찌 될 것인가. 이미 되돌릴 수 없는 단계에 일본은 와 있다.[24)]

패스트 풍토화는 문화지리학자 오귀스탱 베르크(Augustin Berque)[25)]가 지적한 것처럼 '총교외화(總郊外化)'가 발단이 되었다. 여기에서 말하는 '교외(郊外)'란 고도경제성장기에 극심한 인구유입으로 대도시권으로 인구가 스며들면서 외곽에 생겨난 새로운 생활권역을 가리킨다. 주로 교외에는 장거리 교통지옥에 시달리는 샐러리맨, 그를 뒷바라지하는 전업주부와 아이들로 구성된 핵가족 세대가 이사와서 살고 있는데, 신흥주택지에 같은 시기에 입주하는 경우가 많으며, 가족구성이나 소득계층의 균질화를 초래하지만, 자신이 태어난 고향을 떠나온 사람들이 유입되기 때문에 세대 간의 공감대는 거의 보이지 않는다. 또, 고령화도 일제히 진행되고 있다.

교외화는 1980년대 이후 전국 각 지방도시로 확대된다. 이것이

---

24) 三浦展, 『ファスト風土化する日本: 郊外化とその病理』, 洋泉社, 2004, 3~5쪽.

25) **역주_** 오귀스탱 베르크(Augustin Berque, 1942~ ) : 프랑스의 환경철학자. 서양 철학자로는 드물게 일본을 비롯한 동양문화에 조예가 깊다. 1969년부터 일본 홋카이도에 거주하면서 환경철학과 동양문화를 연구하기 시작했고, 일불문화원 원장, 프랑스 최고의 인문학 교육기관인 프랑스 국립고등대학원 연구원을 역임했다. 1991년에 아카데미아 유로파에아 회원이 되었으며, 일본 문화 발전에 공헌한 공로로 일본정부가 주관하는 '일본문화상'을 수상하기도 했다. 국내에 소개된 대표적인 번역서로는 『대지에서 인간으로 산다는 것: 에쿠멘(인간적 거처)의 윤리적 원리』(김주경 옮김, 미다스북스, 2001), 『외쿠메네: 인간 환경에 대한 연구서설』(김웅권 옮김, 東文選, 2007) 등이 있다.

[사진 1] 길가의 풍경(16번 국도)

바로 '총교외화'인데 문제가 더욱 심각해진다. 지방에는 대형 쇼핑센터, 편의점, 패밀리 레스토랑, 노래방, 슬롯머신 가게 등이 일률적으로 늘어서 있고, 소비지의 교외화에 따라 근교 상점가는 타격을 입고 중심시가지는 공동화되어 간다. 고유의 역사적인 거리풍경은 문을 닫은 상점들로 가득하고 교외로 펼쳐진 전원 풍경은 대형 스케일의 수많은 간판들과 건축물 속으로 사라져 버렸다. 획일적인 대중소비의 생활방식이 확산되어 지방의 생활은 변질되고 고유의 음식문화가 사라지고 도시 특유의 익명성이 지방에도 스며들어 대도시와 마찬가지로 범죄가 지방에서도 일어나게 된다.

비평가 아즈마 히로키(東浩紀)와 사회학자 기타다 아키히로(北田曉大)는 '16호선 교외'에 전개되는 '자스코적인 공간'은 저항할 수 없는 힘을 가지고 있다고 말한다. 여기에서 16호선은 수도권 외각을 순환하며 달리는 16번 국도, 자스코는 일본의 유명한 대형 쇼핑센터인 자스코를 말한다.

> 자스코적인 공간은 적당히 장애물을 제거한 공간으로 범죄 예방을 위한 감시카메라가 설치되어 있으며, 쉽게 눈에 띄는 벤치나 휴지통이 비치된 '살기 좋은 편리한' 공간이다. 그러한, 말하자면 '인간공학적이며 합리적인' 공간이 지금 편의점이나 패밀리 레스토랑과 연계되어 도쿄는 물론이고 일본 전체를 침식하여 획일화된 풍경을 만들고 있다. 인간집단의 다양성은 그러한 추세에 맞설 만한 힘이 없다.[26]

---

26) 東浩紀・北田曉大,『東京から考える: 格差・郊外・ナショナリズム』, 日本放送出版

이들의 평론은 현대 일본에서 볼 수 있는 지방문화의 균일화를 정확하게 설명해 주고 있다. 덧붙여 주목해야 할 것은 균일화를 생산하는 것이 다름 아닌 주민 개개인이며, 그들의 욕망적인 소비활동이 패스트 풍토화를 재촉하는 원동력이 된다는 지적이다. 그렇다면 설령 지방자치체가 개성 넘치는 마을을 건설하고자 해도 패스트 풍토화라는 불가항적 조류로 인해 막다른 길목에까지 밀리게 될 것이다.

> 패스트푸드는 전국을 대상으로 균일한 맛을 제공한다. 값싸고 빠르고 편리하다. 그러나 그것은 그 지방의 고유한 역사와는 전혀 관계가 없는 음식이다. 원래 푸드(음식)는 풍토에서 생겨난 것이다. 그럼에도 불구하고 패스트푸드는 풍토와는 무관한 식생활을 널리 퍼뜨리고 있다. (중략) 의복이나 주거지, 상점들도 그러하다. 토지의 자연이나 풍토와 전혀 상관없이 이용하며 생활하고 있다. 논 한가운데 미국풍이나 지중해풍 집들이 세워지고 있다. 그것은 풍토와는 전혀 관계가 없다.
> 이것은 바꿔 말해, 생활 속에서의 생산과 노동의 요소가 모두 사라져 간다는 뜻이다. 생활은 단순히 소비밖에 없게 된다. 더욱이 그 소비는 점점 더 전국에 걸쳐 일률적이고 세계 공통의 균일한 것이 되어 간다.[27]

문화의 획일화나 균일화는 어제 오늘의 현상이 아니다. 옛날에는 로마 문명의 전파나 기독교 신앙의 확대로 인하여 종전의 로컬 문화는 폭력적으로 대체되어 문명의 균일화가 진행되었다. 단, 근대화(공업화)는 이러한 과거의 압력들과 비교하더라도 훨씬 광범위하고 단시간 내에 문화의 균일화를 이루는 밀어붙이는 힘을 갖고 있다는 지적이 많다. 19세기의 정치사상가 토크빌(Alexis de Tocqueville)은 산업화가 돌파 국면에 들어서는 1830년대에 쓰여진 『미국의 민주주의』에서

協會, 2007, 186쪽.

27) 三浦展, 『ファスト風土化する日本: 郊外化とその病理』, 洋泉社, 2004, 180~181쪽.

이미 다음과 같이 언급하였다.[28)]

> 인류에게서 다양성이 사라져 버렸다. 세계 어디를 가든 똑같은 행동과 감정 표현에 맞닥뜨린다. 이는 모든 국가가 서로 간에 상호 영향을 주면서 자주 모방하기 때문이 아니라, 각 국의 사람들이 신분제도나 직업 및 가족에 대한 독특한 사고나 감정 표현을 잃어버린 결과 모두 일제히 같은 체질을 형성하게 되었기 때문이다. (중략) 그리고 그들은 마침내 동일한 장소에 집결하고 있음을 발견하고는 놀랄 것이다.

또한 문화지리학자 에드워드 렐프(Edward Relph)는 『장소와 비장소성(*Place and placelessness*)』에서 이러한 저항하기 어려운 현상을 '비장소성(placelessness)'이라고 부르며, 장소와의 관계 속에서 문화의 균일화에 관해 폭넓은 분석을 행하였다.[29)] 비장소성은 개인과 문화 양쪽에서 장소의 중요성을 무너뜨리는 것이며, 전 세계의 다양하고 의미 깊은 장소를 유래도 알 수 없는 공간과 교환 가능한 환경으로 대책 없이 바꾸어 버리는 것이라고 한다.

비장소성, 패스트 풍토화라는 진단의 배경에는 의 · 식 · 주의 양식이나 나아가 지역문화가 풍토와 장소에 의해 만들어진다는 사고방식이 있다. 장소나 풍토는 자연이나 지형조건 그 이상으로 사회적 풍토라고도 할 수 있는 지역에 축적된 토질과 같은 것을 보여준다. 그것은 퇴적된 토양과 같으며, 그 토양은 생활세계의 작황을 결정한다. 렐프

---

28) A. トクヴィル(1805~1859) 著, 松本禮二 譯, 『アメリカの民主政治(下)』, 講談社學術文庫, 1987, 405~406쪽 (Alexis de Tocqueville, *Democracy in America vol. 2,* Vintage Books: New York, pp.240~241). 高野岳彦 · 阿部隆 · 石山美也子 譯, 1999, 『場所の現象學』, 筑摩書房, 341쪽 (Edward C. Relph, *Place and placelessness*, Routledge Kegan & paul, 1976).

29) 여기서 언급한 에드워드 렐프와 오귀스탱 베르크 등이 추천하는 문화지리학은 개인이나 집단에 의한 장소로의 가치와 의미 부여가 경관을 형성한다고 하는 주장에 나타나듯이, 문화와 장소와의 관계가 주요 핵심이 되고 있다.

의 지적처럼 지금은 사라지고 있지만, 장소는 본래 그러한 잠재력을 갖추고 있다. 1970년대에 유행한 '지역주의'에서도 지역의 정의로서 '풍토적 개성(ecology)'을 함축하고 있었는데, 여기에서도 같은 사고방식을 엿볼 수 있다. 비장소성이나 장소의 잠재성에 대해서는 다시 검토할 필요성이 있다.

어쨌든 오키나와(沖繩)에서 홋카이도(北海道)까지 어느 지역문화에도 차이가 없으며, 아즈마(東)와 기타다(北田)가 롯폰기(六本木)도 자스코적이라고 지적한 바와 같이, 그곳에는 대도시도 소도시도 중앙도 지방도 없이, 동질의 문화가 일본 전체를 뒤덮고 있다. 일본의 지역에서 문화적 차이는 찾아볼 수가 없다.

### 지역경제권의 소멸

지역은 원래 크건 작건 간에 하나의 경제권(지역경제권)을 형성하고 있어서 재화나 서비스의 생산 · 유통 · 소비는 지역 내에서 어느 정도 보호막 장치가 되어 있다. 그런데 오늘날 지역경제권은 소멸하고 도쿄를 정점으로 하는 하나의 경제권만 있을 뿐이다.

이것은 우리들 한사람 한사람의 소비활동에서 극단적으로 나타난다. 지금까지 근린형 상점가에서 소비해 왔던 일용품도 현재는 가격 · 품질 · 상품진열 · 개업시간이라는 네 박자를 고루 갖춘 자스코나 세븐일레븐에서 구입하는 것으로 바뀌었다. 근린형 상점가로 흘러가던 돈은 몽땅 도쿄 근방의 세븐일레븐이나 자스코 본사로 들어가 버려, 돈이 지역에 머물러 지역사회를 중심으로 여러 차례 회전되는 일이 없어져 버렸다.

이러한 도쿄 중심의 지역구조를 기교적으로 설명한 것이 기타하라 데이스케(北原貞輔)와 야타 도시후미(矢田俊文)의 『지역경제 시스템

연구』[30]이다. 전후의 산업화 과정에서 지역은 토지 · 물 · 사람을 갖춘 생산요소로 간주되어 지방에는 대규모 공장이 건설되기 시작했다. 기업은 교통의 편이성이 좋은 광대한 부지, 풍부한 수자원, 값싼 노동자를 공급할 수 있는 지역을 찾아다녔고, 지역의 입장에서도 대규모 공장의 진출이 새로운 고용을 창출하고 도시정비가 추진되어 지역경제를 윤택하게 만든다는 커다란 기대에서 적극적으로 공장을 유치했다. 그러나 이러한 일련의 움직임은 오히려 지역소득이 도쿄에 수탈당하는 구조를 만들어 냈다.

이것을 '제3차 산업'에 주목하면서 살펴보도록 하겠다. 상업 · 음식점업 · 서비스업이라고 하는 제3차 산업의 집적은 지역내 '소비'의 표출이자 풍족함을 엿보게 하는 간접적 지표가 된다. 뿐만 아니라 소득순환의 최종 귀착점이라고 이해하면 지역 간의 다이내믹한 소득 순환구조는 분명해진다. 전국 각지의 제3차 산업 크기(취업인구, 판매고)를 보면, 도쿄가 가장 크고 이어서 오사카(大阪), 나고야(名古屋), 지방 중추도시인 삿포로(札幌), 센다이(仙台), 히로시마(廣島), 후쿠오카(福岡)가 그 뒤를 잇는다. 인구 규모와 무관하게 1인당 제3차 산업의 크기를 보면 상위 도시일수록 규모가 크고 상위계층에 집적되는 것을 볼 수 있다. 왜? 도쿄 등 상위 계층지역이 보다 많은 '소비'가 가능한 것일까? 원래 제3차 산업은 유효수요가 있는 지역에서 발생한다. 도쿄가 제3차 산업에서 더욱 높은 집적률을 보이는 것은 도쿄에만 유효수요가 발생하는 시스템이 작동하기 때문이다. 이와 같이 '상위 도시가 더 많은 소비를 할 수 있는 구조'를 나타낸 것이 [그림 2]다. 이것은 세 가지의 각기 다른 소득 루트에서 성립된다.

---

30) 北原貞輔 · 矢田俊文,『地域經濟システムの硏究』, 九州大學出版會, 1986, 47~68쪽.

[그림 2] 도쿄 수탈 구조[31)]

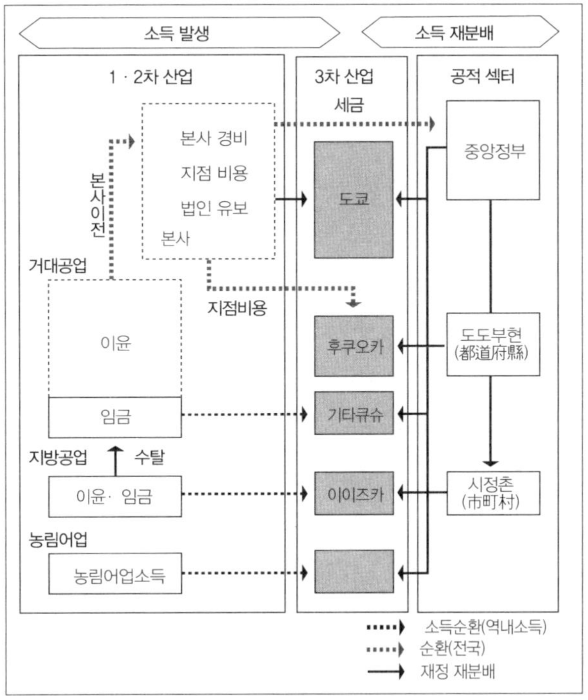


제1 루트는 '지역 내에서 이루어지는 소득순환'이다. 지역의 생선가게 주인이 지역내 이발소에서 이발을 할 때 지역 안에서 발생한 소득(생선가게의 이윤)이 가계소비로 지출되어 지역 안에서 소비된다. 이것은 모든 지역에서 볼 수 있는 기본적인 모습이다. 해당 업종은 소매업, 개인을 상대로 하는 서비스업, 음식점 등으로 기본적으로 도쿄나 시골이나 큰 차이 없이 서비스를 제공받으며 대부분 인구에 비례해서 수요가 분포한다. 문제는 제2 루트인 '전국적인 소득순환'이다. 대기업이 공장에서 생산활동으로 이루어 낸 소득(부가된 가치)은

31) 앞의 『地域經済システムの研究』를 바탕으로 하여 작성하였다.

지역채용에 따른 고용자의 임금이나 지방세로 지역에 뿌려지고 그 나머지는 몽땅 도쿄 본사로 들어가게 된다. 이 소득은 본사 사원의 급여 외에 본사 건물인 부동산이나, 금융 · 보험, 광고 선전, 향응을 제공하는 영업활동 등 본사의 활동 동력으로 쓰인다. 이것이 팽대한 도쿄의 제3차 산업을 뒷받침하고 있다. 부연하자면 본사에서 보내온 지점 경비를 지점이 미니 본사로서 소비하기 때문에 지방의 중추도시는 지점경제로 윤택해진다. 규슈로 말하자면, 기타큐슈에서 발생한 이윤이 돌고 돌아 다시 후쿠오카를 윤택하게 만드는 구조로 되어 있다.

제3 루트는 국가와 지방자치체에 의한 '재정 재분배 메커니즘'이다. 많은 지역에서는 소득이 부족하고 수급 밸런스가 붕괴되었기 때문에 공적 부분에서 재정 조치를 통해 부족을 메운다. 그것은 지방공무원의 임금이 되고 방대한 공공사업을 통해 건설업이나 노동자의 소득과 임금이 된다. 이런 제3의 루트가 지금까지 많은 지역의 지역경제를 지탱해 왔다.

이처럼 지역소득을 지역 내로 머물게 하지 않고 바로 도쿄로 환류시켜 버리는 제2 루트의 '전국적인 소득순환'이 지역에서 소득을 빼앗고 공공사업에 의존케 하는 체질로 바꾸어 대도시를 윤택하게 만들어 왔다. 산업의 중심이 다품종 소량생산의 경박단소형(輕薄短小型)으로 바뀌어도 지역소득이 도쿄로 환류하는 구조는 바뀌지 않았다. 물론 보다 다양한 지역에서 폭넓게 경박단소형 기업의 입지가 커지고 대기업 본사가 있는 도쿄로 이전되어 집적률이 커진 것도 있지만 도쿄 중심의 수탈구조는 들판처럼 넓어지고 산처럼 높아졌다고 할 수 있겠다. 또 자스코와 같은 중앙자본에 의한 대형 점포의 진출은 지역 내의 소매업을 크게 변화시키고 그에 따른 지역 내의 돈의 흐름도 크게 바꾸어 놓았다. 자스코에서 물건을 구매하여 발생한 이윤은 가볍게 지역을 넘어 모조리 자스코 본사로 환류한다. 가령 똑같은 소비가 지역상점에서 이루어졌다면 거기서 발생한 이윤은 다시 한 번 더 지역 안에서 소비될 가능성이 높다. 그런 점에서 자스코에서 산 물건은 지역소득이 순환할 수 있는 기회를 빼앗는 것이다. 이와 같이 소매업처럼 지역 안에서 닫혀 있었던 제1 루트인 '지역 내에서 이루어지는 소득순환' 또한 '전국적인 소득순환' 구조로 바뀌어 가고 있어, 도쿄 중심의 수탈구조는 더욱 강화된다. 이렇게 해서 많은 지역이 도쿄의 경제 속지(屬地)로 전락해 버렸다.

제3차 산업은 취업자를 베이스로 할 경우 모든 산업의 7할이나 차지하기 때문에 복잡한 산업을 단일화시키는 산업분류 그 자체에 무리가 있다는 비판이 있다. 그 가운데 '제4차 산업'으로 불리며 대두된 것이 정보통신산업, 지식산업이다. 2000년에는 정보통신산업의 실질 국내생산액이 건설업이나 도매업을 제외한 모든 주요 산업에서 정상을 차지하고 그 뒤에도 계속 성장하고 있다.[32] 이러한 새로운 산업들은 지방 수탈구조를 바꿀 수 있을까?

안타깝게도 정보통신산업은 기존의 산업 이상으로 도쿄로 집중되어 가는 경향이 뚜렷하다. 예를 들면 정보처리라든가 제공서비스를 포함한 정보 관련 서비스업을 보면 전체의 6할에 이르는 411개 사무소

32) 정보통신산업의 실질 국내생산액은 모든 주요 산업에서 최정상을 차지하고 있으며 1995년 이후 일관해서 증가세를 보이고 있는 데 비해 명목 국내생산액은 최정상을 유지하고는 있지만, 2000년부터 2004년까지 감소 경향을 보이는 등 한계점에 달한 상태이다. 이와 같이 실질 생산액의 성장과 비교해서 명목 생산액의 성장이 적기 때문에 정보통신산업은 다른 산업에 비해 가격저하가 현저한 산업이라고 말할 수 있다(總務省, 『平成20年反版情報通信白書』, 2008〈http://www.johotsusintokei.soumu.go.jp/whitepaper/ja/h20/index. html〉).

가 간토(關東) 지방 남부에 집중되어 있고 300개 사무소가 도쿄의 구(區)로 된 시가에 자리하고 있다. 지방에서는 삿포로나 후쿠오카 등 지방 거점도시에 사무소가 편중되어 있으며 대기업의 자회사나 관련 기업이 대부분이고 순수한 지역자본으로 이루어진 기업은 적다. 이처럼 정보통신산업에서는 오히려 도쿄 한 곳으로만 몰리는 극단적인 집중 현상이 늘고 있다. 유효수요가 도쿄에 집중되어 있으니 당연한 결과라고 할 수 있겠다.[33)]

정보통신산업의 중핵은 시스템 개발사업에 있다. 지방의 최대 고객은 지방자치체이다. 그러나 지방자치체의 시스템 개발은 대부분 도쿄에 본사를 둔 대규모 벤더(vendor)에서 발주하고 있어 지방에서 발생하는 그나마 약간의 유효수요조차 빼앗기고 있다. 지금까지는 '제3 루트'인 재정 재분배 메커니즘에 의한 팽대한 공공사업이 지방에 입지한 건설업을 윤택하게 하여 고용을 창출하고 제3차 산업을 지탱해 왔다. 현재, 공공사업은 비판을 받고 축소되고 있는 중이지만, 그 대신 전자자치체(電子自治體)의 육성이라는 이름 하에 추진·투하되는 막대한 시스템 개발이 새로운 공공사업으로 계속 부상하고 있다. 그러나 이러한 새로운 공공사업은 그 지역에 건설업을 대신할 산업은 물론 고용도 창출하지 못할 뿐 아니라 제3차 산업도 지탱하지 못하고 있다. 이렇게 해서 종래의 '제3의 루트'는 도쿄 환류라는 새로운 구조가 만들어져 지방으로 돈이 유입되던 유일한 메커니즘도 기능 부전 상태로 빠져 버렸다. 결과적으로는 지금 이상으로 지방이 수탈당하는 구조가 만들어지는 최악의 사태가 되었다.

이처럼 일본에서는 경제에서 말하는 지역의 경계인 지역경제권이 소멸하고, 도쿄를 중심으로 한 단일경제권으로 지역경제권이 완전하

---

33) 經濟企畫廳調査局, 『地域經濟レポート 2000』, 大藏省印刷局, 2000, 157~170쪽.

게 흡수되고 있다. 지역의 일체성은 경제적 차이로는 설명할 수 없다.

그런데 최근 지역연구에서 조용한 붐을 일으키고 있는 것이 마쓰하라 히로시(松原宏)의 '지역경제 순환구조에 의한 지역경제 분석'[34]이다. 이는 야타 도시후미(矢田俊文) 등의 지역경제 시스템의 맥락을 수용한 연구이다. 물품·서비스의 생산·판매로 벌어들인 소득이 지역경제에서 순환하는 양상을 밝힌 수법이다. 여기에서 도출해 낼 수 있는 것은 ① '외화'를 벌어들일 수 있는 지역내 산업을 육성시켜 지역 안으로 소득을 가능한 한 유입시킨다 ② 유입된 소득은 가능한 한도에서 지역 안에서 순환시켜 지역 밖으로 유출시키지 않는다는 두 가지 지혜이다.

다소 가격이 비싸지더라도 대형 상점에서 사지 않고 지역 상점에서 구매함으로써 소득의 유출을 방지하고 더불어 지역 내에 소득순환이 생겨나 지역경제가 윤택해진다는 아이디어이다. 지역에도 국경에 가까운 경계를 두고, 무역에 가까운 이출입 관리를 한다는 대담한 발상이 실현된다면 지역경제에 활력을 줄 수 있을 것임에 틀림이 없다. 현재는 도쿄에서 대량의 상품을 수입하고 있음에도 불구하고 관세도 받지 않고 소득은 지역 밖으로 유출되어 지역경제는 궤멸적인 피해를 입고 있다. 공적 부분에서 재분배 기능이 약해지고 있는 가운데 적절한 '보호무역'을 지향함에 있어서 망설일 필요는 없을 것이다.

### 주어지는 자치

다음은 '지역자치'에 대해 생각해 보자.

---

34) 經濟産業省, 第2節 地域の競争軸~地域經濟分析から出發する地域更生「第2章"新たな價値創造經濟"と競争軸の進化」,『通商百書 2004』, 2004 ; 松原宏,『經濟地理學ー立地・地域・都市の理論』, 東京大學出版會, 2006.

지역자치란 지역주민의 의사에 입각하여 성립하는 '내부에서 생성되는' 민주적인 지역운영을 말한다. 자치란 '자기 일을 자기 스스로 한다'는 것이다. 앞서 서술한 것처럼 자치를 나타내는 오토노미(autonomy)란 자율성이라는 뜻이며, 자치를 구성하는 존재가 그 대상에 자율성이 갖추어져 있음을 증명한다. 또 현실에서는 주권을 가진 국가와의 관계에서 국가의 일부인 지역에 '주어지는' 분권적인 지역운영이기도 하다. 이와 같이 지역자치는 '내부에서 생성되는 자치'와 '주어지는 자치'의 두 가지 측면을 합친 것이다.

일본은 원래 지방자치의 전통이 없었고 메이지 시대에 들어서 비로소 지방자치제가 도입되었다. 당시 서구와 달리 일본 주민에게는 자치의식은 없었으며 국법에 따라 일제히 지방자치를 강요받았다. '주어지는' 자치가 크게 변화한 것은 전후이다. 일본국 헌법 제92조에는 '지방자치의 본지'에 의해 지방자치가 민주제에 필요 불가결하며 지방자치는 침해할 수 없다는 이념이 표명되었다. 지방자치가 갖는 본래의 취지는 주민자치와 단체자치를 겸비해야만 실현된다고 한다. 주민자치란 지방(국가 내의 한 지역)의 행정에 대해, 주민의 의사에 의거해서 그 책임 하에 자치를 행하는 '내부에서 생성되는' 자치이다. 한편, 단체자치란 국가와 별개로 지역단체의 존재를 인정하고 국가 관여의 필요를 최소화하여 지역단체의 독창성과 책임을 바탕으로 자치를 행하는 '주어지는' 자치이다. 그리고 새롭게 제정된 주민자치법은 수장의 '직접공선제'라든지 '조례 개폐 청구'나 '의회 해산 청구' 등 주민의 직접청구권을 인정하는 등 주민의 의사결정을 반영한 획기적인 것이었다. 이와 같이 전후에는, 형식적으로는 '주어지는' 자치에서 '내부에서 생성되는' 자치로 중심이 크게 옮겨졌다.

그러나 새롭게 도입된 지방자치제도에도 국가통치가 크게 남아 있어서 실제로는 내용이 빈약했다.[35] '기관 위임 사무'에 의해 국가가 지방자치체의 사무처리를 대폭 규정한 점이 크다. 기관 위임 사무란 법률이나 제령(제도법령)에 의거한 국가의 지휘명령 아래 일을 처리하는 것으로, 지방자치체는 이것에 의해 그저 국가 출선기관(出先機關)[36]으로 자리매김되었다. 또한 지방자치체가 사무량에 비례하여 세금의 재원을 갖지 못했던 점도 크다. '3할 자치'라는 말이 있듯이 7할을 차지하는 지방자치체의 사무량에 비해 자주적인 재원은 3할밖에 되지 않아 국가가 그 부족분을 국고보조금 등에서 보전해 준다. 이것으로 국가가 지방자치체에 관여하는 것이다. 이처럼 전후는, 지방이 집행하고 있지만은 실질적으로는 국가가 결정권을 갖는 '주어지는' 자치의 측면이 강화되었던 것이다. 재정학자 진노 나오히코(神野直彦)[37]는 이러한 전후구조를 '집권적 분산 시스템'이라고 불렀다.[38]

현재 '집권적 분산 시스템'에서 노골적으로 드러난 문제를 시정하고 '분권적 분산 시스템'으로 바꾸는 등 지방분권 개혁이 진행중에 있다. 1995년 '지방분권추진법'이 제정된 이래 10여 년에 걸친 개혁에 의해 기관 위임 사무의 전폐, 세금재원의 이양도 진행되고 있다. 2007년에는 제2기 분권개혁이 시작되어 '지방분권 개혁추진법'이 시행되었다. 국가의 관여를 개선하고자 하는 종래의 개혁 흐름에 합세하여 그동안

---

35) 西尾勝, 『地方文獻改革』, 東京大學出版會, 2007.

36) **역주_** 국가 출선기관(出先機關)이란 주로 경찰기관, 검역기관, 방위성 관련기관 등이 있고 지방공공단체의 출선기관은 보건소, 경찰서 등으로 행정기관에서 중앙관청이나 주국 이외에 지방에 있는 보조기관을 말한다.

37) **역주_** 진노 나오히코(神野直彦) : 경제학자. 간사이가쿠인(關西學院) 대학 인간복지학부 사회기업학과 교수. 전공은 재정학, 지방재정론. 독일 재정학을 계승하여 슌베타의 재정사회학을 발전시키려고 하고 있다. 사회보장제도에 관한 저서가 많고 지방재정심의회 회장, 국토심의회 회원을 역임하고 있다.

38) 神野直彦, 『地域再生の經濟學－豊かさを問い直す』, 中公新書, 2002.

거의 손대지 못했던 국가에서 지방으로 사무 권한 이양이라는 것에도 메스를 가할 것으로 기대된다. 그러나 여기에서도 너무 강력한 '주어지는' 자치를 약화시키는 개혁이 추진되고 있을 뿐 '내부에서 생성되는' 자치는 아직 손도 대지 못하고 있다. 국가에 의한 개혁은 이것이 한계라고 할 수 있겠다.

전국 방방곡곡을 둘러보면, 다나카 야스오(田中康夫)[39]나 이시하라 신타로(石原愼太郞),[40] 최근에는 히가시코쿠바루 히데오(東國原英夫)[41]나 하시모토 도루(橋下徹)[42] 등 독특한 발상을 가진 수장이 늘어나면서, 그 영향으로 행정 시스템이나 서비스의 질이 바뀌었다는 이야기를 듣는 일은 많지만, 주민자치가 활발해졌다는 이야기는 아직 듣지 못했다. 지방선거 투표율은 이를 극단적으로 보여준다. 통일지방선거에서 시구정촌(市区町村)의 의원선거 투표율은 1951년 91.02%에서 2007년에 53.47%로 약 반세기 만에 40포인트 가깝게 거의 일관해서 하락하고 있다. 지사(知事) 선거에서도 유권자 반수 이상의 신임을 얻는 경우는 거의 없어졌다. 우리는 지방정치나 행정을 바꾸는 일이 생활을 풍요롭게 만드는 것이라고는 생각지 못하고 관공서나 동사무소에 가는 것은 기껏 이사를 하거나 연금을 상담할 때 정도이다. 주민과 행정과는 거리가 멀어지고 지방자치는 주민에게 지지받지

---

39) **역주_** 다나카 야스오(田中康夫) : 신당 일본대표, 중위원위원, 작가, 전 나가노현 지사. 저서로 『田中康夫が訊く食の極み』(光文社), 『ニッポン解散 續・憂國呆談』(淺田彰 共著), 『田中康夫主義』(ダイヤモンド社) 등 다수.

40) **역주_** 이시하라 신타로(石原愼太郞) : 정치가, 소설가, 도쿄도 지사(제14~16대), 정당 'たちあがれ日本'의 발기인.

41) **역주_** 히가시코쿠바루 히데오(東國原英夫) : 정치가, 탤런트, 미야자키 현 지사(민선 제17대).

42) **역주_** 하시모토 도루(橋下徹) : 정치가, 변호사, 탤런트, 현재 오사카 부지사(민선 제17대), 지역정당 오사 유신회 대표, 하시모토 법률사무소 대표.

못하게 되었다.

국가 관여를 약화시키는 정도의 지방분권 개혁은 이러한 신변에 존재하는 자치의 위기를 해결해 주지 못한다. 그렇다면 반대로 지역에 결정권을 부여하여 자주성을 높이면 좋은가 하면 문제는 그렇게 단순하지 않다. 여기에는 '주민의 낮은 자치의식'과 '주민과 지방자치체와의 격절'이라는 심각한 문제가 잠재되어 있다. 지방자치체가 아무리 결정권을 획득해도 이 문제는 결코 해결이 안 된다.

이 두 가지 문제의 배경을 탐색하기 위해 미국의 '홈룰제'를 살펴보자.[43] 수백 년에 걸쳐 서서히 지방자치가 형성된 영국과는 달리 남북전쟁 후 혼란을 수습한 19세기 중반 이후의 미국은 일본과 똑같이 지방 단체나 제도를 창설해야 했다. 본국인 영국의 전통적인 지방자치제를 계승하면서도 독자적인 노력으로 탄생한 것이 '홈룰제'이다.

자립을 주장하는 지역(Middletown)에 대해서는 주(州)정부가 지방단체의 설립을 용인한다. 그때 획일적인 주정부의 규정에 따르는 것이 아니고 지역이 각각 독립적으로 자치 방식을 창안했다. 각각의 방식은 홈룰 헌장으로 불리며 주민헌법이 되었으며, 지역에는 지방단체를 만들지 않는 자유도 부여받았다. 이렇게 해서 생긴 지방단체가 전성기에는 1000개 정도였고 그 밖의 지역은 주(州)국가의 직할지가 되었다. 이와 같이 홈룰제는 너무 고지식하게 보일 정도로 지역의 선택권을 인정한 특징적인 제도이다.

일본에서는 자치제를 도입한 역사도 없고 물론 시민혁명도 경험하지 못했으며 주민 스스로 정치에 참가하여 의사결정에 관여하는

43) 홈룰제는 이하의 문헌을 참고했다. 成田瀨明, 「地方自治の保障」, 『日本國憲法體系(第五卷)』, 有斐閣, 1964 ; 樺山宏一, 「地方自治と地域政治」, 玉野井芳郎 編, 『地域主義－新しい思潮への理論と實踐の試み』, 學陽書房, 1978 ; 樺山宏一, 앞의 『「地域」からの發想』, 1979.

민주적 사고가 침투해 있지 않다. 지방단체도 국가로부터 부여받은 것으로서, 주민 스스로 만들어 나간다는 실태도 의식도 없다. '주민의 낮은 자치의식'과 '주민과 지방자치체와의 격절'은 이러한 역사적 배경을 갖고 있었고, 전후에도 맹진하는 산업화 속에서 민주주의를 양성할 기회를 끝내 만들어 내지 못했다.

그런데 '보완성의 원리'가 생각지도 않게 이 문제의 현실적인 해답이 될 수 있을 것 같다. '보완성의 원리'란 인간의 존엄을 개인의 자립에서 구한 후 문제가 생기면 보다 가까운 데서 해결해야 한다는 가톨릭 사회의 교의에서 유래한 사고방식이다. 보완성의 원리에 견주어 살펴보면 우선 개인이 할 수 있는 것은 개인이 해결하고(자조), 개인이 할 수 없을 때는 가정에서 도와주고(호조), 가정에서 해결할 수 없을 때는 이웃이나 지역이 돕고(공조), 그렇게 해서도 해결이 안 되는 문제는 비로소 정부가 나선다(공조)는 것이다. 정부도, 반드시 우선적으로 관여하는 것은 시민과 가까운 기초자치체(市町村)이며, 기초자치체가 도저히 해결하지 못하는 문제는 광역자치체(都道府縣)가 돕고, 광역자치체도 해결하지 못하는 문제에 대해서 비로소 중앙정부가 돕는다는 순서이다.[44] 보완성의 원리는 EU 헌장에도 표명되어 있으며 거기에 의거하여 초국가로서의 EU는 국가가 해결하지 못한 사회문제를 취급한다.

보완성의 원리는 많은 선진 여러 나라에서 지방분권의 사상적인 배경으로 도입하고 있다. 보완성의 원리가 새로운 분권사회의 목표를 제시하고 개혁은 그것을 달성하는 수단이 되는 것이지만, 보완성의 원리는 하위에서 상위로, 한편 개혁에 의한 권한 이양은 상위에서

---

44) 昇秀樹, 「『補完性の原理』と地方自治制度」, 『都市問題研究』, 2003 ; 北島建一, 「福祉國家と非營利組織」, 宮本太郎 編, 『福祉國家再編の政治』, ミネルヴァ書房, 2002, 251쪽.

[그림 3] 보완성의 원리와 지방분권

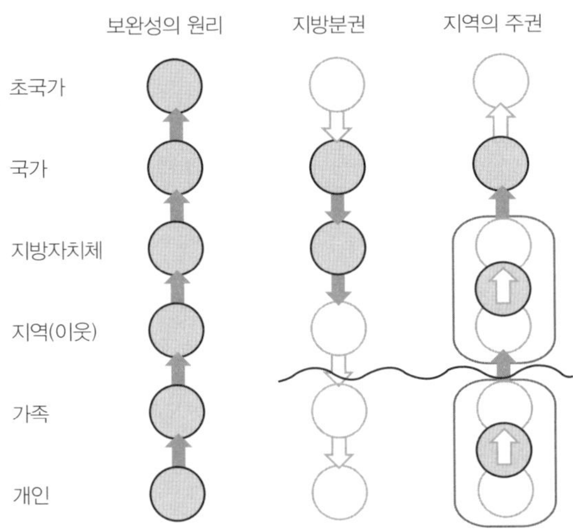


하위로, 양자의 흐름은 정반대이다. 이 때문에 지방분권에는 혼란이 끊이지 않는다. 국내에서도 영향력을 강화하고 있는 '지역주권'은, 개혁 프로세스에서도 하위에서 상위의 관계를 명확히 하여 목표의 후퇴를 막고자 한 운동이다([그림 3]).

그러나 여기서 주목할 것은 '보완성의 원리'가 개인에서 국가까지 각 주체가 자율적이며 대등하다는 '상호 배제 관계'의 존재를 전제하고 있다는 점이다. 아무리 주민이나 가정의 자치의식이 낮고 지방자치체와 격절되어 있다고 해도 그 낮은 자율성에 대응하여 정부는 보완 방식을 그때마다 결정해 나가면 된다. '보완성의 원리'는 냉정한 현실에 입각한 현실적인 역할 분담도 가능하다. 한편으로 '홈룰제'에서 볼 수 있었던 '주민≒지방단체'라는 전통적인 자치에 대한 사고는 환상이고 떨쳐 버리지 않으면 안 될 것이다.

이와 같이 지역자치는 아직까지는 '주어지는 자치'이며 자치는 획일적이다. 유감스럽게도 일본에서 자치=자율적인 지역은 찾아볼 수 없다.

### 지역분쟁에서 배울 점

끝으로 '민족적 차이'를 살펴보자. 결론부터 말하면 일본에서는 민족적 차이를 찾기 어려우며, 민족이 지역의 구심력이나 일체성을 뒷받침해 주지 못한다는 것은 명명백백하다. 일본 국내에는 류큐 민족이나 아이누 등의 소수민족이 존재하고 있으며 재일 한국·조선인에 대한 민족차별이 존재한다. 최근에는 국소적으로 외국인 노동자가 대량으로 유입되어 에스닉 커뮤니티를 형성하여 경계 부분에서 새로운 사회문제가 발생하고 있다. 다만 일본 국내에는 타당성과 상관없이 단일민족이라는 콘센서스가 넓게 침투해 있어 다른 나라와 비교하면 민족적 차이는 매우 적다.

그러나 해외로 눈을 돌리면 민족문제는 매우 가깝게 존재하는 일상적인 문제이다. 민족이 지역의 일체성을 담보할 뿐만 아니라 민족문제에서 비롯된 '지역분쟁'이 세계 각지에서 빈발하고 있다. 일본과 너무 다른 지역분쟁의 현실에서 우리는 다시금 지역의 성격과 역할에 대해 생각하게 되고 일본의 지역 재생에 힌트를 얻고 있다.

냉전체제가 붕괴된 후 국제사회에서 출현되는 군사적 긴장은 국가 대 국가의 '국가전쟁'에서 한 국가 안에서의 민족적·종교적 대립으로 바뀌면서 '지역분쟁'이 빈발하였다. 글로벌라이제이션이라고 하는 시대 흐름 하에서 지금까지 확고한 주권을 보유해 왔던 국민국가는 많은 부분에서 영향력이 저하되었다. 바야흐로 국민국가는 '위엄 있는 게임'을 당당하게 전개하기에 적당치 않고, EU처럼 국가를 넘어선 지역(Region)이라는 단위로 통합을 가속화하는 한편, 지금까지

[그림 4] 세계 분쟁지역의 크기(같은 스케일로 비교)

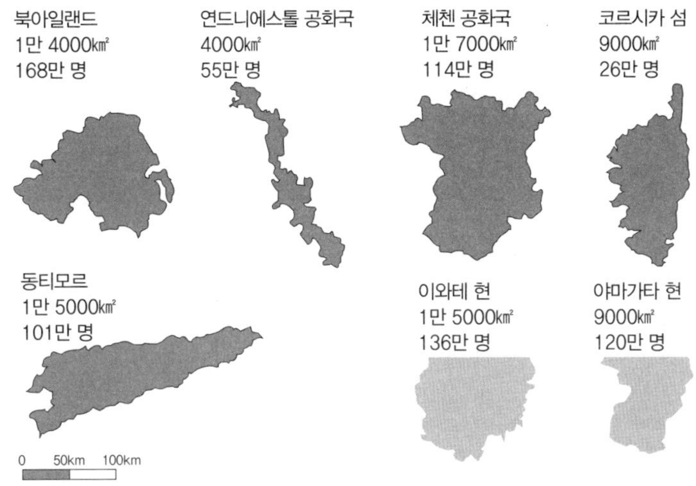


국가의 한 부분에 지나지 않았던 일부 지역(로컬 에어리어 Local area)이 탈(脫) 국가적으로 부상했다고 할 수 있다. 물론 분쟁지역은 로컬 에어리어이다.

대규모 분쟁지역은 유럽에서만도 영국의 북아일랜드, 스페인의 바스크 지방, 프랑스의 코르시카 섬, 몰도바, 화약 탄약고로 불리는 발칸 반도에서 볼 수 있고 그 밖에 아프리카, 남아시아, 중동, 중남미 등 세계 각지로 확산되고 있다. 베이징 올림픽과 관련해서는 개최 전에 중국이 티베트와 동투르키스탄을 군사적으로 제압한 것이 문제가 되었으며, 또한 중국이 군사지원을 하고 있는 수단의 다르퍼 분쟁[45)]

---

45) **역주_** 다르퍼(Darfur) 분쟁은 수단(Sudan) 서부의 다르퍼 지방에서 발발한 인종정화 문제를 둘러싼 국제적인 분쟁으로 2010년 현재도 진행중이다. 특히 최근에는 다르퍼 지방의 반정부 세력이 반란을 일으킨 것을 계기로 수단 정부군과 수단 정부의 지원을 받는 아랍계 민병의 반격 여파로 비(非)아랍계 주민의 대규모 학살과 촌락 파괴가 이어지고 있다.

을 둘러싸고 미국의 올림픽 보이콧 소동이 일어났다. 게다가 올림픽 개최중에는 러시아군이 조지아의 남오세티아 자치주에 군사적으로 개입한 것은 기억에 새롭다.

1990년대 이후 발발한 지역분쟁 건수는 100건에 육박한다. 이들 분쟁지역 대부분은 대략 일본의 현(縣) 정도의 넓이와 인구를 보유하고 있다. 북아일랜드는 1만 4000㎢에 인구 168만 명, 바스크 지방은 1만 8000㎢에 인구 264만 명, 몰도바 공화국은 4000㎢에 인구 약 55만 명, 러시아 체첸 공화국은 1만 7000㎢에 인구 114만 명, 코르시카 섬은 9000㎢에 인구 26만 명, 인도네시아의 동티모르는 1만 5000㎢에 인구 101만 명이다([그림 4]). 덧붙여 이와테 현(岩手縣)은 15000㎢에 인구 136만 명이다.[46]

이와 같이 일본의 현 정도 크기의 작은 지역이 민족적 언어, 문화, 역사, 종교적 탄압이나 대립으로부터 자치를 갈구하며 격렬한 투쟁과 테러를 전개하고, 그 중 많은 곳이 국가와 대치하며 분권독립운동을 펼치고 있다. 폭력과 그에 수반되는 막대한 희생이 뒤따르는 운동은 일종의 혁명인데, 지역을 무대로 해서 지역시민이 주체가 되어 추진되고 있다.

동티모르는 식민지 지배에 의한 고난의 길을 걸어 왔다. 16세기에 포르투갈에 정복당한 것을 시작으로 17세기에는 네덜란드, 18세기에는 재차 포르투갈에 지배당하고 19세기에는 포르투갈과 네덜란드 사이에서 동서로 분할되었다. 20세기에는 구(舊) 일본군에게도 점령당했다. 태평양전쟁 후에는 인도네시아가 독립할 때 서티모르가 인도네시아에 합병되었다. 한편, 동티모르에서는 독립운동이 일어났지만

46) 인구는 2004년 값. 바스크 지방의 인구는 바스크 자치주와 나란바 자치주와 합한 값.

인도네시아 정부에 진압당하고 만다. 그 후에도 인도네시아 정부의 탄압은 계속되어 1970년대에 15만 명이 학살되었다고 한다. 탄압의 배경으로는 이슬람 국가인 인도네시아 안에서 동티모르인은 거의 100%가 기독교 신자라고 하는 구조적인 종교대립도 있다. 1999년에는 국제사회의 후원에 힘입어 독립의 시비를 가리는 직접투표가 실시되어 2000년에 임시정부가 발족되었다.

베레모로 유명한 스페인의 바스크 지방은 지금까지도 언어체계가 불명확한 바스크어를 사용하는 바스크인을 옹립하고 문화적으로도 주변 지역으로부터 고립해 있었고, 다른 나라에 정복당한 적이 없는 지역이었다. 그러나 공업 종사자로 대량의 비(非) 바스크인이 유입되면서 민족통일성에 대한 위기의식에서 민족독립운동이 일어났고 1936년에는 스페인 내란에 편승하는 형태로 바스크 자치정부가 수립되었다. 그러나 신(新) 자치정부는 바로 그 다음 해 프랑코[47]가 인솔하는 파시스트 군에게 제압당하여 바스크어의 사용을 전면 금지 당했다. 그 후에도 민족주의가 사그라지는 일 없이 새로운 바스크 자치주를 설립하는 운동이 일어나고 급진파인 바스크 · 조국과 자유(ETA)는 스페인 전역에서 테러 활동을 벌였다. 지금도 시민 차원에서 바스크어나 바스크 문화 회귀 현상이 확산 조짐을 보이는 한편, 급진적인 테러 활동이 계속되는 등 뿌리 깊은 민족운동이 퍼져나가고 있다.[48]

지역분쟁은 지역 내의 민족이나 종교에 기인한다고 하는데, 문제의 구도는 어느 것이나 다 복잡하여 민족, 종교, 경제적 이윤, 영토,

---

47) **역주_** 프란시스코 프랑코(Francisco Franco, 1892~1975) : 스페인 군인, 정치가, 스페인 총통.

48) マイケル ワトソン, 浦野起央 · 荒井功 譯, 『マイノリティ · ナショナリズムの現在』, 刀水書房, 1995, 137~158, 310~314쪽 ; 毎日新聞社外信部, 『圖說世界の紛争がよくわかる本』, 東京書籍, 2001 ; 政界情勢を讀む會, 『面白いほどよくわかる政界の紛爭地圖』, 日本文藝社, 2002.

언어 · 문화 등 복수의 요인들이 그것도 역사적으로 서로 얽혀 있다. 단, 정도 차이는 있다고 해도 거기에 공통된 것은 운동의 고양에 입각하여 특정 지역의 영유권이나 점유적인 이주권을 주장하게 된다는 점이다.

동티모르에서는 동티모르 독립해방전선이 독립선언 후 인도네시아 국군의 침공을 받아 인도네시아에 합병되면서도 국제정세의 도움으로 분리독립을 이루어 냈다. 한편 북아일랜드는 1998년 일단은 영국과의 평화적인 합의 하에 자치를 획득하였으나, 현재는 테러 등의 진압문제를 놓고 영국의 직접통치라는 과거 상태로 되돌아가는 현상이 발생하고 있다. 퀘벡에서는 프랑스인계의 영향력 때문에 캐나다로부터 독립과 관련된 주민투표가 실시되었지만 세 번이나 부결되었다. 팔레스티나에서는 2000년 이상 유랑해 온 유대인이 '약속의 땅'인 팔레스티나에 이스라엘을 건국하여 옛 주민인 팔레스티나인과 같은 지역을 두고 쟁탈전을 벌이고 있다.

이처럼, 독립 후의 프로세스와 결과는 지역에 따라 제각각이지만, 많은 지역에서 복잡한 문제들이 일단 지역 탈취로 수렴되어 가고 그 중 일부 지역이 분리독립하여 국민국가가 되는 것으로, 가까스로 문제가 사라져 가는 과정을 볼 수 있다. 최종적으로 지역으로 수렴되는 것은, 원래 국민국가가 영토와 국민에 의해 성립되는 것이라, 국제사회 속에서 신흥세력이 독립하려면 영토를 보유할 필요가 있기 때문이다. 그러나 이유는 그것만이 아니라 '우리 지역', '우리 조국'이라는 토지나 장소에 대한 강한 집착, 즉 파토리오티즘(애향심)[49]에 의한 것이다.

---

49) **역주_** 파토리오티즘(英, Patriotism)은 애국주의, 애향주의, 조국애, 향토애를 말한다. 파토리오는 고향 · 향토를 의미한다. 일본에서는 광범위한 의미로 애국심과 같은 의미로 번역되지만 원래 파토리오티즘은 국가가 아니고 향토 그 속에 있는 사람들의 사상이다. 민족주의자들은 국가를 최소단위로

이것은 특히 중동이나 유럽에서는 지역사회가, 국민국가가 성립되기 훨씬 이전부터 사회단위로서 인정받고 있었고 이웃 사람과 함께 지역사회를 형성하는 것은 기본적 권리라는 사고방식에 기초하고 있다.

서남전쟁[50] 이래로 1세기 이상 내란다운 내란을 경험해 보지 못한 일본인에게 지역분쟁이 빈발하는 사태란 상상하기 어렵다. 일본에서 지역분쟁을 찾아볼 수 없는 것은 경제적인 풍요 혹은 종교나 민족 간의 심각한 대립이 없어서라고 한다. 그러나 스페인 바스크나 캐나다 퀘벡의 경제적 수준은 일본과 비슷하며, 분리독립운동은 언어나 문화의 대립에 의해 발생하고 있다. 일본에서 지역분쟁이 일어나지 않는 이유는 따로 있다고 할 수 있겠다.

세계 각지의 분쟁지역과 일본지역. 같은 지역이라고 하지만 기대되는 지역의 역할은 전혀 다르다.

### '유토피아'에서 '헤테로토피아'로

지역 간 차이에 대한 점검을 통해 지역을 대략 살펴보았다.

격차론, 문화면, 경제면, 자치면, 민족면의 어디를 봐도 일본에는 지역차라는 것을 찾아볼 수 없다. 정치적 · 경제적 · 문화적으로 지역차 없이 균질하다는 사실은 지역사회나 지역경제권을 희박한 상태로 만들며 또한 마땅히 기저에 있어야 할 지역문화나 사회자본의 동요를 나타낸다. 그런 상황에서 지역의 실체를 남기고 있는 것은 지방자치체

---

중시해서 충성을 맹세하지만 때로는 어쩔 수 없이 고향을 희생해야 할 경우도 생기기 때문에 애향주의자들은 고향을 짓밟는 국가에 반발하는 일도 있다. 따라서 파토리오티즘은 지역주의와 친화성이 높다.

50) **역주_** 일본어로는 세이난 전쟁(西南戰爭)이라 부르며 사이고 다카모리 등이 메이지 정부에 품고 있던 불평을 정한론에서의 패배를 계기로 1877년(메이지 10) 일본 각지에서 일으킨 반란이다. 최대이자 최후의 이 반란은 정부군에게 패하여 사족(士族)의 무력반항으로서 역사적 의미가 있다.

정도일 것이다. 그것은 두드러진 일본의 특수성이기도 하다.[51)]

관점을 바꾸어 보면, 지역이라는 시스템이나 혹은 개념이 필요 없어졌다고 할 수 있다. 지역은 픽션이다. 국민국가나 산업기업 등과 비교하면 아득히 먼 긴 역사를 가진 픽션이지만 주체로서의 역할은 흐릿해지고 장소로서의 유용성도 크게 손상되었다. 지금은 단카이 세대의 지역 회귀나 어린이의 안전 확보 같은 특정 목적에 부응하는 빈껍데기 같은 지역이 역할을 수행하고 있는 모양새이다. 우리는 일상적으로 지역을 의식하는 일 없이 지역에 의존하지 않고도 비교적 쾌적하게 살아갈 수 있다.

또한 어느 한 지역에 초점을 맞추어 보더라도 개성이나 자율성을 말하기에 앞서 논밭 한가운데에 지중해풍 집이나 아메리카풍의 주택이 즐비하고 거기에서 사는 사람들은 토지와 무관한 식생활을 영위하는 풍경이 늘어가고 있다. 게다가 셔터 거리화 되어 가는 근린형 상점가의 빈 점포에는 유흥업종이 들어서서 중심가임에도 불구하고 밤에는 여성과 아이들이 가까이 갈 수 없는 상황이다. 생활이 그 토지의 자연이나 풍토와 단절된 바람에 조화롭지 못한 경관과 모순된 생활의 실상이 계속해서 펼쳐지고 있다.

이렇게 일본 전체를 뒤덮는 우스꽝스러운 전경을 도대체 무엇에 빗대면 좋을까. 다시금 지역을 둘러싼 상황을 조감해 보면 지역무용(地

---

51) 하버마스에 의하면 근대화는 '생활세계'와 '시스템'의 분화를 촉진시켜 서로 독립된 공간에서 합리화를 전개했다고 말한다. '시스템'은 경제 시스템과 정치 시스템으로 분화되어 각각 자본주의적 경영과 관료적 행정의 메커니즘화된 발전이 촉진되었다. 근대일본은 전반에 걸쳐 관료적 행정에 의한 메커니즘의 영향력이 크다는 데 특징이 있는데, 현재의 지역에서도 다른 공간이 지역으로부터 분리된 것에 대해, 정치 시스템을 실질적으로 책임지는 관료적 행정기구(지방자치체)만이 영향력을 남기고 있다(ユルゲン ハーバーマス, 河上倫逸・M.フーブリヒト ほか 譯, 『コミュニケイション的行爲の理論(上)』, 未來社, 1985).

域無用)이라고 간단하게 단정지을 수 없는 뭔가를 포함하고 있는 듯한 생각을 누를 수 없다.

여기서 떠오르는 것이 미셸 푸코[52]의 '헤테로토피아(混在鄕)'[53]이다. 다음에서 소개할 것은『말과 사물』서문에 나오는 일절이다.[54] 아르헨티나 작가인 보르헤스[55]의 에세이집『존 윌킨스의 분석적 언어』[56]에 등장하는 '중국의 한 백과사전'을 인용한 열거문인데, 푸코

---

52) **역주_** 미셸 푸코(Michel Foucault, 1926~1984)는 프랑스의 사학자 · 철학자.『말과 사물』(1966)은 당시 유행하던 구조주의 책으로 착각해서 읽혀졌다. 그 밖의 대표작으로『광기의 역사』,『감옥의 탄생』,『성(性)의 역사』등이 있다.

53) **역주_** 미셸 푸코가 정의한 말하자면 '혼재향(混在鄕)'이라는 의미의 '헤테로토피아(hétérotopie)'란 "어떤 사회적인 공간 속에서 서로 다른, 혹은 정반대에 있을 법한 특이한 모든 공간"이며 이러한 공간의 혼재 상태는 현실의 도시에서 원하지 않아도 존재한다. 따라서 헤테로토피아는 원하여도 실행 불가능한 유토피아에 반대되는 개념이라 할 수 있다. '공통의 장'이 존재하지 않는 공간, 이질적인 것들이 그 이질성 그대로 마치 외딴섬처럼 가로놓여 있는 공간을 말하며, 서로 무관하고 무질서해 보이는 세계이다. 헤테로토피아라는 용어는 푸코가 "Of Other Spaces"라는 글에서 정의한 개념. 푸코의 설명을 요약하면 우리가 장소의 폐쇄성을 벗어나기 위해 반드시 필요로 하는 거울 이미지(실제로 존재하는)가 헤테로토피아인 셈이다. 내가 거울에 비치는 나 자신을 즉시 절대적인 사실로 바라보는 바로 그 순간 내가 점유하는 장소를 만들어 낸다는 개념이다. 사람들을 불안하게 만든다(山口志之 · 川向正人,「都市型複合施設における混在形態の生成に關する研究 : ヘテロピア(混在鄕)の槪念から」, 日本建築學會大會學術講演梗槪集, 1998, 621쪽 참조).

54) **역주_** 미셸 푸코 지음, 李光來 옮김,『말과 사물』, 民音社, 1987, 11~22쪽.

55) **역주_** 호르헤 루이스 보르헤스(Jarge Luis Borges, 1899~1986) : 아르헨티나 부에노스아이레스 출신. 20세기 라틴 문학의 대표 작가. 기호학, 해체주의, 환상적 사실주의, 후기구조주의, 포스트모더니즘의 선구자로 20세기 지성사를 이해하는 키워드를 쥐고 있다. 환상적 리얼리즘으로 흔히 정의되는 그의 문학세계는 정통 리얼리즘이 갖는 협소한 상상력의 경계를 허문 것으로 평가된다.

56) ホルヘ ルイス ボルヘス, 中村健二 譯,「ジョン・ウィルキンズの分析言語」, 異端審問』, 晶文社, 1982.

는 거기에서 『말과 사물』의 착상을 얻었다고 한다.

> 동물은 다음과 같이 분류된다.
> (a) 황제에게 속하는 동물 (b) 향료로 처리해서 박제로 보존된 동물 (c) 사육동물 (d) 젖을 빠는 돼지 (e) 인어 (f) 전설상의 동물 (g) 주인 없는 개 (h) 이 분류에 포함되는 동물 (i) 광폭한 동물 (j) 셀 수 없는 동물 (k) 낙타털처럼 미세한 모필로 그려질 수 있는 동물 (l) 기타 (m) 물주전자를 깨뜨린 동물 (n) 멀리서 볼 때 파리같이 보이는 동물

무심코 웃어버릴 수밖에 없는 이 열거문을 그나마 분류라고 말할 수 있는 것은 (a) (b) (c)……로 계속되는 알파벳에 의한 연속 부호 덕이다.[57] 그러나 이 분류법이 실제로 중국에서 쓰였다고 하더라도 실체를 생각하면 우리는 사고의 한계를 느끼지 않을 수 없다.

우리가 이해 불능 상태에 빠져 버리는 것은 이 분류가 인어와 같은 상상의 동물을 포함해서도 아니고 각각의 동물에 대한 묘사가 지루하게 너무 길어서도 아니다. 당혹감과 기괴함이라고 표현해야 할 큰 혼란에 이해 불능이 기인하기 때문이다. 푸코는 "보르헤스가 그와 같은 열거를 통해 전해 주는 이상함은, 그것과는 반대로 합류할 수 있는 공통 공간 그것이 거기에서는 붕괴하고 있는 것에 유래한다.

---

57) 중국의 한 백과사전에서 인용했다고 하는 이 열거문은 원문이 중국어로 되어 있음에도 불구하고 연속부호에 알파벳 (a) (b) (c) …… 이 사용되고 있는 등 이해할 수 없는 점이 있다. 또 중국의 한 백과사전이라는 것은 중국문학 번역가 쿤(Franz Kuhn)이 소개한 『선지(善知)의 천루(天樓)』(*Emporiocelestial de conocimientos benevolos*)로 기록되어 있지만 원전은 미상이다. 단, 이 열거문을 푸코는 박람강인(博覽强記)한 보르헤스로부터 인용하고 있고 원전 미상의 마이너스를 고려해 봐도 인용의 타당성에는 그다지 영향을 미치지 않는다고 보아도 될 것 같다. Michel Foucault, *he Order of Things : An Archaeology of the Human Sciences*, Random House: New York, pp.XV-XXiV (渡邊一民・佐々木明 譯, 『言葉と物－人文科學の考古學』, 新潮社, 1974, 13~14쪽).

불가능한 것은, 사물의 인접관계가 아니라 사물을 서로 이웃하게 만드는 것을 허락하는 자리 바로 그것이다."[58]라고 지적한다. '공통 공간'이나 '자리'가 존재하지 않아 각각의 사물은 제각각 흩어져 버린 채로 병치가 용납되지 않는 것이다. 『말과 사물』에서 '공통 공간'은 '각 존재가 병치될 수 있는 장소', '무언의 지반', '수술대', '머무는 곳'으로 계속해서 다른 말로 바뀌었다.

'헤테로토피아(혼재향)'란 '공통 공간'이나 '자리'를 잃어 버린 장소이다. 거기에는 사물이 배치될 공간이 존재하지 않는 것은 아니다. 반대로 사실은 많은 공간이 공존하며 사물이 다원적으로 배치되기 때문에 하나의 '공통 공간'이나 유일한 '자리'를 규정할 수 없는 것이다. 공상적인 '유토피아(非在鄕)'[59]는 비록 그곳이 실재하지 않는 장소라 해도 질서가 있는 균질 공간에 모든 사물을 받아들여 배치하기 때문에 '안락한 나라들을 열어' 우리를 위로해 준다. 그에 비해 '헤테로토피아(혼재향)'는 사물의 배치에서 질서를 빼앗고 불안을 자아낸다. 우리는 어쩔 수 없이 무기력해질 수밖에 없다.

우리는 현재, 공통의 생활공간에서 살아가는 '주민'으로서도 아니고 또 자치공간을 책임지는 '시민'으로서도 아닌 소비공간을 즐기는 '소비자'로서 취해야 할 입장을 급속하게 다져 가고 있다. 그리고 이러한 세 가지 입장이 통합되는 일 없이, 소비자로서 우리들은 근린형 상점가를 버리고 가격 · 품질 · 다양한 상품 · 시간 네 박자를 고루 갖춘 '자스코'를 선택한다. 그 덕분에 우리는 지역 고유의 식문화를 잃어 버린

---

58) 위의 번역서, 16~18쪽.

59) **역주_** 유토피아(非在鄕)는 실제 장소가 아니며 일반적으로 그것은 실제 공간과 사회에 대한 직접적 혹은 역전된 유비(은유)의 관계를 갖는다. 사회를 그 자체로서 완결된 것으로 제시하거나 역전된 것으로 묘사하는 이미지로서 근본적으로 비현실적 공간이다. 사람들을 편안하게 해준다.

것을 탄식하며 한편으로는 잃어 버린 아름다운 경관을 되돌려보려고 조급해하면서 파괴되어 버린 지역생산권이나 지역경제권을 재생시키고자 노력한다. 너무나 우스꽝스러운 보르헤스의 열거문 그대로 지역은 '헤테로토피아(혼재향)' 바로 그것인 것이다.

이와 같이 '헤테로토피아(혼재향)'가 우리에게 가져다주는 것은 자가도착에 빠진 불안한 상태 바로 그것이다. 다만 일각에서는 거기에서 '불안정한 평온'을 찾아낼 수도 있다. 그것이야말로 옥시모론[60]적이다. 즉 모순형용어법으로 번역되어 옥시모론은 검은 태양이나 귀여운 악마 등 모순된 말이 쌍을 이루는 역설의 일종으로, 문학에는 없어서는 안 되는 수사법이다. 공공연한 비밀, 은근무례 등의 관용구에 많이 쓰이며 〈Back to the Future〉나 〈침묵의 음악〉 등 예능작품의 타이틀로도 사용된다.

서로 모순된 두 가지 말을 조합해서 만들어진 옥시모론은 대립항을 융화시키고 모순을 해소하여 전체적으로 새롭게 조화된 언어 구축물을 창출해 낸다. 세련된 문학적 표현에 의하면 단순한 묘사에서는 말로 표현할 수 없는 복잡괴기한 사태가 생생하게 전해진다. 그 작용은 단순히 수사기법(修辭技法)이라기보다 차원의 창출이며 정반합(正反合)[61]의 지양(止揚)[62]으로도 이해할 수 있다. '헤테로토피아(혼재향)'

---

60) **역주_** 옥시모론(oxymoron)은 영어에서 꽤 자주 사용되는 수사법(말이나 문장을 꾸며서 보다 묘하고 아름답게 하는 일)으로 '모순어법'이라 한다. 모순되고 상반된 정반대의 단어의 결합을 나타낸다.

61) **역주_** 헤겔에 의해 정식화된 변증법으로 일련의 3단계 운동이다. 즉 정반합은 정립 · 반정립 · 종합을 통해 진리를 찾아나가는 역동적인 논리 전개를 말한다. 모든 정립은 그것이 어떤 의미를 갖게 된다면 그것을 스스로의 반정립 속에서 보게 될 것이다. 즉 모든 사실은 그 대립자들, 요컨대 정립이 아닌 다른 사물들과 연관될 때에만 이해될 수 있는 것이다. 변증법이란 세계를 유동 · 발전하는 모습으로 보고 이것은 사물 그 자체에 내포하는 모순, 대립을 지양하여 보다 높은 데를 향해 종합하는 운동이라고 보는 논리이다.

에서는 언어 대신에 장소가 사물의 옥시모론을 지탱하여 불안정 속에서 새로운 평온을 창출해 내고 있다.

푸코는 '헤테로토피아(혼재향)'를 긍정한다. '지(知)의 고고학'이라고 말하듯이 푸코는 '지(知)의 세계'를 불연속적인 것이라고 파악한다. '지(知)의 세계'는 마치 지층처럼 숨겨져 있는 시대별 지(知)의 형성체로 구성되는데, 푸코는 각각의 지(知)의 형성체에서 '지(知)의 대좌(臺座)'라고 해야 할 '에피스테메'[63]를 창출하였다. 그리고 보르헤스가 소개한 중국의 한 백과사전에서 중국의 에피스테메를 슬쩍 엿본 것이다.

우리도 패스트 풍토화[64]되어 가고 있는 교외를 현대의 에피스테메(가칭)로서 일단 수용해 볼 필요가 있을 것이다. 패스트 풍토화되는

---

62) **역주_** 지양(止揚)은 '높이는 것', '보존하는 것'을 뜻하는 헤겔의 철학적 용어이다. 변증법적 발전에서는 사상은 낮은 단계의 부정을 통해 높은 단계로 진행되나 높은 단계 중에서 낮은 단계의 어떤 것을 그 자체로서는 부정하면서도 도리어 한층 고차적 차원에서 이를 살리는 것으로 모순되는 여러 계기의 통합적 발전, 양기(揚棄)로서도 이해할 수 있다.

63) **역주_** 에피스테메(그리스어 epistēmē)는 플라톤 철학에서 이데아에 대한 지식을 이르는 말. 특히 생성 · 소멸하는 현상계에 대해서 대립하는 억견 즉, 플라톤은 이성에 의한 지식(에피스테메)에 대하여 감각에 의한 지식(doxa)은 개인차도 있고 수준도 낮아 신뢰할 수 없는 지식이라고 했다. 한 시대의 문화 전체의 기저에 있는 인식의 끈, 혹은 근본적인 지(知)를 말하며 푸코는 '시대의 구조'라고 정의하였다. 지(知)는 과거에 대해 어떤 연속적인 시점을 세우는 것이 아니라 고고학이 지층 차이를 확인해 나가는 것과 같이 각각의 시대의 에피스테메의 차이를 확인해 나아가야 한다.

64) **역주_** 지금 일본에서는 '지방이 패스트 풍토화되었고 게다가 액상화되었다'라고 하는 지적이 많다. 자세한 것은 『ファスト風土化する日本』(三浦展 著, 洋泉社)을 참조하기 바란다. 확연하게 지방도로를 따라 달려가다 보면 예전에 농지였던 곳에 '로드사이드샵'이라고 부르는 즉 차도를 액세스 동선으로 해서 주차 가능한 공간을 확보한 대형 쇼핑몰들이 즐비하게 늘어선 현상을 볼 수 있다. 이것이 일본 전역으로 확대되어 가고 있는 균질적이고 획일적인 풍경이다(저자는 이것을 패스트 풍토화라고 칭하고 있다).

교외는 헤테로토피아(혼재향)로서 옥시모론적인 창조의 현장이 될 가능성이 있다. 이것이 책에서 관철하고자 하는 시점이다.

단, 헤테로토피아(혼재향)화의 움직임이 지나치게 급진적이라는 것이 걱정이다. '헤테로토피아(혼재향)'가 '헤테로토피아'가 된 이유는 이해 불능성에 있다. 중국의 한 백과사전에서 푸코는 시대를 초월한 말로 표현하기 어려운 조화(공통 공간)를 찾아냈지만 보통 사람들은 거기에서 사고의 한계를 느낄 뿐이다. 에피스테메라고 하는 지(知)의 단절은 역사나 지리를 크게 뛰어넘어서야만이 탄생되는데, 그와 유사한 단절이 시기나 지리를 하나로 해서 현대 사회에서 일어나고 있다.

근대화에 의해 유토피아(非在鄕)를 지향해 온 우리는 '소비에만 관심을 갖는 시민' 혹은 '정치를 (가끔) 생각하는 소비자'로서 자각 없이 헤테로토피아(혼재향)를 만들고 있다. 돌이켜보면 유토피아와는 낙차가 의외로 크다. 헤테로토피아(혼재향)는 예컨대 그것이 다음을 위한 무언가의 준비단계라고 하더라도 우리에게서 '공통 공간'을 빼앗은 것과 다르지 않다. 그 변화가 급진적이기에 우리는 그 상황을 견뎌낼 수 있을까?

그리고 성가시게도 지역과 마찬가지로 우리의 활동장소로 등장한 '웹 공간'도 '헤테로토피아(혼재향)'라고 할 수 있을 것 같다. 그렇다면 우리는 헤테로토피아(혼재향)의 전면화라는 사태에 계속 직면해 있는 것이다. 그것은 지역무용(地域無用) 정도가 아니라 장소무용(場所無用)을 나타낸다. 우리는 이미 '장소'를 필요로 하지 않는 것인지, 아니면 '장소' 그 자체가 변질된 것인지 새삼 의문을 가질 필요가 있다. 이러한 의문을 던져보지 않고는 아무리 '지역 재생'이라는 슬로건을 내세워 장소의 회복을 시도한다 해도 쓸데없는 고생만 하게 될 것이다.

# 제2장 장소란 무엇인가?

헤테로토피아(혼재향). 그것이 설령 미래를 향한 준비단계라고 하더라도, 장소 상실이라는 사태에는 변함이 없다. 장소는 사람이나 물건을 병치하거나 통합하는 기능이 있다고 말하며, 또한 삶의 양식이라고도 말한다. 그것이 사실이라면 우리가 장소를 조금씩 잃어 가고 있다는 것은 용납할 수 없다. 한편 장소 상실은 또 다른 커다란 사회변화의 징조라고도 생각된다. 그러한 의미에서 우선 '장소'란 무엇인가를 명확히 해보고자 한다. 의외로 우리는 '장소'를 알지 못한다.

## 1. 의식의 착지 지반

### 요로텐메이한텐지(養老天命反轉地)

'요로텐메이한텐지'[1]는 아라카와 슈사쿠(荒川修作)와 매들린 긴스(Madeline Gins) 부부가 기후 현(岐阜縣)에 있는 요로(養老) 마을에 세운 작품이다. 1995년 개설된 이래 공공 요로 공원 내의 유료 시설로, 요로 마을이 관리 운영하고 있으며 입장료는 성인 710엔이다. 개원 당시 공원 내에서 많은 사람들이 미끄러지거나 넘어져 다쳤기 때문에, 지금은 감시원이 배치되어 있고 운동화나 헬멧을 대여하고 있다.

---

1) **역주_** 일본 요로 마을에 있는 작품으로, 직역하면 '주어진 운명을 바꾸는 땅'이라는 의미가 있다.

광대한 작품 입구에 세워진 것이 메인 전시관인 '극한 상황에 가까운 불편한 집'이다. 이것은 기후 현 모양을 본뜬 지붕으로 구조된 미로형 건물로, 천장 · 지상 · 지하에 각각 대칭적으로 가구가 배치되어 있다. 작품 대부분은 절구 모양의 '타원형 공간'으로 되어 있으며, 길게는 130미터에서 짧게는 100미터에 이르는 큰 규모를 자랑한다. 이 거대한 공간에는 복잡한 기복(起伏)을 시작으로 여기 저기 꼬불꼬불한 골목이나 '극한 상황에 가까운 불편한 집'을 분할한 건물이 산재되어 있는 등 그 외에도 크고 작은 다섯 개의 일본지도가 숨겨져 있다.

이 건물에 들어가기 위해서는 일상적인 신체 움직임은 버려야 하며, 건물에 적응하기 위한 '사용법'을 따라야 한다. 몇 가지를 발췌해 보면 다음과 같다.

'극한 상황에 가까운 불편한 집' 이용법(발췌)

- 내부에 들어가서 균형을 유지하기 어렵다고 느낀다면 자기 이름을 부를 것. 다른 사람의 이름도 좋다.
- 뜻밖의 상황이 발생하면 그곳에서 멈춰 20초 동안 쉬다가(좀더 나은 방법을 생각하기 위해) 보다 나은 자세를 취할 것.

'타원형 공간' 이용법(발췌)

- 균형을 잃는 것을 두려워하기보다는 차라리(감각을 다시 살릴 요량으로) 즐길 것.
- 타원형 공간을 걸을 때 '극한 상황에 가까운 불편한 집'의 광경을 가능한 한 생각해 낼 것. 그리고 그 반대로도 시도해 볼 것.
- 다섯 개의 일본열도 하나하나를 현재 자신이 어디에 있는지 위치를 파악하는 데 이용할 것.
- 공간을 걸을 때, 취하지 않으면 안 되는 극단적인 자세를 가까운 형태와 먼 형태의 양쪽을 관련시킬 것(근처에 있는 모양이나 먼 곳에 있는 모양 양쪽을 관련시켜 파악할 것)

[사진 2] '타원형 공간'과 '극한 상황에 가까운 불편한 집'

아라카와는 이 작품을 신체 행위와 외계(건축적 환경)와의 접촉에 의해 새로운 감각을 불러일으키는 '인간 의식이 발생하는 장(場)'이라고 말한다. 다소 위험을 동반하더라도 몸의 균형이나 감각을 무너뜨리는 것으로, 새로운 감각을 일깨워 내면 그 새로운 감각을 지닌 신체와 외계가 접촉하는 비인칭의 중간적 영역이 현상(現象)한다. 그러한 현상의 '착륙지점(landing Site)'이 바로 '요로텐메이한텐지'이다. 아라카와는 "좀 더 재미있게 말하면 많은 '도깨비'를 만들어 내어, 그 '도깨비'와 똑같은 위치에 우리도 있게 하는 것" 혹은 "막 갓난아이가 이 세상에 태어나면서 어떤 상태를 만들어 내는 것"이라고 말하고 있다.[2)]

'텐메이한텐(天命反轉)'이란 변경이 불가능하다고 생각되는 속박에서 풀려나 인간의 새로운 경험 가능성을 열어주는 것이다. "우리는 죽음에 대해서 전쟁을 선언했습니다."[3)]라고 아라카와와 긴스가 말한

2) 荒川修作・藤井博巳, 『生命の建築－荒川修作・藤井博巳 對談集』, 水聲社, 1999, 43쪽, 79~87쪽.

3) 荒川修作, マドリン ギンズ, 『建築する身體－人間を超えていくために』, 春秋社, 2004. 그 밖에 아라카와와 긴즈의 작품이나 표현법 등에 관련해서는 이하의 문헌을 참조하였다. 磯崎新, 『反建築史』, TOTO出判, 2001 ; 磯崎新, 『オペラシティの彼方へ－エッジを測量する17の對話』, NTT出判, 1997 ; Madeline Gins and

것처럼, 만일 죽음이라는 조건이 없어진다면 인간은 전혀 다른 선택에 쫓기게 되고, 그러한 새로운 가능성 속에서 세계도 다시 쓰여질 것이다. 이러한 경험 가능성의 확대에 대하여 아라카와가 참고로 내놓은 것이 엠파이어 스테이트 빌딩에서 뛰어내리는 체험이다. 낙하하고 있을 때에는 필시 주변 상황을 지각할 수 없을 것이며, 의식의 지향점 역시 알지 못할 것이다. 극한의 경험 속에서 싹트는 가능성, 즉 이러한 차원에서 인간의 경험 가능성을 확대해 가는 것이 '덴메이한텐'에 의도되어 있다.

작품을 연 지 10여 년이 지난 지금 전시관은 비바람에 의해 낡은 유령저택으로 변해, 유감스럽게도 건축적 효과는 반감되었지만, 작품 전체를 뒤덮는 토목적 효과는 여전히 건재하다. 실제로 지금이라도 '요로텐메이한텐지'를 체험해 보면 시각과 신체 감각이 분리되어 배멀미를 한 듯한 느낌이 들 것이다. 이것이 과연 경험 가능성을 어느 정도 넓혀 줄지 모르겠지만, 우리의 '한계'를 해소해 주는 효과는 충분히 느낄 수 있다.

## 현상학적 환원과 지반

요로텐메이한텐지의 방법은 현상학적 환원이다. 적어도 어느 단계까지는 현상학적 환원 중에서도 초월론적 환원이 절차를 밟고 있다. 훗설(Edmund Husserl)이 제출한 초월론적 환원의 특징은 모든 선입관이나 믿음을 배제하고, 의식에 직접 나타난 것에서 절대성을 인정하는 점에 있지만,[4] 그것은 요로텐메이한텐지의 목적 중 하나에 지나지

---

Arakawa, *Architectural Body*, University of Alabama Press, 2002 ; 『現代思想 臨時增刊號 荒川修作, マドリン・ギンズ』 vol.24-10, 青土社, 1996 ; 和田哲郎, 『倫理學』, 岩波書店, 1965.

4) 여기에서는 판단 정지의 초월론적 환원(transzendentale Reduktion)과 이데

않는다.

우리는 평소 눈앞에 컴퓨터나 휴대폰이 단순히 존재하고 있다고 확신하지만 그것들이 정말로 존재하는가는 실로 의심스러우며, 존재하고 있는지 어떤지 객관적으로 확인하는 것도 상상 이상으로 어렵다. 그래서 우리가 우선 경험적으로 체득한 실천적 가치판단을 일단 정지(판단정지)시킨 후, 경험 세계를 모두 '괄호 안에 넣어' 제거해 본다. 그러면 나의 의식에 선입관이 결여된 컴퓨터나 휴대폰의 형상이 나타나지만, 거기에 나타난 독자적인 영역은 의심할 필요가 없다. 이 영역은 나의 주관적인 시점만으로 구성되어 있으며, 이것을 '순수의식'이라고 부른다.

이처럼 객관 세계를 주관적 시점만으로 재구성하는 것이 현상학적 환원 방법이다. 훗설의 사례를 빌리자면 그것은 방 안의 조명 스위치를 끄는 것과 같다. 현상학적 환원에서 방 자체가 소멸하는 것이 아니고, 그 작업을 끝내면 스위치를 켜 순수의식의 세계에서 다시 일상적인 객관 생활로 돌아올 뿐이다.[5)]

요로텐메이한텐지도 객관적으로 상식적인 가치 판단을 가능한 한 괄호 안에 집어넣는 것으로 스위치를 끄고, 방문객에게 작품에 임할 준비를 시킨다. '이용법'은 스위치를 끄는 계기를 만드는 중요한 도구이다. 그리고 특수한 토목 건축학적 환경 속에 몸을 맡긴 방문객은 그곳에서 자신의 행위에 의해 새로운 신체감각을 일깨워 내어, 방문객 스스로 준비되었다 하더라도 여전히 남아 있는 일상적인 감각과의 간격에 당혹스러워하면서 스위치를 끄도록 강요당한다. 이렇게 하여 요로텐메이한텐지에서는 방문객의 의식을 경험 가능성으로 환원시

---

아를 골라낸 형상적 환원(eidetische Reduktion)을 구별하고 있다.

5) エドムント フッサール, 渡邊二郎 譯, 『イデーン〈1-1〉 純粹現象學への全般的序論—純粹現象學と現象學的哲學のための諸構想』, みすず書房, 1979.

키는 것을 의도하고 있으며, 이를 위해 의식이 환원되는 곳에 '착륙 지점'이라는 장소가 준비되어 있다.

스위치를 끄거나 켜면 방이 어두워지거나 환해지는 것처럼, 현상학적 환원(초월론적 환원)에서 세계는 두 개의 서로 다른 측면을 보이고 있다. 다만 그것은 똑같은 이분법에서도 주객(主客) 이원론과는 비슷하면서도 다른 것이다. 주관적 시점에서 세계를 구성하는 현상학은 주객 이원론의 구도 그 자체를 무너뜨려 버리고 있다.

스위치를 끄면 나타나는 순수의식 세계는 '생활세계(Lebenswelt)'라고 불린다. 그곳은 '우리의 모든 생활이 실제로 그곳에서 영위되는 현실을 직시 혹은 경험하거나 또는 경험할 수 있는 세계'이다. 수학이나 물리학 같은 학문세계도 이러한 생활세계를 기반으로 성립되어 있다. 학문세계에서의 물음이나 동기는 생활세계에서만 발생하며, 실증적 논리를 검증할 결정적인 수단이 되는 것도 생활세계에서의 지각이나 상기(想起)이다. 하지만 우리는 과학에서 주장하는 학문적 세계야말로 지반(토대가 된다)이라고 오해한 채 살아가고 있다.

이와 같이 현상학적 사고를 통해 훗설은 세계에 '지반'이 있다는 것을 보여주고 있다. 이 지반은 일상 생활뿐 아니라 학문을 성립시키는 영역이며 주객(主客)과 자타(自他)가 분리되지 않은 감정이나 정서가 서로 오가는 영역으로, 사물과 현상이 수시로 생성되는 영역이다.6)

---

6) '생활세계'를 이론지(理論知)의 기반으로 삼는 견해는 초기 훗설의 공간구분에서도 찾아볼 수 있다. 훗설이 이용한 공간구분은 '일상 생활 공간', '순수기하학 공간, 기하학적 직관이 관계한 공간', '응용기하학 즉 자연과학 공간', '형이상학 공간'이다. '일상 생활 공간'이라는 것은 우리가 학문 이전에 알고 있는 모든 외적 직관의 근본에 있는 공간이며, 학문의 기반이라고 평가되고 있다. 훗설은 이것들의 네 가지 공간관계를 형성 발생적인 단계라고 생각하였다. 기하학적 공간은 직관공간에서 발생한 것이며, 따라서 공간 표상의 철학적 해명은 기하학 공간에 선행하고 직관공간의 기술적 분석에서 시작해야 한다고 말한다(浜渦辰二, 「空間の現象學にむけて－フッサー

아라카와와 긴스는 이 '지반'이 위치하는 곳에 '착륙 지점'을 배치하였다. 그곳에서 의식은 공중에 뜬 채로 존재하는 것이 아니라 반드시 장소를 차지하고 있다는 확신을 엿볼 수 있다. 요로텐메이한텐지에서는 여기저기 드러나는 의식이 착지할 '착륙 지점'을 우리에게 맞이해주고 있다.

요로텐메이한텐지는 실천적 가치판단을 정지(Epoche)시키는 데까지 현상학적 환원과 같은 절차를 밟는다. 그러나 이후의 신체 행위와 환원과의 접촉을 너무 중시한 나머지, 보다 깊은 무의식 세계를 대상으로 한 점이나 현실에 나타난 의식을 착지하게 한 점 등은 크게 차이를 보이고 있다. 다케다 세이지(竹田青嗣)[7]가 지적한 대로 현상학의 목적이 '확신 성립의 조건이나 구조를 명확히 밝히는 것'이라고 한다면 요로텐메이한텐지는 '확신 성립의 조건이나 구조를 조작하는 것'을 수단으로 삼아 '운명을 바꾸는' 것이 목적이다. 그 때문에 '운명을 바꾸는' 것을 향해 집요할 정도로까지 '지반'에 계속 매달린다.

어쨌든 의식이 착지하고, 의식에 점유되어 있는 '지반'이 '장소'를 생각하는 데 커다란 참고가 되는 것만은 사실이다.

## 2. 체험된 공간

### 공간과 장소

'장소'는 인간 활동을 전제로 한다. 사람이 활동하려면 반드시 어딘가 장소를 차지하고 있어야 한다. 이처럼 장소는 인간과 관계를 맺는 곳, 인간이 있을 수 있는 말하자면 '거처'나 '있는 곳'이다.

---

ルによるカント超越論的哲學の改造」, 『人文論集(靜岡大學人文部)』 vol.44-2, 1994).

7) 竹田青嗣, 『現象學は「思考の原理」である』, ちくま新書, 2004.

'공간(space)'과 '장소(place)'의 구별도 여기에서 생겨난다. 공간은 일반적으로 균질한 확장성을 가지고 있지만, 거기에 인간이 관여를 함으로써 공간이 의미를 띠게 되고 방향성이 생겨나면서 서서히 균질성이 무너지게 된다. 이와 같이 인간이 관여하는 것으로 공간이 한정되고 특수한 공간이 발생하게 되는데 그것이 '장소'이다.

지리학에서 장소는 특히 중요한 개념이다. 종종 지리학은 '장소의 과학'으로 불린다. 지리학자인 메이(Joseph A. May)는 『칸트와 지리학』[8]에서 지리학에 사용되어 온 여러 갈래로 나누어진 '장소(place)' 개념을 재정리하였다. 나아가 장소의 특질을 나타내는 이념이 '공간의 특정 부분과 그 공간을 점유하고 있는 것'에 있다고 주장하였다.[9] 이는 메이 자신이 무엇보다 인간의 장소에 대한 경험을 중시하였기 때문인데, 지리학에서 말하는 장소란 건축, 토지, 경관 등의 지리적 구성요소나 인간이 갖는 지리적 경험이, 양적으로는 전부 환원할 수 없는 질적 측면을 중시하고 있음을 알 수 있다.[10] '공간의 특정

---

8) J. A. メイ, 松本正美 譯, 『カントと地理學』, 古今書院, 1992 (Joseph A. May, *kant's Concept of Geography and its Relation to Recent Geographical Thought*, University of Toronto Press, 1970).

9) 지리학자인 메이는 장소의 개념을 이하와 같이 단계적으로 재정리하였다. ① '공간의 특정 부분과 그 공간을 점유하고 있는 것' ② '도시 · 시골 · 지방이라는 공간단위' ③ '지표적인 통일을 형성하는 지표면 전체' ④ '지점 · 위치'. 더욱이 메이는 ①의 의미에만 장소의 개념 특질을 나타내는 것이 있다고 논하였다(J. A. メイ, 앞의 『カントと地理學』, 289~290쪽 ; エドワード レルフ, 앞의 『場所の現象學－沒場所性を超えて』, 6쪽).

10) 지리학에서 장소(place)란 1960~70년대 북미 인문주의자들에 의해 인간이 갖는 지리적 경험을 양적으로 전부 다 환원하지 못하는 질적 측면을 중시하는 것으로서 사용되기 시작한 개념이다. 그러나 1980년대 후반 주로 영국 문화지리학자들에 의해 글로벌화가 진행하는 오늘날에는 토지와 인간과의 본원적인 유대를 전제하지 않고, 장소성을 구성하는 혼재적인 배치 상황을 인식하여야 한다는 반성이 일어났다(浮田典良, 『最新地理學用語辭典〈改訂版〉』, 大明堂, 2003).

부분'이란 예컨대 오랫동안 살면서 익숙해진 자신의 방 공간이며 '그 공간을 점유한 것'이란 자기 자신을 말한다. 자신의 방과 자신, 장소와 그곳을 점유하는 인간은 서로 밀접하게 결합해 하나의 세트를 이룬다. 장소가 인간으로부터 독립하거나 또는 인간이 장소에서 떨어져 존재할 수는 없다. 이것은 이후에도 반복해서 등장하는 장소의 기본적인 성질이다.

볼노브(Otto Friedrich Bollnow)의 『인간과 공간』[11]은 현상학적 공간론의 고전으로 일컬어지고 있다. 볼노브가 여기에서 밝힌 '체험된 공간(erlebte Raum / experienced-Space)'이란 개념은 메이가 지적한 '장소'와 같은 의미이다. '체험된 공간'이란 인간이 현실에서 체험하고 있는, 있는 그대로의 공간이며 '수학적 공간'과 대조된다.

'수학적 공간'은 어디를 선택하든 균질한 공간으로 어떠한 점도 다른 점보다 우월하지 않으며 임의의 어떠한 점도 그 원점이 될 수 있다. 그에 반해 '체험된 공간'에서는 인간이 있는 곳이 원점이 되며 원점은 다른 점보다 우월하다. 두 점의 간격을 생각할 경우에도 '수학적 공간'에서의 간격은 직선으로 이어진 가장 짧은 거리를 재는 것이지만, '체험된 공간'에서는 가장 안전하고, 편리한 혹은 가장 쾌적한 루트에서 재는 것을 말한다.

예를 들어 자신이 살고 있는 고층 맨션과 그 옆집과의 거리를 생각해 보자. '수학적 공간' 속에서 옆집은 철근 콘크리트 벽 두께 20센티+α밖에 떨어져 있지 않다. 한편 '체험된 공간'에서는 건축구조에 따라 1층 입구까지 내려가 옆동의 엘리베이터를 이용하여 옆집 현관까지 가야 할 필요가 있을지 모른다. 또는 옆집 가족과 한 번도

---

11) オットー フリードッヒ ボルノウ 著, 大塚惠一·池川健司·中村浩平 譯, 『人間と空間』, せりか書房, 1983.

마주친 적이 없을 경우, 더욱이 옆집에 바로 부부 침실이 있다면 거기에 사회적·심리적 거리가 더해져 거의 도달할 수 없는 무한적 먼 거리를 갖게 된다.

어째서 공간에 의미가 발생하는가 하면, 그 공간을 체험하는 인간이 공간 속에 포함되기 때문이다. 우리는 공간 속에 존재하며, 공간에 여러 다양한 의미를 느끼면서 행동하고 있다.

볼노브는 '체험된 공간' 내부의 분절[12] 모양을 설명하기 위해, 레빈(Kurt Lewin)이 제창한 '호도로지컬한 공간(hodological space)'[13]을 참조하였다. 호도스(hodos)란 그리스어로 '길'을 의미하는 말로 호도로지컬한 공간이란 길로 연결된 평면적 의미 확장성을 갖는 공간을 가리킨다. 실제 지역은 강과 바다 등의 지형적 요소나 분쟁, 국경 등 인위적 요소에 의해서 생활공간은 독특한 왜곡을 거쳐 크게 분절되어 있다.[14] 게다가 볼노브는 평면적인 호도로지컬한 공간을 기점으로 해서 보다 좁고 입체적인 '행동공간'을 언급하였다. 행동공간이란 호도로지컬한 공간과 마찬가지로 '발'을 사용하는 것이 아니라 오로지 '손'을 사용하는 공간이다. 손으로 물건을 집어서 정리하는 작업은 당연히 공간 속에 물건이 놓여야 할 자리를 배분하는 것이며, 이것이 자신을 둘러싼 공간적 질서 형성으로 연결된다. 손이나 발을 이용한 물건 배치에 따라 만들어진 공간 전체의 구성은 '장소가 갖는 가장 기본적인 공간성'을 나타낸다.

---

12) **역주_** 분절(分節) : ① 사물을 마디로 나눔. 또는 그렇게 나눈 마디 ② '심리' 사고 및 행동에서 전체와 관련을 가지면서도 별도로 고찰할 수 있는 구성 부분을 말한다.

13) **역주_** 호도로지컬한 공간(hodological space) : 운동하는 점의 벡터의 궤적 공간.

14) *Der Richtungsbegriff in der Psychologie. Der spezielle und allgemeine hodologische Raum*, Psychologische Forschung Bd., 19, 1934.

이처럼 '체험된 공간'은 크고 작은 다양한 내적 분절에 의해 의미로 가득한 풍부한 내용을 갖는 공간으로 변질되어 간다.

## 장소의 지정

장소(place)의 배후로 펼쳐지는 공간(space)은 인간의 일상적인 경험뿐 아니라 관념을 포함한 넓은 의미에서의 경험의 수만큼 많다. 눈앞에서 확장을 느끼는 공간, 음악으로 가득찬 공간, 성스러운 공간, 국가가 영유한 공간, 독특한 규율이 지배하는 공간, 지도나 도면에 나타난 공간, 기하학적 공간, 문예가 개척한 판타지로 가득한 공간…… 등 실로 다양한 종류의 공간을 열거할 수 있다. 그때마다 경험이나 관념에 유래한 공간은 실로 다채로운 모습을 보여주지만, 한편으로 그것은 인간 경험의 존재 방식을 반영한다. 그러므로 여기에서는 이러한 관점에서 공간의 양상을 정리해 두고자 한다.

우선 첫 번째로 소개하려 하는 것은 오토포이에시스(auto poiesis)[15] 연구로 유명한 가와모토 히데오(河本英夫)의 공간구분이다. 가와모토는 난해한 표현으로 점철된 아라카와와 긴스의 『건축하는 신체』를 번역하면서, 동시에 그들이 행한 일련의 프로젝트에 대해 '해설'[16]하였다. 좀전에 소개한 바와 같이 아라카와와 긴스는 '요로텐메이한텐지'의 작자이며 그 다음 작품인 미타카(三鷹) 마을의 '텐메이한텐지'를 완성한 후 『건축하는 신체』를 출판하였다.

그런데 가와모토는 인간이 경험하는 공간으로 '생태공간' '기하—운

---

15) **역주_** 오토 포이에시스(auto poiesis) : 칠레의 생리학자 마투라나와 바렐라(F. Varela)가 제창한 생명 시스템을 특징짓는 개념. 자기 생산을 뜻하며 시스템의 구성요소를 재생산하는 메커니즘을 가리킨다. 자기 창출.

16) 河本英夫, 「解題 生命の幾何學から建築的身體へ」, 荒川修作・マドリン ギンズ, 앞의 『建築する身體－人間を超えていくために』.

동 공간' '상징공간'과 같이 세 가지로 구분할 것을 제안한 다음, 아라카와와 긴스가 맡고 있는 프로젝트가 일상적으로 망각하기 쉬운 '기하—운동 공간'을 토대로 하여 모든 사물과 현상을 파악하고 있다는 점에 유일성(唯一性)을 찾아냈다. 이 공간구분은 피아제(Jean Piaget)의 발생적 인식론이나 발달심리학을 배경으로 한다. 각각의 공간은 갓 태어난 본래의 인간이 '모유기' → '유아기' → '그 이후'라는 식으로 단계적으로 획득하는 공간의 개념과 대응한다.

가와모토에 의하면 '생태공간'이란 신체행위와 하나로 융합하여 체험되는 공간이며, '기하—운동 공간'은 신체행위를 전제로 한 장소와 장소와의 관계에서 이루어지는 공간이다. 마지막으로 '상징공간'은 좌표축에서 생성된 공간으로, 뉴턴 역학에 의한 물리적 공간이나 거기에 부과된 언어공간과 추상적인 논리공간 등도 포함한다. 우리는 성인이 되면서 압도적으로 상징공간을 많이 활용하게 된다. 다만 상징공간은 단독으로 성립하지 않고 생태공간이나 기하—운동 공간의 토대 위에 성립한다.

우리는 다양한 상황에서 '장소의 지정'을 행한다. 마음을 생각해 본다면, 무의식적으로 의식이 심장 주변으로 향하고 있다. 일본어 관용어구에도 '화가 나다(腹が立つ)', '두근거리다(胸が踊る)', '화가 치밀다(頭にくる)'와 같이 마음에 끓어오르는 감정을 신체의 일부와 관련시켜 말하는 경우가 많고, 감정이 신체의 국부적인 장소에서 발생한다는 것을 느낄 수 있다.

또한 전통적인 수사학에서도 '장소(토포스)'가 기억술에서 중요한 역할을 한다. 논거나 논점의 소재를 아는 것이 의논의 기초가 된다고 보고, 구체적 의론법에서도 중요 논점이나 논제를 특정 장소와 연결시켜 기억한다. 기억은 반드시 '그곳'이라고 특정할 수 있는 장소와 대응한다. 지각한 것을 상기할 수 있는 것은 '기억'의 작용에 의하지만 사실 기억이란 장소의 기억과 같다.[17)]

'장소의 지정'은 지각뿐 아니라 상기와 내적인 깨달음 등도 포함하여 의식에 전반적으로 영향을 미친다. 그리고 '장소의 지정'이 행해지는 공간은 '기하—운동 공간'이다. 아라카와와 긴스도 그때마다 나타나는 의식의 '착륙 지점'을 요로텐메이한텐지에 준비해 두었다. 가와모토는 "기하—운동 공간이 상징공간 이전에 행위하는 인간에게 있어 본래적인 공간이며, 이 공간을 성립시키는 가장 중요한 행위가 착지(landing)이다."라고 서술하고 있다. 착지란 바로 '장소의 지정'이며, 아라카와와 긴스의 프로젝트 주제이기도 하다.

## 계층적인 공간구분

'기하—운동 공간'과 관련해서 좀더 상세히 공간 특징을 살펴보고자 한다. 가와모토가 언급한 공간구분은 단순히 세 종류의 공간유형이 병치되어 있다는 것이 아니다. 발생적 인식론이나 발달심리학을 배경으로 한 것에 비추어 발달단계적이며 일종의 계층성을 나타내고 있다. 즉 상위층 공간은 하위층 공간을 모종의 기반으로 하여 성립한다는 관계를 보이고 있다.

지리학자인 에드워드 렐프(Edward Relph)는 『장소의 현상학』[18)]에서 보다 구체적인 공간구분을 보이고 있는데 여기에서도 같은 계층성

---

17) 단, 기억은 뇌내의 특정 장소에 개별적으로 보존되는 것이 아니다. 뇌내의 장기적 기억을 관장하는 해마에게 있어 기억의 장기적 고정은 두 개의 뉴런이 동시에 발화하여, 그 사이에 있는 시냅스가 증강되고 두 개의 뉴런 관계가 증강되는 것으로 발생한다. 이와 같이 새로운 정보가 기억된다는 것은 뇌내의 뉴런 네트워크 상태가 종합적으로 변화하는 것과 다를 바 없다(中澤榮輔, 「記憶の神經哲學」, 日本科學哲學會第40回大會, 2007).

18) エドワード レルフ, 앞의 『場所の現象學—沒場所性を超えて』, 13~47쪽.

을 엿볼 수 있다. 렐프는 공간구분을 '실용적 공간(원초적 공간)', '지각공간', '실존공간', '건축 · 계획 공간', '인식적 공간', '추상적 공간' 처럼 여섯 가지로 나누었다. 어떤 공간유형도 인간의 경험이나 관념을 배경으로 하며, 그 점에 있어 렐프는 가와모토의 공간구분과 공통된다.[19)]

착지(Landing)가 일어나는 가와모토의 '기하-운동 공간'은 렐프의 '지각공간'과 '실존공간'에 대응하며, 이 두 공간은 '주관적 의식(개인의식)'과 '상호주관적 의식(집단의식)'으로 구분된다.

'지각공간'이란 개인이 가지는 의지나 감정으로 가득찬 주관적 의식 공간이며, 행동하고 지각하며 사고하는 개인을 중심으로 확장해 가는 자기중심적인 공간이다. 그곳은 장대한 자연이나 인공적인 미, 특별한 타자 등과 직접적으로 의식이 만나는 장이다. 한편 '실존공간'은 사회집단의 구성원으로서 구체적인 사회경험을 통해 얻어진 공간이다. 사회집단의 구성원과 관계를 맺으면서 상호주관적으로 내부구조가 정해진다. 전형적으로 나타나는 것은 성(聖)과 속(俗), 생(生)과 사(死), 공(公)과 사(私), 중심과 주변 간의 대립이다. 이러한 공간은 인간에게 승인을 받으면서 서서히 이름을 부여받아 실존공간의 기본적인 구조를 이루게 된다.

아라카와와 긴스가 '착지(Landing)'와 함께 중요시한 것이 착지 후의 '공동화(共同化)' 과정이다. 착륙 지점에는 그것을 둘러싼 '건축적 신체'가 준비되어 있으며, 방치해 두면 분산하는 착륙 지점들끼리 서로 협조를 꾀하여 여기서 발생하는 "사건은 (사회) 시스템을 지향한다"고

19) 렐프는 이 공간 유형구분을 실시할 때 맥스 야머(max jammer)를 비롯한 철학 지식을 폭넓게 수용하는 한편, 이 작업에 의해 장소가 경험적 및 개념적인 배경으로부터 떨어져 나갈 위험을 동반한다는 딜레마가 있다고 고백하였다.

말한다. 요로텐메이한텐지에서도 우선 '지각공간'에서 착지가 일어나고, 그 후 '실존공간'에서 공동화가 진행된다.

또한 가와모토의 공간구분에서 최하층에 위치한 '생태공간'에 대응하는 것이 '실용적 공간'(원초적 공간)과 '건축 · 계획적 공간'이다. 그 중 '실용적 공간'은 본능적이고 동시에 무의식적으로 활동하는 공간으로, 공간에 관한 특별한 이미지나 개념을 가진 적이 없는 동물적 공간이다. 원초적 공간의 기초는 모 · 유아기 때 시작되는 신체나 감각에 관한 개인의 체험에 따라 무의식중에 형성된다. 후자인 '건축 · 계획적 공간'은 실존공간에서의 무의식적 공간 구성을 형식적인 개념을 이용해 만든 것이지만, 이는 지리학자 특유의 구분이라고 할 수 있다.

이와 반대로 최상위에 위치한 '상징공간'은 '인식적 공간'과 '추상적 공간' 두 개로 나눌 수 있다. 어느 쪽도 추상적인 공간 개념으로 구성되지만, 둘다 '등질성'과 '이질성'에 따라 구분된다. 먼저 '인식적 공간'은 고대 철학으로 거슬러 올라가면 어느 정도 공간 이질성이 보이지만, 현재에 이르러서는 지도나 유클리드 공간과 같이 같은 값을 가진 등질의 공간으로 변화해 왔다. 이에 반해 '추상적 공간'은 경험적인 관찰 대상으로서 확실하게 묘사할 수 없는 공간이라 하더라도 말로써 기술할 수 있는 논리적 관계의 공간이다. 그것은 인간의 상상력에 의한 자유로운 창작이며, 물리적 현실이나 심리적 현실에 반드시 대응하는 것은 아니다.

[그림 5]는 렐프의 공간구분과 가와모토의 공간구분을 대조시켜 본 것이다. 반복해서 말하지만, 이러한 공간구분은 인간의 경험이나 관념에 유래한다는 점에서 공통되며, 공간구분 특유의 계층성이 보이고 있다. 아울러 렐프의 공간유형의 경우 지리학이 배경에 있다는

[그림 5] 공간구분

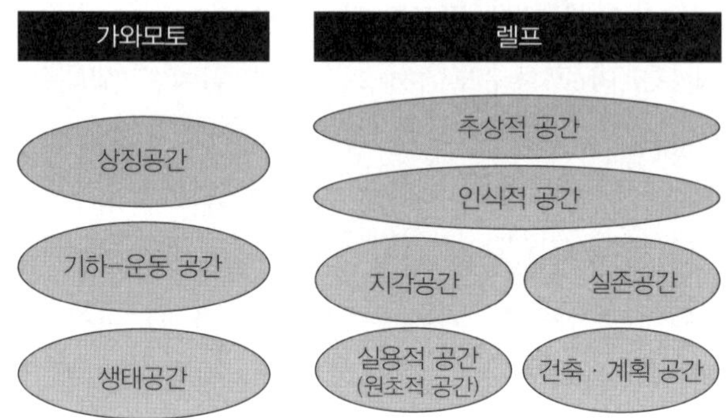


점에서 공공성(사회성)이라고 불리는 것으로 분절이 일어나고 있다.

렐프의 여섯 가지 공간유형 가운데 일종의 공공성을 띠는 것이 '실존공간'이다. '지각공간'에서 개인의 직접적인 경험은 '실존공간'이라는 한층 공공적인 콘텍스트와 결부되어 그 일부분에 이름을 부여하면서 공공장소의 기초를 형성한다. 그리고 두 공간 모두 '지도'를 구성하는데, 여기에서 지도란 인식적 공간에서 형식적으로 위치가 부여된 장소의 틀이다. 지도에 표시된 지명이나 도로 같은 모든 위치관계와 중복은 애초부터 '지각공간'에서의 원초적인 지리적 · 공간적인 경험을 기초로 하며 '실존공간'에서 양성된 지리적 세계관을 형식적으로 반영한 것이다.

또한 '지각공간'은 자기 정체성의 근거지(배후지)가 된다. '실용공간'이 공공성을 띠는 데 반해 '지각공간'은 개인의 의지나 의식이 넘쳐흐르는 개인적인 공간이다. '지각공간' 중에는 어릴 때 겪은 특별한 사건에 대한 기억 등이 강하게 작용하여, 묵상(黙想)을 위해 두문불출할 수 있는 특별한 개인적인 집중점이 생기고, 그 분절화된 공간이 정체성을 형성하기 위한 근거지가 된다.

일단 지금까지 언급한 공간에 관한 검토를 정리해 두고자 한다.

첫 번째는 공간이 하위층으로 내려감에 따라 '체험되는 공간(장소)'이 '체험하는 인간'의 존재 근거가 된다는 점이다. 많은 공간유형 중에서도 의식이 착지하는 '기하—운동 공간'이나 자기 정체성의 근거점이 되는 '지각공간' 등 비교적 하위층 공간영역은 우리의 본성을 묻기 위한 중요한 작용을 한다. '나라는 존재는 무엇인가?'라고 자아 본성에 대해 의문을 던질 때, 언어나 논리로 구성된 '추상적 공간'에 의지할 수 없다면 다시 '지각공간'에 착지해서 '나는 어디에 있는가?'라고 물을 수밖에 없다.[20]

두 번째는 각각의 공간은 독립하여 통합된 세계를 구성한다는 점이다. 가와모토나 렐프의 공간구분에서 설명한 것처럼, 각각의 공간은 자신과 환경세계와의 관계 속에서 통합된 공간 개념이나 하나의 의미 세계를 구성한다.

그리고 마지막으로 아직 검토하지는 않았지만, 이러한 정리와 관련하여 덧붙이고 싶은 것은 복수의 공간을 동시에 체험한다는 사실이다. 이는 훗설이 주장한 현상학적 환원의 '스위치론'과는 달리, 우리는 '어두운 방'인 생활세계나 '밝은 방'인 객관 세계를 동시에 체험하고 있다. 즉 우리는 복수의 공간에서 동시에 살고 있다. 그러한 의미에서 다음 장에서는 '존재 근거'의 공간성 · 장소성에 대해 검토해 볼 생각이다. 또한 마지막에서 언급한 '공간의 동시성'에 대해서도 아울러 검토해 보고자 한다.

---

20) 河本英夫, 앞의 「解題生命の幾何學から建築的身體へ」.

## 3. 인식론적 공간과 존재론적 공간

### 주체와 현존재(現存在)

훗설의 최고 현상학적 환원에 나타난 순수의식이나 생활세계[21]이지만, 환원 후에 관한 논의를 그다지 언급하지 않았다. 그러나 아라카와와 긴스는 환원 후의 세계에 더욱 주목하여 건축 형식을 이용한 '운명을 바꾸는' 실천을 시도하였다. 환원 후에 나타나는 세계는 의식이나 경험이 일어나고 존재를 근거 짓는 미지의 공간이다. 우리는 이러한 공간을 헤치고 들어가 그 실태를 명확히 하려고 노력한다. 그래서 아라카와와 긴스와 마찬가지로 환원 후의 세계를 중시한 하이데거(Martin Heidegger)에게서 몇 가지 배워 보고자 한다.

하이데거의 관점에서 보면, 예를 들어 '주체'를 환원한 이후라고 하더라도 그 사람은 없는 것이 아니다. 그 사람은 어디까지나 존재자이며, 존재의 본질에 대해서는 끊임없이 묻지 않으면 안 된다. 그러나 훗설의 현상학에서는 그것이 불가능하다. 그래서 하이데거는 이것을 '인식론으로 왜소화된 현상학'[22]이라 하여 비판하면서, 환원 후에도 일상적인 존재와 관계를 갖는 인간을 '현존재'라고 규정하여 '주체'와 구별하였다.[23]

---

21) **역주_** 생활세계 : 일상적, 상식적 세계를 말한다. 즉 훗설의 용어에 따르면 자연적 태도에서 체험되는 일상적인 세계이다. 특히 이것은 자연과학적 사고의 색안경으로 본 세계가 아니라 우리에게 직접 주어지고 느껴지는 자연을 가리킨다.

22) 하이데거에 의한 훗설 비판은 이하의 문헌을 참고하였다. 小野眞, 『ハイデッガー研究－死と言葉の思索』, 京都大學學術出版部, 2002 ; 宮本照, 「フッサール論理學研究」, 木田元 編, 『ハイデッガー本45－西洋哲學のハードコアを解く』, 平凡社, 2001.

23) マルティン ハイデッガー, 細谷貞雄 譯, 『存在と時間(上)』, ちくま學會文庫, 1994, 133~134쪽.

'현존재(Da-sein)'란 '세계=내(內)=존재'이며, 세계와 관계한다는 특징이 있다. '내=존재'는 '현존재'의 본질적 구성의 하나인데, 'Being-in' 혹은 '~에 있는 것'을 의미하는 공간적 표현으로 사용되고 있다. 단 그것은 어떤 물체적인 사물(인체)이 어떤 객체적인 존재자 안에 존재한다든가 아니면 어떤 객체적 존재자가 세계의 한 부분을 차지한다는 식의 그런 단순한 공간적 포함관계를 나타내는 것은 아니다.

그것은 세계에 대하여 언제나 존재가 열려 있는 관계를 나타낸다. '세계=내=존재'라고 할 때의 '세계'는 사물(존재자)의 총체가 아니라 당연히 다른 존재자와 연결된 의미 관련의 전체라고 할 수 있다. 즉 '현존재'는 세계에 놓여 있는 하나의 사물이라는 내부로 닫힌 존재방식과는 반대로, 다른 존재자에게 관심을 갖고 배려하는 외부로 열려진 존재방식을 말한다.

이와 같이 '현존재'는 항상 세계의 어떤 존재자와 열려 있는 관계를 유지한다. 그러한 관계는 '배시(配視, 둘러봄)', '거리없앰', '방향잡음', '공간마련(공간내줌)'과 같은 익숙지 않은 개념[24]으로 표현되듯이

---

24) **역주_** 이상의 용어는 이기상 · 구연상의 책(『존재와 시간 용어해설』, 까치글방, 2003)을 참고하였다. 배시(配視, Umsicht, 둘러봄)는 예를 들어 망치에는 그것이 사용될 수 있도록 선택될 수 있는 다양한 '위하여-연관'이 속해 있다. 그렇다면 도구와의 왕래는 이미 그 도구에 속한 다양한 '위하여-연관'에 의해서 앞서 이끌리고 있기 때문에만 우리는 그 연관에 알맞은 도구를 그때마다 선택하여 사용할 수 있는 것이다. 열어 밝혀진 '위하여-연관'의 다양성을 살피는 시각을 우리는 둘러봄이라고 부른다. 거리없앰(開離, Entfernen)은 세계-안에-있음으로써의 거기에-있음(현존재)의 거기(현)는 세계-안을 뜻한다. 이 안은 배려하는 현존재가 '위하여-연관 전체성'에서부터 그 '사이'의 영역 전체를 말한다. 우리는 이 '되돌아옴'을 거리없앰(멂을 멀리함)이라고 부른다. 방향잡음(布置, Ausrichtung)은 현존재는 거리를 없애는 안에-있음으로써 동시에 방향잡음의 성격을 가진다. 모든 가깝게 만듦은 앞서 이미, 거기에서부터 거리가 없애진 것이 가까워지는 그 방면으로 방향을 취해 왔으며, 그렇게 해서 그것은 자신의 자리와 연관지어 발견될 수 있다. 둘러보는 배려는 방향잡는 거리없앰이다. 공간마련(容致, Einräumen, 공간내

특별한 공간성을 보인다. 『존재와 시간』(제1부 제1편 제3장)을 참고하여 이 공간성에 대해 좀더 주목해 보고자 한다.

'주체'가 세계에서 만나는 것은 인식 대상으로서의 사물(존재자)이다. 컵으로 말한다면 무색투명한 원통형 물체로 인지된다. 이에 대해 '현존재'가 세계에서 만나는 것은 '수단적 존재자' 즉 '도구'이다. 도구란 '~하기 위해 있는 것'이라는 목적으로 규정되어, 컵의 경우 '마시기 위해 있는 것'으로 인지된다. 이처럼 도구끼리는 서로 관련되어 있어서 도구 연관 전체로 커다란 네트워크를 형성하고 있다. 방, 책장, 책상, 스탠드, 컴퓨터 등의 도구는 글을 쓰는 도구로서 한 무리를 이루며 그 속에서 개별적 도구가 나타난다.

도구를 자주 사용하는지의 여부를 결정하는 것은 '배시적 배려'이다. 이러한 일종의 둘러보기는 자신과 도구 간의 간격을 측정하는 것이 아니라, 도구의 조작법이나 사용법이라고 하는 도구적 성격을 염두에 두고 행해진다. 즉 멀리 있더라도 도구로서의 관심이 높으면 가깝게 위치가 부여되고, 가까이 있다 해도 관심이 적으면 그 도구는 멀리 쫓아내 버린다. 안경을 쓴 사람이 벽에 걸린 그림에 몰두하고 있을 때, 같은 도구라 하더라도 안경보다는 그림 쪽이 훨씬 더 몸 가까이에 있다. 이와 같이 '현존재'는 '세계 내부에서 만나는 존재자와 친해지면서 그것과 배려적으로 교섭한다'는 것이다.

도구와의 만남을 구체적으로 보면 다음과 같다. '현존재'는 '거리없앰(Entfernung)'을 통해 도구와 가까워진다. 거리없앰이란, 도구(존

---

줌)에서 공간은 '세계-안에-있음'으로써의 현존재의 토대 위에서만 발견될 수 있다. 왜냐하면 현존재만이 도구에게 '거리를 없앰(멂을 멀리함)'과 '방향잡음'을 통해서 그것의 자리를 마련해 줄 수 있고, 그런 의미에서 현존재만이 공간적일 수 있고 따라서 현존재만이 공간과 같은 것을 자유롭게 내줄 수 있기 때문이다.

재자)의 간격(원격성)을 나타내지만, 오히려 도구의 거리를 근접시켜 도구와 만나게 한다. '현존재'는 항상 도구와 거리없앰과 연관되어, 이 간격을 대동하고 있다고 말해도 좋을 것이다. 그리고 거리없앰과 동시에 이루어지는 것이 '방향잡음(Ausrichtung)'이다. 방향잡음이란 사전에 어떤 방향으로 위치를 선점해 두는 것으로, 거리없앰을 통해 도구를 가까이 한다면, 방향잡음 덕분에 그 장소의 성질이 눈에 띄게 된다. 그러므로 도구는 세계에 있어 어떤 공간을 열고 공간을 부여할 수 있다. 이렇게 공간을 부여하는 것을 '공간마련(공간내줌, einräumen)'이라고 말한다.

'공간마련'으로 공간을 도구에 부여함으로써 세계에는 자신이 있는 '이곳'과 도구가 있는 '저곳'이 생겨난다. 자신은 첫 번째로 배려라는 모양으로 도구가 있는 '저곳'에 있으며, 두 번째로 '저곳'에서 자신이 있는 '이곳'을 돌이켜볼 수 있다. '이곳'은 도구가 있는 '저곳'을 기초로 해서 이해되는 것이다. 그때 자신이라는 존재에게도 '공간마련'의 계기가 발생하여 그곳에서 '현재(지금 여기)'가 주어진다. '현재'가 나타나는 것은 대체로 자신의 신체이지만, 제5장에서 언급한 바와 같이 영화, 전화, 텔레비전 등의 미디어를 이용함으로써 신체 이외의 장소, 예컨대 스크린 위에 '현재'가 출현하는 경우도 있다.

또 하나는 나중에 애플리케이션(application) 이용(미디어 이용)을 검토하기 위해 설명해 두지 않으면 안 되는 타자(다른 현존재)와의 만남이다. '주체'의 경우, 사물과 타자는 같은 대상으로서 위치를 부여할 수 있지만, '현존재'는 도구 연관 전체의 네트워크를 매개로 해서 타자를 만난다. 도구가 본질적으로 갖는 실용 목적은 자신과 타인으로 한정되지 않고 모든 사람에게 사용되는 것을 전제로 하여 사람에게 열려져 있다. 이 도구를 매개로 한 '현존재'는 타자와 연결되어, 언제나 타자에게 침투할 수 있는 것이다. 이와 같이 세계 내부에서 만날 수 있는 타자를 '공동 현존재(das Mitdasein)'라고 말한다.

그러나 이러한 하이데거의 설명에 따르면 타자는 도구 이면에 은폐된 간접적인 존재가 되어 버린다. 또한 타자는 모두가 같은 사람으로 규격화되고 있다. 그래서 칼 뢰비트(Karl Löwith)는 타자를 세계 내부에서 서로 만날 수 있는 존재로 평가하면서도 한편으로는 하이데거의 '공동 현존재'를 비판한다. 뢰비트에 따르면, 타자란 도구 이면에 은폐된 간접적인 관계가 아니라 나－너라고 하는 역할관계를 갖는 직접적이고 구체적인 관계이다. 이러한 타자관계가 '(사람과 사람 간의) 사이' 또는 '상호존재(Miteinandersein)'라고 불리는 것으로, '상호존재'를 기초로 하여야만 비로소 '개인'이 성립할 수 있다고 본다. 다시 말해 '개인'은 고립된 존재가 아닌 상호 존재하는 인간 동료이며, 또한 인간 동료로서 마땅한 역할을 가진 '인격[25]'이다.[26] 이러한 뢰비트의 비판은 어쩌면 당연한 것으로 '상호존재'를 타자로 생각해 보고싶기는 하지만, 제4장의 검토에서 웹 공간에 있어 타자는 사물(데이터)로 파악되어, 오히려 '공동 현존재'에 가까운 타자관계 또한 확인할 수 있다. 세계와 '나' 사이에 존재하는 타자 문제에 대해서는 잠시 병치해 두기로 한다.

### 공간과 공간성

'현존재'의 공간성이란 배려공간 혹은 관심공간이라는 도구의 배치관계나, 그 존재가 주변에 있는 타자관계에 채워지면서 '현재'가 주어

---

25) **역주_** 페르소나(persona) : '인격' '위격(位格)' 등의 뜻으로 쓰이는 라틴어로, 이성적인 본성(本性)을 가진 개별적 존재자를 가리킨다. 즉 이성과 의지를 가지고 자유로이 책임을 지며 행동하는 주체를 말한다.

26) レーヴィット, 佐々木一義 譯,『實存主義叢書 人間存在の倫理』, 理想社, 1967.

진다는 점에 있다. 그것이 바로 '세계=내=존재'라는 모습이다. 그런데 '현존재'가 세계 속에서 언제든 도구를 만날 수 있는 것은 '현존재' 자신도 공간적이며 '공간마련'의 계기가 있기 때문이다. 그리고 '현존재'가 공간적이기 때문에 공간이 선험적 원리로서 나타나는 것이다.

> 공간은 오히려 현존재에게 구성적인 세계=내=존재가 이미 공간을 열어보이고 있는 한, 세계 '속에' 있는 것이다. 공간은 주관 속에 존재하는 것이 아니며, 또한 주관이 세계를 마치 공간 속에 있는 '것처럼' 관찰하는 것도 아니다. 그러한 것이 아니라, 존재론적으로 올바르게 이해된 '주관'—즉 현존재—이 바로 공간적인 것이다.[27]

물론 이 단계에서 기하—운동 공간이나 상징공간 등은 아직 한데 묶인 도구 연관 속에 감추어져 있으며, 다만 그곳에는 배시적 배려에 의한 '장소의 전체성'이 있을 뿐이다. 구체적인 공간 원형이 나타나는 것은 '현존재'가 활동할 때마다 열려지는 환경세계에 의해 장소의 전체성이 분절되고 난 이후이다. 환경세계에서는 언제나 복수의 방향으로 '배려'가 작용하며, '공간마련'에 따라 '장소의 전체성'이 분절된다. 그것이 인식에 의해 밝혀지게 되면 구체적인 공간이 나타난다. 그 결과 세계=내=존재라는 존재론적 공간성을 지반으로 하여 인식론적 공간이 등장하는 것이다.

이와 같이 하이데거는 '공간성'과 '공간'을 구별하였다. '공간성'이란 '현존재'가 살아가는 존재론적 범주에 있는 공간이며, 거기에는 세계=내=존재로서 '현존재'가 규정되어 있다. 이에 반해 '공간'은 배시적 배려에서 벗어난 객관적인 인식론적 범주에 있으며, '주체'가 대상으로서 사물이나 타자를 인식하는 공간이다. 전자는 '존재론적 공간' 혹은

27) マルティン ハイデッガー, 앞의 『存在と時間(上)』, 246쪽.

'초월적인 공간'이며, 후자는 '존재적 공간' 혹은 '인식론적 공간'이라 불린다.28)

그런데 『존재와 시간』은 '현존재'의 본질 규정으로서 '시간성'과 과거 · 현재 · 미래라는 객관적인 경과로서의 '시간'을 명확히 구별한다. 하이데거가 지적하듯이 공간성과 시간성이 동일한 '현존재'의 본질적인 규정이라면, '시간'과 '시간성'처럼 '공간'과 '공간성'을 구별하거나 대조하는 것은 당연한 것이다. 볼노브도 지적하듯이 이 구별은 공간과 인간과의 관계를 생각할 경우 피해 갈 수 없다.

'공간'과 '공간성' 구별은 정보기술의 영향을 고려할 때도 유효하다. 텔레비전, 전화, 인터넷, 휴대폰 등 미디어 발달은 사물이나 타자 간의 간격을 좁히고, 그에 따라 환경세계를 급속하게 변질시키고 있다. 제5장에서 언급한 바와 같이 이러한 변화는 우리 '주체'가 살아 있는 인식론적 공간뿐만 아니라, '현존재'로서 살아 있는 존재론적 공간에 또한 다른 형태로 영향을 준다. 애초부터 존재론적 공간에서의 간격은 '배려'나 '관심'에 의해 결정되며, 인식론적 공간에서의 객관적이고 기하학적인 간격과는 다르다. 간격을 좁힌다고 하는 미디어 기능도 두 공간에서는 당연히 서로 다른 결과를 가져온다.

### 신체의 양의성(兩義性)

존재론적 공간은 환원 후의 세계이며 훗설이 '스위치를 끈다'라고 표현한 것처럼 암흑의 이미지가 붙어다닌다. 확실히 거기에는 자타(自他) · 주객(主客)이 분리되어 있지 않으며, 이름도 시계도 없는, 잠재적

---

28) 하이데거의 '공간성(존재론적 공간)'은 '실존'을 묻는 것이지만, 렐프의 '실존 공간' 성격과는 큰 차이를 보인다. 렐프의 '실존 공간'은 사회집단 구성원과 상호주관적으로 결정된 공간을 가리키며, 인식론적으로 있는 것에 반해서 하이데거의 '공간성'은 '지각공간'이나 '실용적 공간(원초적 공간)'에 가깝다.

인 '장소의 전체성'을 갖는 어떤 종류의 광기나 일탈이 잠재된 공간이기도 하다. 그러나 동시에 의식이 발생하는 창조의 공간이며 기반이기도 하다. 여기에서는 이러한 미지의 존재론적 공간을 검토하기 위해 '신체'와 공간과의 관계를 간단하게 정리하고자 한다. 존재론적 공간은 '신체'를 제외하고는 성립할 수 없기 때문이다.

'심신(心身) 문제'는 지금도 어려운 문제이다. 물체와 정신은 서로 완전히 독립해 있다고 한 데카르트의 물심이원론 이래로, 인간은 신체와 정신이라는 두 개의 다른 실체가 공존하는 특이한 존재자가 되었다. 그 이론에서는 신체와 정신이 서로 상관하지 않는다. 그러나 무섭다고 생각하면 몸이 움츠러들고, 즐거우면 무심결에 춤이라도 추고 싶어지는 것처럼 심신 사이에는 긴밀한 관계가 있음을 확인할 수 있다. 또한 이 이론은 신체가 무언가와 접촉하니까 의식이 솟아난다는 실감과도 동떨어져 있다. 이것에 대해서 메를로퐁티(Maurice Merleau-Ponty)는 현상학적인 견지에서 이 심신이분법의 틀을 넘어선 '심신합일'을 탐구하였다.

메를로퐁티는 『지각의 현상학』에서 "우리는 우리의 신체에 의해 세계에 내속(內屬)되고, 우리의 신체에 의해 세계를 지각한다."[29]고 서술하고 있다. 여기에서 '내속'이란 '세계에 내속한 존재(être au monde)'라는 뜻이며, 하이데거가 말한 '세계=내=존재'의 '내(內)'를,

---

29) M. メルロー ポンティ 著, 竹內芳郎 · 小木貞孝 譯, 『知覺の現象學 I』, みすず書店, 1967.

**역주_** 여기에서의 내속(內屬)이란 '사물의 여러 성질과 그 성질을 맡고 있는 실체로서의 사물과의 관계'를 말한다. 한편 우리나라에서는 『지각의 현상학』(류의근 역, 문학과 지성사, 2002)으로 번역되어 있는데, 이 부분과 관련해서 "우리가 우리의 신체에 의해서 세계에 존재하는 한, 우리의 신체로 세계를 지각하는 한, 세계의 경험을 세계가 우리에게 나타나는 대로 소생시키는 것이 필요할 것이다"(316쪽)라고 서술되어 있다.

귀속을 나타내는 전치사 'à'를 이용한 être au monde로 표현한 것이다. 이와 같이 메를로퐁티의 출발점은 '세계=내=존재'로서의 인간(현존재)에 있으며, 그 근본적 양상으로서의 현상적 신체에 있다.[30]

세계=내=존재는 세계에 배려하며 다른 존재자나 타자와 항상 관계를 맺고 있다. 거기에서 지각과 신체는 신체가 세계를 지각하는 것과 함께 자신의 신체 그 자체가 지각되는 것으로서 세계 속에 존재한다는 그런 복잡한 관계를 보여준다.

신체는 그것을 통해 자신을 둘러싼 대상 세계를 체험하기 위한 도구이다. 그러므로 신체는 대상 세계를 체험하는 주체의 한 부분이다. 또한 한편으로 신체는 그 자신이 대상으로서 체험되는 공간의 하나이기도 하다. '신체는 마음의 향토 공간'이라고 하듯이, 신체 자신이 하나의 체험된 공간, 그것도 가장 근원적으로 체험된 공간이라고 말할 수 있다. 그러한 이상 신체는 체험되는 객체 쪽, 즉 환경 쪽에 있다. 이처럼 신체는 양의적이며 순환적인 기능을 갖는 불가사의한 존재이다. 주체와 객체와의 경계에 위치하며 양자를 매개하는 것으로 처음부터 전체적인 관계로서 존재하고 있는 것이다.

이렇게 '신체'를 파악하면 세계=내=존재 세계로의 귀속성과 나아가 세계의 공간성이 명확해진다. 즉 신체야말로 주객을 매개로 하는 전(前) 인칭적 존재로서 의미의 원천이 되며, 지속적으로 새로운 의미 체계를 발생시켜 나간다고 말할 수 있다.

이러한 근원적인 공간성은 자신 신체가 만들어 내는 전체의 장을 '땅(地)', 자신의 의식을 '그림(圖)'으로 한 '그림과 땅(지도)'으로 생각할 수 있다. 주객이 미분화된 상태에서 신체가 개입하는 것에 의해 '그림

---

30) M. メルロー ポンティ 著, 竹內芳郎 · 小木貞孝 譯, 위의 책, 12~13쪽, 327쪽 ; 廣松涉 · 港道隆, 『メルロ=ポンティ』, 岩波書店, 1983, 34쪽, 271쪽.

과 땅'이라는 콘트라스트(contrast)가 나타난다.[31)]

이와 같이 다양한 유형의 공간도 신체라는 모형에 입각하여 생겨난다. 우리는 공간을 뺀 주체가 아니라, 신체를 통해 우리 자신이 공간적 형성물로서 보다 커다란 포괄적인 공간 속에 채워져 가는 것이다.

### 주거공간

그리고 볼노브는 하이데거가 제시한 공간성이나 메를로퐁티의 현상적 신체를 '인간 삶의 공간성' 혹은 '주거공간[32)](gelebte Raum/lived-Space)'이라고 불렀다.

> 공간에 관한 물음은 인간의 선험적 구조에 관한 물음이다. 동시에 그것은 다른 관점에서 본다면 공간은 인간으로부터 독립하여 단순히 그곳에 있는 것이 아님을 의미한다. 인간이 공간적인, 즉 공간을 형성하여 그것을 이를테면 자신의 주변으로 확장해 나가는 존재인 한에서만 공간이 존재하는 것이다. (중략) 인간은 이와 같이 공간을 형성하여 공간을 확장해 나가는 존재로서 필연적으로 자신의 공간에 있어서도 근원일 뿐만 아니라 동시에 지속적 중심이기도 하다.[33)]

이렇게 설명된 '주거공간'이란 '체험된 공간'을 존재론적으로 한 걸음 더 진전시킨 것으로, 공간과 관련해서 존재하는 인간(현존재)의 존재방식을 나타낸 것이다. 시간성과 마찬가지로 공간성은 인간의 일반적인 존재양식임을 지금 한번 더 확인해 두고 싶다.

---

31) 市川浩, 『精神としての身體』, 講談社學術文庫, 1992, 141쪽.

32) **역주_** 일본어로는 gelebte Raum/ lived-Space를 과거형을 쓴 '살 수 있었던 공간(生きられた空間)'으로 번역하였기에 우리말은 '주거공간'으로 번역하고, espace vécu는 현재형을 쓴 '살 수 있는 공간(生きられる空間)'으로 번역하였기에 '경험된 공간'으로 번역하였다.

33) オットフリードッヒ ボルノウ, 앞의 『人間と空間』, 21쪽.

근래 프랑스 심리학에서도 공간을 '이해공간(espace connu)'과 '경험된 공간(espace vécu)' 두 개로 나누어 이해하고 있다.[34] 후자는 볼노브가 주장한 '주거공간(gelebte Raum)'과 'lived-Space'가 같은 의미이지만, 지리학과 심리학 간의 차이를 고려하여 '경험된 공간'(살 수 있는 공간)으로 따로 표시해 둔다.

'이해공간'은 집단적 차원에서 보면 물리학이나 수학이 만들어 낸 물리적 공간이며, 개인적 차원에서 보면 경험을 통해 주체가 스스로 내부에 형성·축적하는 공간적 지식이다. 한편 '생활공간'이란 인간과 공간 간에 살아 있는 상황에 있어 직접적인 관계를 가리킨다.

이러한 구분 개념을 도입하면서 알게 된 것은 공간문제가 물리적 공간과 심리적 공간의 문제로 분열되어, 전자가 물리학·수학 그리고 후자가 철학·심리학을 각각 분담하였을 때, 연구대상이 된 것은 어느 쪽이나 탈의미화·탈가치화된 '이해공간' 쪽이며 '생활공간'은 버려졌다는 사실이다.

앞으로도 '이해공간'은 중시될 가능성이 매우 높다. 한편 지금까지 제외되어 온 인간의 '생활공간'은 심리학에서 본격적인 연구대상으로 부상하고 있다. 구체적으로 심리학에서 말하는 '생활공간'이란 인간과 공간 간의 일상적인 상호작용 국면을 명확하게 밝히는 것이며, 또한 인간에게 의미나 가치, 감정적 소비로 가득한 공간에 대한 연구이기도 하다. 특히 아이들의 공간적 세계는 개인적인 감정적 세계와 문화적으로 다듬어진 감수성에 의해 부여되는 의미 등이 다양하게 엮어 내는 세계이다. 거기에서 떠오르는 국면은 더 이상 의미를 제외한 '인식 형식'으로서의 공간 표상이나 공간 장치의 적용이 아니라, 오히려

34) Liliane Lurcat, *Espce vecu et espace connu a l'ecole, maternelle*, ESF, 1982, pp.164~170.

'존재 형식'이라고도 해야 할 생생한 공간과의 관계이다.[35)]

이 책에서도 공간을 인간의 경험을 전제로 한 '경험된 공간'으로, 나아가 존재론적인 '주거공간'으로 다시 이해하고자 한다. 이처럼 지금까지 사상(捨象)[36)]되어 온 '생활공간'은 다양한 분야에서 다시 재평가되기 시작하고 있다.

### '풍토'의 이면성

존재론적 공간성에 관한 연구는 일본에서도 다른 형식으로 진행되어 왔다. 『풍토－인간학적 고찰』 서론에서도 언급한 바와 같이, 와쓰지 데쓰로(和辻哲郎)는 독일 유학에서 처음 만난 『존재와 시간』이 인간의 근원적 존재 형식을 시간성으로 파악한 데 높은 관심을 보였지만, 시간성과 똑같은 수준에서 공간성이 활용되지 않는 데에는 의문을 가졌다. 『풍토－인간학적 고찰』은 이러한 공간성에 대한 문제의식에서 출발하였으며, 하이데거의 '공간과 공간성' 과제는 와쓰지에 의해 계승되고 있다.

> 추위를 느낄 때 우리 자신은 이미 바깥의 추위 속에 머무르고 있다. 우리 자신이 추위와 관계되고 있다는 것은 우리 자신이 추위 속에 나와 있다는 것과 다를 바 없다. 이러한 의미에서 우리 자신의 존재는 하이데거가 역설한 것처럼 '밖에 나와 있다(ex-sistere)'는 것을 다시 말해 지향성을 특징으로 한다.[37)]

책 서두에서 언급된 추위에 관한 해설은 '풍토'를 단적으로 말해

---

35) 空間認知の發達研究會, 『空間に生きる－空間認知の發達的研究』, 北大路書房, 1995, 247~248쪽.

36) **역주_** 사상(捨象) : 현상의 특성이나 공통성 이외의 요소를 버림.

37) 和辻哲郎, 『風土－人間學的考察』, 岩波文庫, 1979, 12쪽.

준다. 와쓰지가 언급한 '풍토'란 자연과학이 대상으로 삼는 온도로 측정되는 객관적이고 외적인 자연이 아니라, 실제로 우리가 생활 속에서 느끼는 추위이다. 우리는 추위를 직접 느끼기 전에는 객관적인 추위를 경험할 수 없으며 우선 추위를 느껴야 알 수 있다. 와쓰지가 느끼는 추위를 대상으로 삼는 것은, 인간이 애초부터 하이데거가 '밖에 나와 있다(ex-sistere)'라고 말한 것처럼 지향적인 존재이며 추위를 느낀다는 존재에서 인간과 자연이 하나의 관계 속에 있다고 생각되기 때문이다. 이런 의미에서 풍토는 우리의 삶의 기반이며, '주거공간'이라 하겠다. 이 지향적인 관계로서 만나게 되는 자연을 문제시한 것이 바로 와쓰지의 '풍토' 개념이다.

이처럼 와쓰지가 말한 '풍토'는 자연환경으로서의 지형이나 기후, 경관이 아니라 '일상적으로 겪는 직접적인 사실'로서 위치를 부여받는다. 거기에 보이는 지향적인 관계에는 각각의 토지 기후나 지형, 경관에 덧붙여 지역사회의 '관계'라고 불리는 것까지 포함해서 이들 전체적인 연관 속에서 풍토가 형성된다.

> 인간 존재의 존재론적 파악은 이제 단순히 시간성을 구조로 한 '초월'에 의해서만 이루어지지 않는다. 그것은 우선 첫 번째로 타인에 있어서 자기 자신을 발견해 내고, 자타합일(自他合一)에 있어서 절대적 부정성으로 되돌아간다는 의미에서의 초월이어야 한다. 따라서 사람과 사람 간의 '관계'가 초월적 상황이지 않으면 안 된다. 즉 자타(自他)를 발견케 하는 지반으로서의 관계 그 자체가 본래 이미 '밖에 나와 있는(ex-sistere)' 상황이다. 두 번째로 초월은 좀전에 언급한 관계의 시간적 구조로서 본래 이미 역사적 의미를 띠고 있어야 한다. (중략) 나아가 세 번째로 초월은 풍토적으로 밖으로 나오는 것이다. 즉 인간은 풍토에서 자기 자신을 찾아내는 것이다.[38)]

38) 위의 책, 22쪽.

자신을 넘어선다는 의미의 '초월'을 하이데거는 세계=내=존재로서 세계로 열려져 있는 것이라고 하였다. 하이데거의 개념에 자극받은 와쓰지는 자신이 자신이기 전에, 이미 자타의 장(場)인 '관계'야말로 초월적 상황에 있다고 생각하였다. 이것은 뢰비트가 주장한 '상호존재'에 가깝다. 더욱이 지형, 자연, 관계를 포함한 일상 전체로서의 풍토야말로 초월적 상황에 있다고 보았다. 이러한 자신에게는 개인(개인적 존재)과 동시에 사회적 존재이기도 하다는 이면성을 엿볼 수 있다.

이 이면성은 렐프의 공간유형([그림 5])에서 말한 '지각공간'과 '실존공간'에 대응한다. 양자는 모두 인식적 공간이나 추상적 공간의 지반으로서 병치되지만, 공간 특성은 대조적이다. 지각공간이란 개인이 가진 의지나 감정으로 가득한 주관적 의식의 공간이며, 실존공간이란 구체적으로 사회 속에서 사회집단 구성원과 상호 주관적으로 결정된 공간이다. 물론 와쓰지가 말한 '관계'라는 계기는 후자의 실존공간에 있다.

'관계'를 중시한 와쓰지는 인간 존재를 규정할 때 시간성 이상으로 공간성을 받아들이고 있다. 왜냐하면 시간성은 개인의 내면에 퍼지는 의식을 대상으로 하기 때문에, 『존재와 시간』처럼 시간성을 중심으로 고찰할 경우 '관계'를 전제로 한 인간 존재 부분이 결여되어 버리기 때문이다.

이렇게 해서 시간성(역사성)과 공간성(지리성)을 함께 갖춘 '풍토'를 고찰해 보았다. 이것은 우리를 둘러싼 환경으로서 우리의 생활뿐만 아니라 정신구조까지도 규제하고 있다. 잘 알려진 바와 같이 와쓰지는 풍토 개념을 중심으로 하여 몬순(동아시아), 사막(서아시아), 목장(유럽)이라는 풍토의 유형에 따라 각각의 지역에 사는 민족적 인간 삶의 존재방식을 설명해 간다. 거기에는 공간성이라는 인간 존재가 인상적으로 그려지고 있다.

## 4. '나'와 '세계'의 상실

### 기체(基體)[39]로서의 장소

근대철학은 시간에 대한 높은 관심에 비해 공간을 거의 무시해 왔다고 볼 수 있다. 그 이유에 대해 와쓰지는 "인간 존재를 단지 사람의 존재로서 이해하였다."고 한 것처럼 자신을 오로지 개인으로 생각해 왔다는 점을 들고 있다. 개인으로서 자신의 기능은 처음부터 시간적이다. 그러나 와쓰지는 자신을 개인과 사회적 존재라고 하는 두 가지 면으로부터 파악하고, 사회적 존재로서 자신이 공간에 대한 관심을 끌어냈다고 말한다.

이 점에 대해 나카무라 유지로(中村雄二郎)는 '그리스=서구 철학에서 장소(場)에 대한 전반적인 고찰이 매우 부족했던 것은 근본적으로 존재와 관련된 주어적인 사고 지배가 강했기 때문'[40]이라고 서술하고 있다. 나카무라는 '장소'의 반대 개념에 '주체(주어)'를 두고 있다.[41] 더욱이 생성 변화의 근저에 있어 일관적으로 변하지 않는 아리스토텔레스의 hypokeimenon(기체)이라는 개념을 이용하여 장소와 주체를 비교 대조하였다. 단순하게 생각해 본다면 주체를 지배하는 장소야말로 기체라고 말하고 싶지만, 반대로 기체는 주체(주어)를 나타낸다. 다시 말해서 어떤 식으로 술어가 변하든 주어 자체는 바뀌지 않으며,

---

39) **역주_** 기체(基體) : 여러 가지 작용 · 성질 · 변화의 기초를 이루고 있다고 생각되는 것.

40) 中村雄二郎, 『述語的世界と制度－場所の論理の彼方へ』, 岩波書店, 1998, 11쪽.

41) 나카무라는 '장소'의 반대 개념으로서 '주체'를 두고 있다. 이 점에서도 주체가 가지는 잠재적 시간성을 파악할 수 있다(中村雄二郎, 앞의 『場所(トポス)』).

주어야말로 모든 변화의 근원을 맡고 있다는 발상이 있었기에 아리스토텔레스는 이것을 '주어가 되고 술어가 되지 않는 것'이라 말했던 것이다. 그리고 그러한 배경에는 창조주(데미우르고스)의 사고방식을 계승한 서구의 형이상학이 있다.[42)]

그러나 근래에 와서 '기체로서의 주체(주체=기체)'라는 사고방식은 점차 사라지고 있다. 그래서 나카무라는 다시 '기체로서의 장소(장소=기체)'라는 문제를 설정하고, 네 개의 관점에서 장소를 정리하였다. 그것이 바로 '존재 근거로서의 장소', '신체적인 것으로서의 장소', '상징적인 공간으로서의 장소', '논점이나 의론이 은폐된 곳으로서의 장소'이다. 나카무라가 제시한 이러한 장소의 다양한 모습들은 한편으로 공간구분이기도 하다.

먼저 '존재 근거로서의 장소'란 생물학·생태학적으로 본 고유 환경이나 사회적 공동체, 심리적 무의식 등 의식적인 자아가 성립하여 자신의 존재 근거가 되는 장소이다. 그러나 실제로 신체 없이 의식적인 자아 주체는 있을 수 없다. 신체를 기체로 하여 성립하는 신체적 실존에 의해 공간이 의미를 부여받고 분절된다. 이와 같이 존재 근거로서의 장소와 일부 중복되는 것이 '신체적인 것으로서의 장소'이다. 여기에서 우리의 신체는 물리적 경계를 넘어 확장되고, 우리는 신체에 의해 세계를 향해 개방되어 있다. 사회적 영역(세력권)은 이것을

---

42) 기체(基體)가 주체(주어)를 의미하도록 하는 것에는 우선 기체의 어원인 '~아래에 드러눕다'를 '기초 혹은 근거로 하고 있다'라고 해석하고, 더욱이 그것을 '원인 혹은 주격'이라고 해석한다는 이중의 절차가 필요하다. 거기에는 그리스 철학의 제1원인(부동의 동사 Unmoved Mover)이나 조물주(데미우르고스)라는 사고방식, 그것을 계승한 서구 형이상학의 사고방식을 전제로 하고 있다(中村雄二郞, 앞의 『場所(トポス)』, 128~129쪽).

**역주**_ 위에서 언급한 제1원인(부동의 동사, Unmoved Mover)란 자신은 움직이지도 변화하지도 않으면서 다른 존재를 움직이고 변화시키는 존재라는 뜻으로서, 아리스토텔레스가 규정한 개념이며 원동자(原動者)라고도 한다.

단적으로 나타낸다. 다만 영역만으로 공간에 경계선을 긋는다는 것은 아니다. 공간 분절은 욕구 차원에서만이 아니라 상징적인 차원에서도 행해진다. '상징적인 공간으로서의 장소'는 이리하여 분절화된 심오한 의미를 가지고 있으며, 종교적인 공간이나 신화적 공간의 전형이 된다.

지금까지 설명한 세 개의 장소는 내용상 렐프나 가와모토가 언급한 공간구분과 거의 흡사하다고 할 수 있다. 나카무라의 장소론에서 볼 수 있는 독특함은 네 번째의 '논점이나 의론이 은폐된 곳으로서의 장소'에 있다. 이것은 이제까지 소개해 온 언어적인 '토포스(장소)'[43]이다. 고대 수사학의 구체적인 고찰·의론 방법이 토포스나 토피카(Topica, 토포스론)라고 불렸던 것은 장소가 기본이 되기 때문이다. 단 장소를 중시한 고대 수사학 방법은 데카르트의 주객(主客) 분리라는 이분법으로 바뀌어져, 언어공간에 있어서 장소성은 사라져 버리고 말았다.

이처럼 '기체로서의 장소'는 여러 양상을 띠고 있으며, '주체'가 어떤 상대적인 차원에 있어도 주체를 주체로서 성립시키는 것이 장소이다. 같은 식으로 '장소로부터 자신을 한정한다'고 바꾸어 말할 수도 있다. 우리는 자신을, 자유의지를 가진 독립된 존재라고 생각하기 쉽지만 실제로 현실에서는 다양한 존재자나 타자와 관계를 맺으며 한정되고 있다. 이제까지 인간은 역사적으로 공동체로부터 자신을 해방시켜 커다란 활력을 얻었지만, 애초부터 그 활력의 근원은 인간을 속박하고 있던 장소에 있었다고 말할 수 있다.

그리고 나카무라의 '기체로서의 장소'는 니시다 기타로(西田幾多郎)가 주장한 장소론의 정밀화와 재평가를 목표로 한 '술어적 세계로서의

---

43) **역주_** 토포스(Topos) : 장소, 위상(位相)으로 상용되고 있는 주제 또는 표현.

장소'로 발전하였다. 언어적 토포스에 대한 검토에서도 밝혔듯이, 나카무라의 관심은 언어와 장소와의 밀접한 관계에 있고, 더 깊이 파고들어 술어성 관점에서라면 장소의 은폐된 성격을 해명할 수 있다고 생각하였다. 이것이 '술어적 세계로서의 장소'이다. 하이데거가 존재론적 공간을 '현존재'의 공간성에서 파악하였다면, 니시다는 이것과는 다른 접근을 통해 장소의 본질에 다가서려고 하였다.

### 존재하는 것은 무언가에 있어서 존재한다

니시다가 장소론에 도달하기까지는 '순수경험'에서 '자각' 그리고 '장소'라는 기나긴 연구 경로가 필요하였다. 초기 니시다가 『선(善)의 연구』에서 씨름한 '순수경험'은 '개인이 있고 경험이 있는 것이 아니라, 경험이 있고 개인이 있다'라고 말하듯이, 나와 세계가 원래부터 하나로 연결된 원초적인 '행위'에 놓여 있다. 그것은 꽃향기를 맡고 있는 나와 꽃향기가 혼연일체인 것과 같은 경우이다. 이러한 주체와 객체가 미분화된 상태에서 자신을 분리해 내는 것이 '자각'이다. 다시 말해 자각이란 자신을 대상으로 한 자기의식이라는 일반적인 의미가 아니라, 혼연한 상태의 자신이 스스로의 행위 그 자체에 있어서 자신을 한정하고, 그러한 자신을 스스로 의식에 비추어 내는 것이다. 즉 자각이란 '자신 안에 자신을 비추는' 움직임이며, 자기 언급적인 운동이다. 이 운동에 의해 나도, 타자도, 세계도 나타나는 것이다.

『움직이는 것으로부터 보는 것으로』에 수록된 논문 「장소」는 니시다 철학의 단초를 제공한 기념비적 글이다. 여기에서 니시다는 이 '자각' 움직임에 근거를 부여하는 것으로 장소 문제에 접근하였다. 이 접근법은 맨 처음 무정형한 스프와도 같은 순수경험에서 자신을 분리시키는 절차를 밟고 있다는 점에서, 주체와 객체 간의 대립에서 출발하는 종래의 인식론과는 출발점을 달리한다.

자각의 '자신 안에 자신을 비추는' 움직임에는 자기 자신을 비추어 낼 장소가 필요한데, 그곳은 단순히 지식뿐만 아니라 감정이나 의지가 성립하는 '장소'이기도 하다. 그것은 '의식의 들판'이라 할 수 있으며, 주체와 객체를 동시에 포괄하는 장소로서의 성격을 갖고 있다. 이러한 자각의 장소성이 가장 명확해지는 것이 판단의 논리형식이다. 니시다는 이와 같은 판단형식을 일종의 사례연구로 삼아 '장소'를 규명해 나간다.[44]

S는 P에 있다. (S는 P이다)

라고 하는 기본적인 판단형식에서는 주어(S)가 나타내는 것과 술어(P)가 나타내는 것이 별개로 존재하며 판단에 의해 양자는 하나로 연결되어 있다. 문법상으로도 계사(繫辭)[45]인 '있다(이다)'에 의해 양자가 결합되어 있다. 예를 들어 아름다운 황혼이 질 때 '저 석양은 빨갛다'라고 말할 경우, 빨갛다는 성질은 일반적인 것으로서 석양의 색(빛깔)을 아무리 한정시켜 본다 해도 눈앞에 보이는 저 아름다운 석양 빛깔에는 이르지 못한다. 거기에는 반드시 보는 사람의 판단이 개입되기 때문이다. 그러나 니시다는 이것을 다음과 같이 해석하였다.

---

44) 檜垣立哉, 『西田幾多郎の生命哲學－ベルクソン, ドゥルーズと響き合う思考』, 講談社現代新書, 2005 ; 上田閑照, 『經験と場所』, 岩波現代文庫, 2007, 212~243쪽.

45) **역주_** 계사(繫辭, copula)는 연어(連語) 또는 연사(連辭)라고도 하는데, 명제에서 주사(主辭)와 빈사(賓辭)를 연결하여 긍정 또는 부정의 뜻을 나타내는 말이다. 예를 들어 'A는 B이다' 'A는 B가 아니다'라는 판단에서 'A'는 주사, 'B'는 빈사이며, '~이다' '~이 아니다'를 계사, 즉 코퓰러(copula)라고 한다. 우리말에는 빈사 속에 계사가 들어 있다. 보다 일반적으로는 계사를 '~이다'로써 대표케 한다. '꽃은 아름답다'라는 판단에서 계사는 명시되어 있지 않으나 '꽃은 아름다운 것이다'라고 변형시켜 다룬다.

S는 P에 있어서 존재한다.

'에 있어서 존재한다'는 '존재하는 것은 무언가에 있어서 존재한다고 생각하지 않으면 안 된다'[46]라고 니시다가 갈파한 것처럼, 이것은 장소론의 기본적인 사고방식이라 할 수 있다. 이 경우 술어(P) 부분에서 주어(S)가 해석되고, 주어(S)가 나타내는 것과 술어(P)가 나타내는 것이 처음부터 겹쳐진다. 여기에서 판단이란 일반자(술어)가 특수(주어)를 포함하여, 다시 말하면 일반자(술어)가 스스로를 특수화하는 것, 일반자의 자신 한정이 된다. 즉 '빨갛다'는 일반자에 머무르지 않고 구체적인 아름다운 '빨갛다'가 되는 것이다. 이렇게 탄생한 구체적인 일반자(초월적인 술어면)가 '장소'이다. 이것을 '유(類) 개념'[47]을 이용하여 설명하면 다음과 같다.

S는 ~에 있어서 P에 존재한다.

이것은 'S는 P에 있다'라는 형식 속에 유 개념을 집어넣은 것이다. 예를 들어 '저 석양은 빨갛다'에 '색(色)'이라는 유 개념을 넣어 '저 석양은 색에 있어서 빨갛다'가 된다. 일반적인 성격을 띤 '빨갛다'는 보다 일반적인 성격을 띤 '색'의 등장에 의해 비로소 특수화된다. 이 특수화의 계기가 되는 곳이 '장소'이다. 일반자가 자기 한정하면

46) 『西田幾多郎全集 第四卷』, 岩波書店, 1965, 225쪽.

47) **역주_** 유 개념은 종 개념에 대응되는 말이다. 즉, 전통적 논리학에서 한 개념 A가 다른 또 하나의 개념 B를 내포할 때, A를 B의 유 개념이라고 한다. 여기서 B는 종 개념이다. 예를 들어, '인류(人類)'는 '개인' 또는 '인종(人種)'에 대해 유 개념이다. 다시 말하면 집합(集合)에서 그 집합원(集合元)과 부분집합에 대한 관계는 유 개념과 종 개념의 관계와 같다. 공리적(公理的) 집합론에서는 어떤 집합이 다른 집합의 집합원이 될 수 없을 만큼 거대한 집합과 보통 집합을 모두 '유(類)'라고 부를 때도 있다.

그것으로 바로 특수한 것에 이르는 것이 아니라, 그곳에는 장소라는 계기가 필요하게 된다.

또한 유 개념은 이러한 상대적 일반자로서의 성격뿐만 아니라, 잠재적인 유(有)로서의 성격도 가지고 있다. 색이라는 유 개념에는 빨간색도 있지만 빨갛지 않은 색도 포함된다. 빨간색이 있어서 존재하는 장소에는 빨갛지 않은 색도 있지 않으면 안 된다. 이와 같이 유 개념에는 유(有 : 빨간 색)와 무(無 : 빨갛지 않은 색)를 포함한 잠재적인 유가 갖추어져 있으며, 이것을 '장소'라고 생각할 수도 있다.

그러나 '진정한 의미에서의 장소'란 유와 무가 대립하는 유 개념을 초월한 데서 발견된다. '주어가 술어에 있어서 존재하는' 경우, 여기에서 술어가 특수화되어 가면 이번에는 주어를 대신하여 '주어가 술어에 있어서 존재하는' 장소를 발견해 나간다. 그리고 그곳에서 술어가 또 주어가 되어, 더욱 더 장소가 발견되어 간다는 식의 판단형식에 따라 술어라는 장소가 주어 → 술어의 방향으로 계층적으로 심화되어 간다. 니시다는 그 극한적 한계를 '술어가 되고 주어가 되지 않는 것'으로 파악한다. 이것은 '주어가 되고 술어가 되지 않는 것'이라는 아리스토텔레스의 기체에 대한 정의와는 역방향의 극한적 한계라고 말할 수 있다.

> 판단의 입장에서 의식을 정의하려 한다면 어디까지나 술어가 되고 주어는 되지 않는다고 말할 수 있다. 의식의 범주는 술어성에 있는 것이다. (중략) 종래의 소위 범주는 일반자의 구심적 방향으로만 볼 수 있었던 것이지만, 그것을 역방향, 다시 말해 원심적 방향성에 있어서도 볼 수 있는 것이다.[48]

판단의 술어적 방향(원심적 방향)과 주어적 방향(구심적 방향)이라

---

48) 앞의 『西田幾多郎全集 第四卷』, 278쪽.

[그림 6] 니시다의 장소론(순수경험) / 베르그송의 순수기억

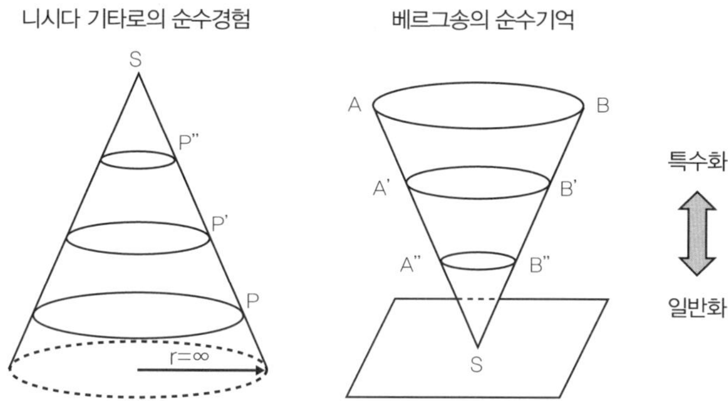


는 두 개의 방향을 극한적 한계까지 밀고 나가면, 판단의 포섭관계를 크게 벗어나 버린다. 이 경우 서로 떨어진 양자를 관계짓는 것은 구체적이고 일반자의 자기 한정뿐이다. 구체적 일반자(=장소)는 모든 존재가 그곳에 있어 일반자의 자기 한정으로서 나타나지만, 그 자체는 어떠한 것에도 한정되는 일이 없으며 어떠한 존재(有)로도 있을 수 없다. 이처럼 '술어가 되고 주어가 되지 않는 것'을 '무(無)의 장소'로 부르게 되었다.

이것은 유 개념에서 잠재적인 유와 같은 '상대적인 무의 장소'가 아니라, 유와 무의 대립을 초월하여 그것들을 내적으로 성립시키는 '절대적인 무의 장소'이다. 이것이 니시다가 말하는 '진정한 의미에서 무의 장소'이다.

## '지금'과 '여기'

[그림 6]의 위쪽 그림은 니시다의 장소론을 도식화한 것이다. 원추형의 각 단면은 구체적 일반자로서의 '장소'이다. 장소는 무수한 층을

이루고 있으며, 원추형 전체가 순수경험을 나타낸다. 위쪽(上) 방향은 주어적 방향이며, 위로 갈수록 일반자의 자기 한정이 행해져 특수화가 진행된다. 반대로 아래쪽(下) 방향은 술어적 방향을 가리키며, 그 극한적 한계에 반경 무한대의 단면으로서 '절대적인 무의 장소'를 나타낸다. 그리고 맨 꼭대기의 원추 정점에는 개인(주어)이 위치한다.

어떤 '장소'를 예로 들어 보아도 그곳에는 자기 한정을 둘러싼 두 개의 다른 작용이 발생한다. 그 예로 나는 남성 일반의 자기 한정으로 성립한다. 여기에는 남성이라는 일반이 나를 한정하는 위쪽(上) 방향으로의 작용이 보이지만, 반대로 내가 남성 일반을 다시 한정하는 작용도 나타난다. 어떤 동성애자가 동성(同性) 애인과 계속 생활하다 보면 사회통념과의 알력에 시달리는 경우가 있는데, 여기까지가 전자(남성 일반의 자기 한정)의 위쪽을 향하는 작용이다. 하지만 자신의 의지대로 살고자 결정하고 커밍아웃(coming-out)[49]한다면 그것이 파급되어 커플이나 결혼에 관한 사회통념을 뒤흔들게 되고, 결과적으로 법률이나 관습까지 바뀌는 경우도 있다. 이 경우는 후자[개체(個物)[50]가 일반을 다시 한정한다]의 아래쪽을 향하는 작용이다.[51]

히가키 다쓰야(檜垣立哉)는 『니시다 기타로의 생명철학』에서 생명철학의 담당자로서 니시다와 베르그송(Henri-Louis Bergson)을 대조시키고 있다. 유명한 원추형 모델([그림 6])에서 보이는 베르그송의 '순수기억'과 니시다의 장소론은 본질적으로 서로 겹치는 부분이 있다. 베르그송은 과거를 실재하는 것으로 하여 현재를 포함한 방대한

49) **역주_** 커밍아웃(coming-out) : 자신이 사회 일반에 편견과 오해를 받는 소수파의 입장임을 공식적으로 표명하는 것.

50) **역주_** 개체(個物) : 감각으로 인식되는 하나하나의 사물.

51) 中村雄二郎, 『西田幾多郎 I』, 岩波現代文庫, 2001 ; 中村雄二郎, 『西田幾多郎 II』, 岩波現代文庫, 2001 ; 大澤正人, 『西田幾多郎』, 現代書館, 2001.

전체로서 그려내고 있다. 그 속에서 현재는 과거의 끝부분에 불과한 자리에 위치한다. 현재의 배경으로서 과거의 총체가 '순수기억'이며 이러한 사실을 역원추형 모델을 사용하여 설명하고 있다.

원추의 정점은 자신의 '지금'을 나타낸다. 그곳에는 원추 부분의 모든 층으로 퍼지는 기억 총체와 서로 연동하면서 기억의 현실화(이미지화)를 일으키며, 끊임없이 전진한다.[52] 원추 단면인 기억의 모든 층은 '일반 개념'으로 파악할 수 있다. 일반 개념은 정점과 아래 면 사이를 끊임없이 흔들거리며 움직이지만, 정점에 있는 현재의 단면으로 전개되면 구체적인 개념이 떠오르게 된다. 이러한 일반 개념은 니시다의 '초월적 술어면'에 해당된다. 양자에는 한정 대상으로서 시간과 공간(장소)의 차이가 있다고는 하나, 어느 쪽도 자기 한정에 의한 '지금, 여기'로의 현실화를 발생시킨다. 베르그송의 경우에는 과거로서 일반 개념의 한정으로 현재(지금)를 나타내며, 니시다의 경우에는 술어면의 한정으로 자신(여기)을 나타낸다.[53] 히가키는 양자가 공통으로 주장하는 것은 '내포적으로 묘사되는 실존의 다층적

---

52) 순수기억은 신체기억에 대해서 현재 상황에 어울리는 모든 추억을 내보내고, 신체기억은 순수기억에 대해서 과거의 기억을 구체화하여 현재에 소생시키는 수단을 부여해 준다. 양자의 움직임에 의해 기억이 현재(顯在)적인 지각이 된다(アンリ ベルクソン 著, 岡部聰夫 譯, 『物質と記憶－精神と身體の關係について』, 駿河台出版社, 1995).

53) 베르그송의 원추형 모델과 니시다의 장소 모델은 '지금, 여기'라는 현실화의 수단으로서의 '한정'이 공통적으로 나타나 있다. 다만 한정된 것이 각각 '과거(시간)'와 '자신(공간)'에서 차이를 보인다. 그 때문에 일반성 방향(귀납 방향)이 정반대로 나타난다. 베르그송 모델의 일반성은 정점 측이 높은 데 대해, 니시다 모델에서는 저변 측이 높다. 베르그송 모델에서 정점에 위치한 '기억의 이미지'는 맨 먼저 분위기와 같이 신체로 느낄 수 있으며, 가장 일반성이 높다. 이와 같이 '지금'은 과거의 일반화에 의해 나타난다. 한편 '여기'는 장소의 특수화에 의해 나타난다. 이러한 양자에서는 '한정'의 의미가 다르다. 애초부터 흘러가는 시간은 개체(個物)이며, 확장을 가진 공간은 일반이기 때문에 현실화는 역방향 작용이 된다.

인 깊은 곳에 뿌리내린 개념화'이며, '무한 배경에 비추어진 현실화된 본연의 모습이다'라고 말하고 있다.[54]

'절대적인 무의 장소'는 '술어가 되고 주어가 되지 않는 것'으로서 술어적 방향으로 계승화(階乘化)[55]된 끝에 발견된 것이다. 그것이 주어-술어 모두를 초월해서 포함하는 것으로도 발견된다. 원래 기체로서 의미를 부여받았던 '주어가 되고 술어가 되지 않는 것'은 주어에서 막다르게 된다. 그러나 주어도 '절대적인 무의 장소'에 포함됨으로써 '무로 망하고 무에서 되살아나는' 유일무이한 절대적인 개인이 된다는 주어의 초월이 일어나는 것이다.

이 단계가 되면 장소론은 판단의 논리형식이라는 표층 논의에서 벗어나게 된다. '나는 주어적 통일에서는 사라지고 술어적 통일이지 않으면 안 된다, 하나의 점에서는 사라지고 하나의 원이지 않으면 안 된다, 사물이 아닌 장소이지 않으면 안 된다'라고 니시다가 주장하듯 '주어의 논리'는 '술어의 논리'로 바뀌는 것과 동시에 '절대적인 무의 장소'를 얻어 '술어의 논리'가 '장소의 논리'로 된다. 여기에 이르러 비로소 주체=기체라는 긴 터널에서 빠져나와 장소=기체로 정착하는 것이다. 장소는 모든 실재를 포함하며 유(有)를 낳는 무라고 하는 풍요로움이라 하겠다.

## 인식의 장소 의존성

이토 슌타로(伊藤俊太郎)의 장소론을 소개하고자 한다.[56] 이것은

---

54) 檜垣立哉, 앞의 『西田幾多郞の生命哲學―ベルクソン, ドゥルーズと響き合う思考』.

55) **역주_** 계승(階乘) : n이 하나의 자연수일 때, 1에서 n까지의 모든 자연수의 곱을 n에 대하여 일컫는 말.

56) 伊藤俊太郎, 「認識論の變革と場所論」, 『公共研究』 vol.4-4, 2008.

니시다처럼 판단형식이 아니라, 인식론으로부터 장소론에 접근하고 있어서 전체적으로 쉽고 용이하다. 물론 이 책에서는 존재론적 공간 고찰로 하이데거나 니시다의 주장을 차용하였지만, 주객 관계 등 인식론적 공간에 관한 고찰에는 이토의 장소론이 큰 참고가 되리라 본다.

인식은 전통적으로 객관우위에 있으며, 주관은 단순히 그 객관을 받아들이는 것으로 여겨져 왔다. 아리스토텔레스는 인식에 대한 비유적 표현으로 '마치 봉랍(인식)이 도장반지의 모양(형상)을, 그리고 인장반지의 재료인 철이나 금(질료)을 이루며 받아들인다'고 말한 바와 같이, 인식은 '대상의 형상(eidos)[57]을 그 질료(hýlē)[58]를 이루며 받아들이는 것'이다. 이러한 형상 수용으로서 인식을 파악한다면 인식은 객관(object) 함수라고 말할 수 있다.

---

57) **역주_** 에이도스(eidos) : 그리스 철학에서 '형상(形相)'이라는 뜻. 동사 이데인(idein, 본다는 뜻)에서 파생된 말로서 원래는 보여진 모양·모습을 의미하였다. 플라톤 철학에서는 이데아와 같은 뜻으로 쓰이나, 아리스토텔레스 철학에서는 존재 사물에 내재하는 본질을 말한다. 이것이 사물이 '무엇인가'를 규정하고 사물을 현재 있는 그대로의 것으로서 존재케 하는 원인(形相因)이다.

58) **역주_** 질료(hýlē)는 에이도스(eidos)와 함께 생성하는 존재자(存在者)의 구성요소이다. 질료를 뜻하는 그리스어는 힐레(hýlē)이며 원래는 목재(木材)를 뜻하였다. 즉 '가공하면 무엇이 되는 원료'가 힐레이다. 영어의 matter는 물질도 뜻하는데 질료로서의 matter는 한정을 부여하는 형상에 관하여 생각할 수 있는 소극적 요소이며, 그 자체로서는 무규정(無規定)하고 인식할 수 없으며 그 자체로 어떤 일정한 성질을 갖춘 것으로서 생각할 수 있는 물질과는 다르다. 즉 사물의 생성은 사물을 한정시켜 형성하는 요소(형상)와 이 한정을 받아들이는 요소(질료)에 의하여 생각할 수 있다. 아폴론의 조상(彫像)을 예로 들자면, 아폴론의 형자(形姿)는 형상이며 석재(石材) 또는 청동재(靑銅材)는 질료이다. 동물의 경우도 같다. 그것을 어떤 특정한 종(種)으로서 한정시키는 것이 형상이며, 살이나 뼈나 힘줄(筋)을 이루는 성분은 질료이다.

K=f(o)

이것이 근대에 들어서면 주관우위의 인식론이 발생하여 주류를 점하게 된다. 데카르트가 말한 코기토(Cogito)에서는 '나는 생각한다'를 인식의 출발점으로 삼아 세계를 구성하였다. 그 이후 주관우위는 칸트의 초월론적 주관 등으로 계승되고 훗설의 현상학에 이르면 객관세계를 주관만으로 재구성하게 된다. 여기에서는 인식이 주관(subject) 함수가 된다.

K=f(s)

그러나 오늘날에 와서 이토는 객관우위이든 주관우위이든 모두 비판을 받아야 한다고 말한다. 인식이란 주관으로부터 독립한 객관을 받아들이는 것이 아니며, 또한 단순한 주관의 일방적인 구성도 아니다. 주관과 객관을 연결하는 전체 상황 속에서야말로 인식의 현실이 있다고 주장한다. 이러한 주장은 최근 인지과학 등의 성과와 함께 적합한 것으로 여기게 되었다. 즉 인식이란 주관만으로도 객관만으로도 아닌, 주관(subject)과 객관(object)의 두 함수가 된다.

K=f(s, o)

'인식의 장소 의존성'이라고 이토가 말한 것처럼, f(s, o)에 있어서 s와 o의 관계가 바로 '장소'이다. 요컨대 장소란 주관과 객관을 연결하는 상황 전체라고 할 수 있다. 종래의 인식론은 이러한 관계를 무시하고, 주관과 객관을 추상적으로 독립시켜 유물론적인 f(o)나 관념론적인 f(s)처럼 어느 한쪽으로만 편향 혹은 환원시켜 왔다.

이러한 장소적인 인식을 이토는 객관우위의 '존재론적(ontological)

인 인식' 및 주관우위의 '인식론적(epistemological)인 인식'에 대해서 '분포학, 생물지리학적(chorological)인 인식'이라고 말하고 있다. 분포학 혹은 생물지리학적인 인식이란, 어떤 문화공동체에 속한 한 인식자가 어느 일정한 장소에서 한 피인식자(o)를 세계상(世界像)·자연상(自然像)으로 인식한다는 구도로 나타난다. 소문자 s인 인식자의 배경에는 대문자 S인 문화공동체가, 그리고 소문자 o인 대상의 배경에는 대문자 O인 세계상·자연상이 있고, 장소가 양자(Oo, Ss)의 가교 역할을 하는 것이다. 나(s)의 인식은 자신이 속하는 문화공동체(S)의 영향에서 벗어날 수 없으며, 세계상·자연상(O)을 빌려 대상(o)을 인식한다. 세계상·자연상(O)이란 예를 들어 전(前) 문명사회라면 신화적 세계상, 고대 그리스라면 형상－질료의 세계관, 현재라면 근대과학적 자연관이라 할 수 있는데, 이처럼 문화공동체(S)의 본연의 모습이 변하면 당연히 세계상·자연상도 바뀌게 된다.

그리고 인식자와 비인식자, 문화공동체와 세계상·자연상을 잇는 '장소'가 바로 '환경'이고, 와쓰지가 말한 '풍토'라고 할 수 있다.

### 산재성과 보편성

장소의 규명은 자연과학에서도 다양한 분야에 걸쳐 진행되어 왔다. 이 책에서는 지금까지 '장소(place)'를 그 속에서 활동하는 인간 존재를 전제로 다루어 왔는데, 특히 자연과학이 다루는 장소를 '장(field)'과 구별해서 다루고자 한다. '장(場)'은 주로 상대성이론이나 양자학 등 물리학, 사이버네틱스[59)]나 산일(散逸)구조 등의 시스템 이론, 생명계 과학 등 모든 분야로, 여기에서는 생명계에 초점을 맞춰 시미즈 히로시

59) **역주_** 사이버네틱스(cybernetics) : 생물과 기계 사이의 통신과 자동제어 문제를 통일적으로 다루는 학문을 말한다.

(淸水博)의 '장(場)의 사상'을 살펴보고자 한다.

시미즈는 생명의 기본적 성질을 '활동'으로 파악하였다. 살아 있는 것에는 산재적인 활동(산재적 생명)과 보편적인 활동(보편적 생명)이라는 두 종류의 다른 활동이 동시에 존재하고 있다. 우선 산재적 생명은 살아 있는 생명의 개별적인 성질을 반영하며, 살아 있는 생물로서의 성질에 크게 지배된다. 한편 보편적 생명은 개인을 넘어서 공간적으로 확대되어 살아 있는 것들의 상호 간에 연결된 활동을 생성하는 능력을 가지고 있다. 이 두 가지 활동은 각각 자기표현을 하지만, 소립자가 입자성(산재성)과 파동성(보편성)이라는 두 가지 성질을 띠고 있듯이 거기에는 상보적인 관계를 엿볼 수 있다. 소립자가 가지는 입자성에 착안하여 위치를 특정지우려고 하면 파동성이 나타나고, 파동성을 명확히 밝히면 입자성이 생겨 파동으로서의 성질을 방해하는 것처럼, 어느 쪽이든 일방적으로 결정할 수 없다.

시미즈는 이러한 생명활동을 '자기 달걀 모델'이나 '함께 만들어 나가는 장소로서 창출하는 즉흥극 모델'이라는 독자적 모델을 이용하여 설명한다. 이 중 '함께 만들어 나가는 장소로서 창출하는 즉흥극 모델'은 국재적 성질을 가진 '연기자'가 보편적 성질을 가진 '무대'에서서 공감을 일으키는 드라마(활동)를 즉흥적으로 연기한다는 모델로서, 비교적 이해하기 쉽다. 그러므로 여기에서는 '자기 달걀 모델'에 관해 설명해 보고자 한다.

우리 자신은 산재적 성질을 가진 '노른자위'와 보편적 성질을 가진 '흰자'의 두 가지로 구성되어 있다. 노른자위에는 중핵이 있어, 그곳은 자기표현의 규칙(rule)이 존재하는 자기중심적 영역이다. 한편 흰자는 가능한 한 주위의 공간으로 확장하려고 하는 장소적 영역으로, 양자는 결코 혼재되는 일이 없다. 많은 인간이 모여 있는 상태는 하나의 그릇에 많은 달걀들을 풀어놓은 것과 같다. 그릇 안에서 노른자위는 서로 분리되어 따로 산재하고 있지만, 흰자는 그릇에 퍼지는 것과 동시에 서로 섞이며 복수의 노른자위 사이에서 흰자 전체의 공유가 일어난다. '장'이란 이렇게 퍼진 흰자의 전체 범위를 말한다.

이러한 장 모델은 니시다의 장소론과 유사한 점이 많다. 자아 활동의 두 가지 경우로서 산재적 활동과 보편적 활동은 각각 니시다가 지적한 주어적 통일과 술어적 통일에 대응시킬 수 있다. 하나의 자각(의식) 단면을 보았을 때, 거기에는 주어적 통일과 술어적 통일이 표리를 이루어 균형을 유지하고 있다. 이와 마찬가지로 하나의 자아 활동에는 산재적 활동과 보편적 활동이 창출적으로 순환되고 있다. 그리고 흥미로운 사실은 두 사람 모두가 원심적으로 작용하는 보편적 활동, 술어적 통일을 중시하였다는 점이다.

지금까지 과학기술에서는 주객이 분리된 대상을 취급하였기 때문에 그곳에는 '장'을 나타낼 수 없었다. 그 결과 산재성과 보편성의 이중성이라든가 편재성이 가지는 공생 존재의 원리 등이 언급된 적이 없다. 그 때문에 시미즈는 '확장된 과학기술적 방법', 구체적으로 주객 비분리성을 고려하여 주체의 활동을 집어넣은 '장소적 자기 언급'을 제안하였다.[60] 이렇게 하여 시미즈의 '장(場) 이론'은 두 가지 모델의 도움을 빌어 우리에게 생활세계 실천에 대한 응용을 촉진시켜 나가게 된다.

이와 같이 시미즈의 '장'은 살아 있는 것들이 서로 활동을 갖는 복잡한 관계성, 즉 관계와 관계하는 것들의 전체를 나타낸다. 관계성 범위를 '장'으로 파악하는 사고방식은 생명계는 물론이고 현재 자연과학에서 거의 공통적으로 이용되고 있으며, 우리가 '장소'를 생각할

---

60) 清水博, 『場の思想』, 東京大學出版會, 2003.

때 좋은 참고가 된다. 그러나 니시다가 명확히 밝힌 장소성이란 이와 같은 관계성이 있다 해도 그것이 존재하는(있는) 한, 이 관계성이 '있어서 존재하는' 또 다른 장소(관계성)가 필요하게 된다. 결국 하나의 관계성을 포함하는 다른 위상(位相)[61]의 관계성의 관계성이 요구되는 것이다. 이 장소의 계승화(階乘化)라는 장소성은 우에다 시즈테루(上田閑照)의 말을 빌리자면, 하이데거의 '세계'에서조차 '있어서 존재하는' 장소가 필요하게 된다. 우에다는 이러한 장소의 계승화라는 공리에 따라 무한한 열림으로서의 '이중세계'를 제안하였다.[62]

시미즈의 '장 이론'에서는 계승화 문제를 '자신을 열다'라는 형태로 간단하게 언급하고 있을 뿐이다. 오히려 관계성은 니시다의 구체적 일반자(초월적 술어면), 즉 '장소'의 내부 구성([그림 6] 왼쪽에 있는 원추형의 한 단면에 있는 내용 구성)으로서 파악하는 것이 타당할 것이다. 현실 세계는 많은 관계성으로서의 장이 폭주하고, 술어적 통일과 주어적 통일을 거듭하면서 '자신을 여는' 것이라 하겠다.

### 장소란 무엇인가?

공간은 단순한 '인식의 형식' 이상으로 '존재의 형식'이다. 하이데거가 주장한 이분법에 의해 우리가 여태까지 삶을 유지해 온 공간을 상실한 이후, 공간으로부터 삶을 생각하는 습관마저 잊어 버렸다. 단 이는 원시적인 피경험적 공간에서 벗어난, 실로 다양한 공간을 만들어 내는 결과를 초래하였다. 렐프가 공간을 원초적인 공간에서 추상적 공간으로까지 세분화한 것처럼, 현대를 살아가는 우리는 실로

---

61) **역주_** 위상(位相) : 물리에서 주기적인 운동에서의 어떤 순간의 운동 상태나 위치.

62) 上田閑照, 『場所－二重世界內存在』, 弘文堂, 1992.

다양한 공간을 이해하고 또 경험하고 있다.

오랫동안 인간이 생활을 유지해 온 지역도 다양한 질서가 깃든 '헤테로토피아(혼재향)'로 변질되고 있다. 지역에서는 활발하게 지역 재생을 시도하고 있지만, 시계바늘을 되돌릴 수 없는 것처럼 지역 그 자체를 재생하기란 이미 불가능해졌다. '모든 존재가 병치될 수 있는 장소'라고 하는 지역이 갖는 장소성에 주목하여, 그곳에 어느 정도 재생의 초점을 맞추는 것이 현실적이며 유효할 것이다. 그것 이상으로 우리는 지역이 담당해 온 '장소'의 상실을 더 문제시하여야 할 것이며, 그 점에서는 지역에 구애받는 것 자체가 문제의 본질을 흐리게 하는 감도 없지 않다.

어쨌든 간에 지역 재생에 있어서는 지역의 본질인 '주거공간(=장소)'으로부터 다시 생각할 필요가 있다. 그러기 위해서라도 공간과 장소의 원점으로 되돌아가는 것이 바람직하다.

그런데 공간에 생소한 우리에게는 공간구분이라는 가이드가 필요하다. 앞에서 가와모토, 렐프, 하이데거, 나카무라 등이 언급한 다양한 공간구분에 관해 설명하였는데, 거기에 나타난 공간유형은 말 그대로 공간의 다양성을 보여준다. 어떤 공간구분에서든 공간유형은 계층을 이루며 하위층이 상위층을 떠받치는 구조를 볼 수 있다는 것은 흥미롭다. 그 중에서도 잃어 버린 '주거공간'은 깊은 층에 존재하며, 인식론적 세계를 떠받치고 있다는 점이 공통적으로 나타나고 있다. 우리가 주체로서 살아가는 인식 세계의 하부에 '주거공간'이 있다는 사실을 어떤 공간구분이든 예외 없이 보여주고 있다.

'주거공간'의 내실은 실로 다양하다. 이것들을 정리해 보면 지금까지 은폐되어 있던 두 가지 관계를 살펴볼 수 있다.[63)]

---

63) 니시다의 '장소론'에서 '장소'는 다음과 같이 정리되어 있다. ① 장소는

첫 번째는 '장소로서 나타나는 〈나〉'이다. 이 책에서는 자신으로도, 개인으로도, 주체로도, 현존재로도 될 수 있는 존재를 '나'라고 부른다. 니시다는 '존재하는 것은 반드시 무언가에 있어서 존재한다'라고 장소성을 규정한 바 있다. '나'는 '일본에 있어서'(일본에서) 태어나 '데루시마(照島)에 있어서'(데루시마에서) 살고, '가족에 있어서'(가족 내에서) 가장이며, 더욱이 동사적으로 말하면 '작용하는 것에 있어서'(작용을 하고) '글을 씀에 있어서'(글을 쓰고) '생각함에 있어서'(생각을 하고)라는 식으로 점점 더 자신을 한정시킬 수 있다. 그리고 자신을 사회적으로 증명한다거나 한편으로는 반성해야 할 경우에는 이들 한정이 나타난다. 술어에 의한 한정은 주체 근거나 자아 동일성의 근거가 되며, 나아가 존재의 근거가 된다. 이처럼 니시다는 장소를 술어에 의해 나타난 구체적 일반자로 간주하였다. 그 일반자는 스스로 한정하거나 한정을 되풀이하면서 끊임없이 흔들리고 변화한다.

이것과 관련해서 시미즈의 '자기 달걀 모델'은 자신을 구성하는 관계성을 '장소'라고 생각하였다. '나'는 시미즈가 말한 산재적인 활동과 보편적인 활동, 니시다의 표현으로 말한다면 술어적 통일과 주어적 통일이라는 상반된 두 개의 움직임이 연동하면서 정해진다. 단지 술어를 아무리 거듭해 본다 해도 진실한 자신인 '나'에게는 미치지 못한다. 다시 말해 한정되어 있더라도 일반자와 특수화로서의 극치점

---

유일하고 절대적인 그리고 무한한 존재 그 자체를 의미한다(장소의 유일, 절대, 무한성), ② 장소는 자신을 한정하는 개인, 즉 개별적인 사정을 발생한다(장소의 자기 한정), ③ 개인은 장소를 표현하는 것으로서 장소를 한정한다(개인에 의한 장소 한정), ④ 이와 같은 장소와 개인 상호 한정은 서로 모순하면서 상호 동일성을 유지한다는 성질, 즉 절대모순의 자기 동일이라는 성질을 갖지만, 상호 한정하면서 동일성을 지향하는 운동이 역사에서 나타나 있다(장소의 역사성)는 것을 골자로 한다(中村元 監修, 『比較思想事典』, 東京書籍, 2000).

에 서 있는 '나'와는 무한한 격차가 있는 것이다. 그것을 연결하기 위해서는 니시다가 말한 '일반자의 자기 한정'이나, 시미즈가 말한 '장소적 자아언급'과 같은 초월이 필요하다.

물론 자기 한정이 되어 있지 않은 주체 이전의 '나'라고 하더라도, 장소에 있어서 존재하는 것은 허용된다. '내'쪽에서 본다면, 안심하고 그 장소에 있어서 존재한다. '나'는 확정할 수 없다 해도 장소적으로 존재하고 있다. 그 반대로 주체는 장소를 표현하는 것으로서 장소를 한정하고 있으며, 장소와 주체는 서로 한정하며 상호 동일성을 유지하고 있다.[64)]

두 번째는 '공간(性)으로서 나타나는 세계'이다. '장소'란 '나' 그 자체이다. 그것은 주체이기도 하고 전(前) 인칭적인 존재이기도 하지만, 각각의 '나'는 신체를 매개로 하여 세계와 독자적인 관계를 만들어 나간다.

주체가 살아가는 곳은 인식론적 공간이며, 주객 관계로 구성되어 있다. 이토가 말한 것처럼, 그곳에서의 인식이란 주관에서 독립한 객관을 받아들이는 것이 아니며, 또한 단순한 주관의 일방적인 구성도 아니다. 주관과 객관을 서로 연결하는 전체 상황 속에서야말로 인식의 현실이 있다. '장소'란 이러한 주객 관계의 상황 전체라고 볼 수 있다.

한편 전(前) 인칭적인 단계에 있어 세계와의 관계에 대해 우리의 이해는 불충분하다. 이 점은 하이데거의 '현존재'가 잘 설명해 주는데, '현존재'는 항상 세계로 향해 열려 있어 의미 연관 전체를 구성하고 있다. 세계를 인식하기 이전부터 '현존재'가 존재자를 배시적 배려에

---

64) 장소와 주체의 상호 한정에 대해서는 지역정보화가 진행하는 과정에서도 확인할 수 있다. 지역정보화에서는 '주체의 능동화'와 '장소의 창조성'과의 상호작용에 의해 공동형 사회가 형성된다(丸田一・國領二郞・公文俊平 編著, 앞의『地域の情報化ー認識と設計』, 15~16쪽).

의해 구성하는 것이 바로 세계이다. 인식론적인 세계에서 일단 벗어나 보면, 세계는 자신을 일부분으로 한 의미 연관 전체로서 공간적으로 구성되어 있는 것이다.

단 이러한 세계=내=존재도 타자 관계를 포함해서 살펴보면 설명이 부족한 감이 없지 않다. 그 점에 관해서는 뢰비트의 상호 존재, 니시다의 장소, 시미즈의 흰자(보편적 활동) 등을 참조하면서 직접적으로 타자 관계로 구성된 세계를 종합해서 상정해 둘 필요가 있다. 그러나 이후의 검토에 있어서 웹 공간은 의외로 타자를 사물로 간주하고 있음을 알 수 있다. 그것은 세계=내=존재로 충분히 설명할 수 있다.

세 번째는 '공간(性)의 동시 출현'이다. 우리는 현상학적 환원 후의 '어두운 방'도, 환원 전의 객관세계인 '밝은 방'도 동시에 체험하고 있다. 우리는 복수의 '나'를 가지며, 각각의 '나'는 각각의 세계를 동시에 살고 있다. 이것이 단적으로 나타나는 것이 애플리케이션 이용(미디어 이용)이다. 여기에서는 '전화'라고 하는 전형적인 미디어를 이용한 '나'의 행동을 개관해 두고자 한다.

예를 들어 착신음이 울리고 수화기를 들면 음성이 들려온다. 사실 이 자체로는 단순한 잡음에 지나지 않지만, '주체'로서의 '나'는 곧 그 음성을 대상화하여 타자로서 인지한다. 그와 동시에 '주체의 사후(事後)적 날조'가 행해진다. 즉 대상으로서 타자를 세우는 것으로 자신을 '주체'로 만드는 것이다. 한편 '현존재'로서의 '나'는 착신 전에 이미 세계 속에 있다. 미리 멀리 떨어져 있는 친구나 지인과 전화로 연결되어 있다는 것을 사전에 알고 있기 때문에 바로 그 전자음은 잡음이 아닌 착신 통지가 되는 것이며, 먼 곳의 친구나 지인이 나를 부른다는 것을 이해할 수 있는 것이다. 또한 음성이 들려온 후에도 '주체'와는 다른 행동을 보인다. 휴대폰을 들고 다니면서 혼자서 허공을 향해 인사를 하는 사람을 자주 볼 수 있는데, 그런 '마음이 여기에 없는' 상태에서는 음성 습격에 의해 '현존재'가 신체에서 이탈함과 동시에 음성이 텅 빈 신체를 영토화(領土化)하고 있는 것이다.

이와 같이 일상적인 전화 이용에 있어서도 '주체'와 '현존재'는 병행하면서 다른 행동을 한다. 또한 애플리케이션을 이용할 때 나타나는 복잡한 '나'의 행동은 제5장에서 자세히 설명하겠다.

본 장에서는 '장소'나 '공간'이란 무엇인가를 명확히 밝히고자 하였다. 우리가 '장소'를 잃어 버린다는 것은 '나'와 '세계'의 상실과 이어질 가능성이 있다. 그러한 의미에서 장소의 상실이 미치는 영향은 매우 중요하다.

# 제3장 지역으로부터 유리된 공간

앞 장에서 정리한 '장소'와 '공간'을 기초로 하여 이번 장에서는 지역이 직면한 심각한 상황을 다시 한 번 '장소'의 관점에서 정리해 보고자 한다. 지역이 '공통 공간'이었던 행복한 시대는 끝나 가고, 지역은 쓸모없는 곳이라는 라벨이 붙고, 지역에서 해리(解離)된 모든 공간은 유동화되어 가고 있다. 우리는 많든 적든 간에 공간이나 장소와 접촉하는 교제 방법을 바꾸어 나갈 필요가 있을 것이다.

## 1. 지역의 장소성

### 비장소성

렐프에 따르면 우리가 경험하는 지리(地理)는 두 가지이다. 하나는 다양성과 의미에 따라 특징지워진 'place(장소)'로서의 지리이며, 또 하나는 닮은 경관이 어디까지나 계속되는 미로와 같은 'placelessness(비장소성)'의 지리이다. 비장소성이란 어떤 장소에서든 겉모습만이 아니라 분위기까지 같아지고, 우리가 경험한 장소가 상호작용되어 생겨나는 '장소의 아이덴티티'가 극단적으로 약화되는 것을 가리킨다.

비장소성은 상징을 잠식하며, 다양성을 균질성으로 바꾸고, 경험적인 질서를 개념적인 질서로 대체한다. 그렇게 갈 데까지 가게 되면 인간의 거주지인 '장소'로부터 소외되고, 소외가 만연해서 돌이킬 수 없게 된다. 지금까지 살펴본 현대 일본의 지역은 비장소성이 확대되어 바야흐로 막다른 상태로 나아가고 있는 것처럼 보인다.

[표 1]은 비장소성의 표출 상태를 정리한 것이다. 1970년대 후반에 렐프가 제안한 것인데, 현대 일본지역에도 충분히 적용할 수 있다. 이를 빌리자면 몇 번이나 언급한 미우라(三浦)의 '패스트 풍토화'는 테마파크적인 '장소의 별세계 지향성'을 가진 '자스코'를 중심으로 하여 '장소의 균질성과 표준화'가 진행되었고, 이는 '비양식성(非樣式性)의 인간적인 스케일과 질서가 결여'된 교외화(郊外化)라고 이해할 수 있다. 이와 같이 렐프의 '비장소성'은 소비에 대한 주의가 약간 부족하다는 점을 제외한다면, '패스트 풍토화'나 리처(George Ritzer)가 말하는 근대 합리화의 극치로서 '맥도날드화(McDonaldization)'[1]를 앞지른 개념이다.[2]

장소성의 상실이 진행되어 결국에는 비장소성이 지배적으로 되었다는 인식이 확대되는 가운데 비장소성에 대해 재빨리 깨닫게 된 사람들은 이구동성으로 장소성의 회복과 복원을 호소한다. 볼노브(Otto Friedrich Bollnow)는 인간의 진정한 삶의 형식인 '거주하는 것'의 현실화를 요청하고, 렐프는 '장소는 인간을 위해 있는 것이며, 장소는 인간의 경험을 반영하여 향상될 수 있는 환경으로 발전될 가능성이 존재하는 곳'이라고 했으며 우리의 선택을 재촉하고 있다. 미우라는 '우리에게는 패스트 풍토가 아닌 사회에서 살 권리가 있다'라고 하여

---

1) George Ritzer, *The McDonaldization of society: an investigation into the changing character of contemporary social life*, Pine Forge Press, 1993, p.221 (正岡寛司 監譯, 『マクドナルド化する社會』, 早稲田大學出版部, 1999, 383쪽).

2) 미우라 스스로 '패스트 풍토화'를 풍토의 '맥도날드화(McDonaldization)'라고 부르고 있다(三浦展, 『脱ファスト風土宣言: 商店街を救え!』, 洋泉社, 2006, 14쪽).

'마을 육성(街育)' 즉, 오래도록 살 수 있는 가치 있는 마을을 육성하자는 프로젝트를 제안하고 이 같은 마을 생활을 통한 건전한 자녀 양육을 추진한다는 사상 아래, 중심시가지 복원, 마을 조성, 자녀 양육 등을 구체적으로 제안하였다.[3] 한편 아라카와(荒川)와 긴스(Madeline H. Gins)[4]는 장소라고 하여도 존재론적인 장소의 활동(기하-운동 공간에서의 랜딩사이트)을 활용하여 인간의 재편을 목표로 한 토목건축 프로젝트를 추진하였다.

물론 전국 각지에서는 마을 조성이라든지 중심시가지 복원이라는 많은 지역복원 프로젝트가 진행되고 있는데, 거기에는 예외 없이 장소성을 회복하는 아이덴티티가 담겨 있다.

[표 1] 비장소성의 표출 형태[5]

| | |
|---|---|
| 장소의 별세계 지향성 | 관광객을 위한 경관 만들기, 오락가, 상업지구. 인공 · 가짜 장소-디즈니화된 장소, 박물관화된 장소, 미래주의적 장소 |
| 장소의 획일성과 표준화 | 인스턴트식 신도시와 교외지구, 상공업지구의 개발, 새로운 도로와 공항 등. 국제적인 스타일의 설계와 건축 |
| 비장소성의 인간적인 스케일과 질서의 결핍 | 서브토피아(subtopia), 거대화주의(gigantism : 고층빌딩, 거대도시), 문화와 자연환경과는 무관한 개별적인 건물들 |
| 개별적인 파괴 (Abbau) | 전시(戰時)의 무자비한 파괴(예 : 히로시마, 베트남 마을들). 채굴과 매립에 의한 파괴, 외부인의 토지매입과 재개발로 인한 파괴(예 : 도시팽창) |
| 장소의 일시성과 불안정성 | 지속적으로 재개발을 겪고 있는 장소들(예 : 많은 도시의 도심업무지구), 버려진 땅들 |

3) 위의 책, 30쪽.

4) **역주_** 荒川修作 · マドリン ギンズ, 河本英夫 譯, 『建築する身體: 人間を超えていくために』, 春秋社, 2004, 179쪽.

5) エドワード レルフ, 高野岳彦外 譯, 『場所の現象學-沒場所性を越えて』, 筑摩書房, 1999, 190~195쪽.

**역주_** 한국에서 소개된 김덕현 외 옮김, 『장소와 장소상실』, 논형, 2005, 242~243쪽의 표에 따라 번역하였다.

## 네 가지 장소적 태도

그런데 장소성을 회복하기 위한 이러한 시도들은 성공할까? 그 전에 비장소성의 심각한 움직임을 저지할 수는 있을까? [표 1]에서도 엿볼 수 있듯이, 비장소성의 요인은 폭주하고 있는데 소비자의 주권화 등 최근의 동향을 보는 한 이러한 흐름을 간단히 바꾸기는 어렵다. 흥미롭게도 렐프는 우리에게 장소성의 회복을 강력히 촉구하는 한편, 비장소성을 '숙명'으로 간주하고 '의미 있는 장소가 소멸되는 것이 안타깝기는 하지만 이는 단순한 감상에 지나지 않으며, 우리는 적어도 새로운 지리의 가치를 인정해야 한다'라고도 지적한다. 그것은 '장소로부터의 자유'를 의미한다.

이처럼 비장소성에 대한 견해는 공통되지만 장소나 장소성에 대한 이해, 그리고 장소의 소생을 둘러싸고는 몇 가지 다른 태도가 나타난다는 것을 알 수 있다. 이러한 사태에 직면한 우리의 태도를 한번 정리해 보자([표 2]).

[표 2] 장소적 태도

| | |
|---|---|
| 장소주의 | 주민과 장소는 유대를 중시, 모든 활동과 모든 존재를 장소로 환원하는 태도. 지역이 장소성을 띠면 지속적인 사회 시스템 및 개성적인 문화와 경관이 나타난다고 생각한다. |
| 반장소주의 | 장소성은 인정하지만 주체를 속박하는 장소에서 해방을 목표로 하며, 새로운 인공적인 장소를 구축한다. 자연과학이나 과학기술(공학)에 일관되게 계속되어 온 태도. |
| 다원적 장소주의 | 서로 다른 공간들이 혼재한 불안전한 상태를 인정하는 모순적인 태도. 외형적으로 장소성이 상실된 것처럼 보이지만, 주체에 따라서는 환경최적화를 도모하기 쉽다. |
| 탈장소주의 | 장소에 대한 관심이 희박해지고, '존재론적인' 장소의 바깥에 거처를 구하는 가상의 장소적 태도. 장소로부터 자유롭지만 행위의 지속성은 기대할 수 없다. |

기본적인 것은 '장소주의'이다. 이것은, 그곳에 살고 있는 주민과

장소와의 유대를 중시하며, 여러 활동과 여러 존재를 장소로 환원해서 생각하는 태도이다. 하나의 장소에서 생겨나는 장소적 질서에 의해 지속적인 사회 시스템 및 개성적인 문화와 경관 등이 나타난다고 생각한다. 장소로서의 지역을 중시하기에, 지역으로부터 장소성이 상실되면 모든 수단을 동원하여 이를 회복시키려는 상식적인 대응을 한다. 그러나 많은 지역이 장소주의에 입각하여 지역복원을 꾀하지만, 대부분 실효를 거두지 못하고 있다고 할 것이다.

한편 고도경제성장기에 빈번히 볼 수 있는 것이 '반장소주의'이다. 장소성의 의의는 인정하지만, 장소가 주체를 속박한다는 사실을 문제시하며, 장소로부터의 해방을 목표로 하고 새로운 장소를 창출하고자 하는 태도이다. 예를 들어 근대 도시계획에서 볼 수 있었던 '인공지반'은 토지의 유효한 이용과 교통의 원활화라고 하는 직접적인 목적 이상으로, 대지를 대신할 지반을 창출한다고 하는 과학적 창조주의의 시점에서 이질적인 장소성을 제안하고 있다. 장소와 인간의 전통적인 유대에서 자유로워지고, 이전의 장소를 분석하면서 자의적인 조작을 행하는 것이다. 데카르트의 이분법 이래로 자연과학과 특히 건축이나 도시계획, 토목이나 도로, 운송이나 교통, 하천이나 수자원, 전기통신 등의 과학기술(공학)이 일관되게 계속해 온 것이 반장소주의이다.

그리고 최근에 볼 수 있는 것이 '다원적 장소주의'라고도 할 수 있는 태도이다. 제1장에서 다룬 지역 점검에서는 지역차를 볼 수 없는 기묘한 '헤테로토피아(혼재향)'로서의 지역이 뚜렷하게 드러났다. 지역은 '공통 공간'을 잃어 버리고 복수의 다른 공간들이 혼재하며 우리는 해리(解離)된 느낌으로 각각의 공간에서 동시에 살고 있다. 그곳은 언뜻 보면 장소성을 상실하고 불안정해 보이지만 그곳에 사는 당사자들에게는 환경의 선택성이 높아 한 곳에서 몇 가지의 형태로 살 수가 있으므로 의외로 쾌적하다. 다원적 장소주의란 불안정하지만 창조적인 상태를 적극 인정하는 모순적인 태도이다. '다원적 장소주의'는 '장소주의'를 대신하여 시민권을 얻고 있는데 다음 절에서 상세히 설명하겠다.

그 전에 네 번째 장소적 태도인 '탈장소주의'를 언급해 두고자 한다. '탈장소주의'란 장소와 장소성에 거의 관심을 보이지 않고, 특히 존재론적 장소성(거주공간)을 꺼려하여 그 바깥쪽에서 거처를 발견하려고 하는 태도이다. 이것은 신체를 거의 매개로 하지 않는 가상적인 웹 공간에서 볼 수 있는(있다고 한다) 장소적 태도이다. 거기에서는 전면적으로 장소로부터 자유롭기는 하지만 다른 한편 행위의 안정적 지속성을 기대할 수 없다. 단지 후술하듯이 웹 공간은 탈장소주의적이라고 할 수 없고 반대로 다원적이다. 웹 공간을 현실적인 공간과 비교하면 다원성이 강하고 존재론적인 장소성은 약하다.

### 공간의 모순

'주민이 있는 장소' 혹은 '시민이 있는 장소'라고 하는 종래부터 지역이 갖고 있던 성격은, 지연의 필요성과 지역 내의 이해조정의 필요성에 의해 유지되어 왔다. 그러나 지금은 어떤 쪽도 존재의 의의가 저하되어 주민과 시민이라는 범주 그 자체가 필요 없어지고 있다. 또한 '지역기업이 있는 장소'로 상징되었던 지역도 지역경제가 완전히 도쿄 중심의 경제로 흡수됨으로써 지역단위에서 전국단위로 활동장소가 이행되어 지역기업이라는 범주도 희박해져 가고 있다.

그것과 맞물려서 대두한 것이 '소비자가 있는 장소'로서의 지역이다. 주민과 지역 간의 관계와는 대조적으로, 소비자와 '자스코' 간의 관계는 긴밀하다. '자스코적 공간'은 '소비자가 있는 장소'로서 가격 · 품질 · 다양한 상품 · 개업시간에 관한 소비자의 욕구를 충족시켜 주어 많은 소비자들에게 호평을 받고 있다. 소비자 측도 쾌적한 거처를 얻고 충실한 소비활동에 만족한다.

이는 사람의 측면에서 보면 소비자의 주권화이며, 지역의 측면에서 보면 정치공간과 생활공간의 후퇴와 맞물린 소비공간이 전면화된 국면이다. 이것이 국소적으로는 근린형 상점가의 쇠퇴와 중심시가지의 축소화를 불러옴과 동시에, 전국적으로는 이러한 현상이 동시에 일제히 일어나며 지역의 균질화가 진행되었다.

비장소성의 확대는 서로 다른 공간의 혼재를 용인하여 공간의 우선순위를 급격히 변화시켰다. '다원적 장소주의'의 입장에서 보면 다른 공간의 혼재는 전혀 문제가 아니고, 공간 우선순위의 급격한 변화에 의한 혼란과 현상의 동시다발성이 문제이다. 이것들을 잘 컨트롤해 나간다면 문제를 해결할 수 있을 것이다.

'다원적 장소주의'는 다른 공간의 혼재를 적극적으로 인정하며, 오히려 최적의 혼재 상태를 만들어 내는 것을 중시한다. 소비공간이 확대되고 정치공간과 경제공간이 크게 지역을 벗어날지라도 그 공간 배치가 우리의 활동에 가장 적절한 것이라면, 예컨대 근린형 상점가가 셔터 거리[6]화하여 지역경제가 충격을 받았다고 해도 기꺼이 그러한 변화를 받아들인다. 한편 '장소주의'는 지역질서를 중시하고 대규모 소매점포의 출점 규제 등을 실시하여 소비공간의 확대를 억제하고, 오로지 정치공간과 경제공간의 부활 혹은 복원을 목표로 한다.

---

6) **역주_** 셔터 거리(シャッター通り) : 상점과 사무소가 폐점 및 패쇄하여 셔터를 내린 상태의 빈 점포가 눈에 띄는 상점가와 점포를 가리키는 말이다. 중심시가지의 공동화 현상을 나타내는 키워드 중의 하나이다. 특히 상점가를 가리킬 경우에는 '셔터 쇼텐가이', 거리 전체를 가리킬 경우에는 '셔터 가이'라고 부르기도 한다. 지방에는 1980년대 후반경부터 두드러져 비근한 도시 문제로서 최근 특히 주목받고 있다.

비장소성을 '다원적 장소주의'의 입장에서 냉정히 바라보면서 비로소 이해할 수 있는 것은 이미 지역이 '공통 공간'으로서 기능하지 못한다는 것, 즉 지역이 고차적인 장소성을 잃어 버렸다는 점이다. 지역은 생활공간, 정치공간, 소비공간, 경제공간이라고 하는 서로 다른 공간에서 '공통의 공간', 공통의 '자리'로서 기능해 왔다. 지역에서는 서로 다른 공간이 병렬되어 있어서 사람, 사물, 공간이 병치되어 지역의 실체를 형성해 왔다. 그러나 현재는 '공통의 공간'이라는 테두리를 잃어 버리고 헤테로토피아(混在鄕)로 바뀌어 소비공간의 전면화라는 공간우선권의 급변을 불러왔다.

이처럼 지역이 '공통의 공간'을 가지기 때문에, 지역에 갇혀 있던 모든 공간이 해방되어 공간 재편과 장소성의 재검토가 진행되고 있다. 비장소성의 만연은 렐프가 말하는 것처럼 '장소로부터의 자유'를 가져다주어 새로운 장소성을 만들어 내는 계기를 마련해 줄지도 모른다.

## 2. 공간의 과잉유동성

### 사기노미야(鷺宮) 신사의 여러 신들

중학교 때 『주간소년 챔피언』에 연재된 『가키데카』(야마카미 다쓰히코)[7]의 무대가 된 사카무케 초등학교의 모델로, 내가 다닌 초등학교의 건물과 교정이 정확하게 묘사되어 있는 것을 발견하였다. 다음날 이 이야기를 같은 학교 출신 친구들에게 알려 주었고 교실은

---

7) **역주_** 가키데카(がきデカ)는 야마카미 다쓰히코(山上龍彦)의 만화작품이다. 주인공인 일본 초유의 소년경찰관이라고 자칭하는 고마와리 군이 그가 다니는 '사카무케 초등학교' 동급생 및 주변 캐릭터들과 함께 전개하는 개그 만화작품. 『週刊少年チャンピオン』(秋田書店)에서 1974년 44호부터 1980년 52호까지 연재되어 단행본 발행부수가 3,000만 부를 넘었다.

당연히 이 화제로 떠들썩하였다. 그때 느낀 경이로움을 다시 되짚어 보고 싶다.

보통은 우리가 만화에 몰입하는데, 이때는 정반대로 만화가 우리에게로 들어왔다는 느낌이 들었다. 무대의 배경으로서 사실적으로 묘사된 초등학교라는 장소에는 '고마와리 군(君)'도 있는가 하면 우리들도 있다. 거주지를 공유하고 공통의 도효(土俵 : 스모를 하는 장소)에 서는 것으로써 자신이 만화에 몰입해서 마치 캐릭터의 말석을 채우는 듯한, 또는 반대로 캐릭터가 현실로 들어와 '고마와리 군'이 동창이자 친구인 듯한 현실과 만화가 착종하는 불가사의한 감각을 느꼈던 것이다.

만화 캐릭터는 만화의 무대배경이 있어야 살며, 캐릭터가 선 무대배경은 이야기에서 중요한 위치를 차지한다. 그러한 점에서 캐릭터라는 주체와 무대배경이라는 장소는 세트를 이루는 관계이다. 이러한 '만화적 장소'는 만화 속에서만 존재하는 픽션이 분명하지만, 나의 출신 초등학교처럼 '만화적 장소'가 현실과 접촉하는 경우도 간혹 있다. 그 경우에는 그런 장소가 허브가 되어 현실과 픽션의 가교 역할을 하여 자신과 캐릭터가 강하게 연결된다.

소설 · 영화 · 만화 · 애니메이션에는 옛날부터 모델이 되는 지역이 설정되어 있는 경우가 많아, 그 지역은 일부 열렬한 팬들에게 발견되고 크고 작은 지역 관계자에게도 영향을 주고 있다. 전국 각지에서 성행하는 필름 커미션[8] 활동 등, 많은 지역 관계자는 이것을 역이용해서

8) **역주_** 필름 커미션(Film Commission, FC) : 영화 등의 촬영장소 유치와 촬영지원을 하는 공적 기관. 광역 시도군 혹은 지방공공단체(都道府縣 · 市町村)나 관광협회의 한 부서가 사무국을 담당하는 경우가 많다. 영화촬영 등을 유치함으로써 지역의 활성화, 문화진흥, 관광진흥 등을 꾀하는 것을 목표로 하기 때문에 지방공공단체가 담당할 경우에 그 부서는 어쨌든 관련 부서가 담당하고 있는 것 같다(극히 드문 일이지만 필름 커미션을

지역활성화에 활용하고 있다. 필름 커미션 활동이란 관광진흥과 지역 활성화를 목표로 지방자치체 등이 중심이 되어 영화, 텔레비전, 광고, 애니메이션 등의 야외촬영 등을 유치하는 활동이다.

돗토리 현(鳥取縣) 호쿠에이 정(北榮町)은 『명탐정 코난』의 원작자인 아오야마 고쇼(青山剛昌)의 출신지라는 이유만으로 마을 전체가 '코난 마을 만들기'를 추진하고 있다.[9] 역 앞의 도로를 '코난 길'이라고 부르고 다리 이름을 '코난 대교'라고 바꾸었고, 최근에는 '아오야마 고쇼 후루사토 관'을 열었다. 코난을 만날 수 있는 마을로서 휴일에는 현(縣) 내외에서 관광객과 코난의 팬들이 방문하고 있다. 이 마을은 '데즈카 오사무 기념관(手塚治虫記念館)'이 있는 효고 현(兵庫縣) 다카라즈카 시(寶塚市), 『캔디 캔디』의 '이가라시 유미코 미술관'이 들어선 오카야마 현(岡山縣) 구라시키 시(倉敷市), 그리고 아키하바라(秋葉原) 등과 함께 국토교통성에서 '일본 애니메이션을 활용한 국제관광 교류에 관한 모델 지역'으로 선발되기도 하였다.

최근 이러한 모델 지역을 방문하거나 여행하는 것을 '성지순례'라고 부르고 있다. 성지순례란 본래 종교적 목적으로 성지와 영지를 참배하며 돌아다니는 것을 말하는데, 이 경우는 대상이 성지가 아니라 애니메이션, 만화, 미소녀 게임 등의 작품에 등장하는 무대의 모델이 된 지역이므로 당연히 종교적 목적이라고 볼 수 없다. 『성지순례』[10]의

---

전문으로 담당하는 부서를 만든 곳도 있다). 또한 최근에는 FC라고 일컫지는 않지만, 민간기업에서도 같은 서비스를 실시하는 부서를 설치하는 경우가 있다(JR 니시니혼, 혼슈시코쿠 연락고속도로 등). 일본에서는 2001년부터 2009년까지 FC의 연결기관으로서 전국 필름 커미션 연락협의회가 설립되어 있는데, 현재는 특별 비영리 활동법인 재팬 필름 커미션으로 조직이 이행하였다.

9) http://www.e-hokuei.net/hokuei/youran/html/24-26/index.html

10) 柿崎俊道, 『聖地巡禮: アニメ・マンガ12ヶ所めぐり』, キルタイムコミュニケーション,

저자인 가키자키 슌도(柿崎俊道)가 "애니메이션과 만화의 모델을 '성지순례'하는 행동에서 순수함을 느낍니다."라고 한 것처럼, '애니오타(애니메이션 오타쿠)'[11] 등으로 불리는 열혈 팬이 작품에 대해 독실한 신앙심을 가짐으로써 별로 특별할 것도 없는 장소가 '성지로서 반짝반짝 빛나기 시작하는' 것이다.

2007년에 '성지순례'를 활용한 지역재건은 화제가 되었다. 사이타마현(埼玉縣) 사기노미야 시내(鷺宮町)에 있는 사기노미야 신사(鷺宮神社)는 요시미즈 가가미(美水かがみ)의 네칸짜리 만화와 그것을 원작으로 한 애니메이션과 게임인 『라기☆스타』의 미소녀 캐릭터가 살고 있는 '사기노미야 신사'의 모델이 되었던 탓에 애니오타들이 이곳을 대거 방문했다. 여기에는 애니메이션 잡지의 특집기사인 '『라기☆스타』적 성지탐방'이 박차를 가해 신사 주변은 '『라기☆스타』 소풍 길잡이'를 손에 든 애니오타로 넘쳐나고 평상시에는 보기 힘든 애니오타가 급격히 대량으로 출몰하여 그 지역 주민들이 '기분 나쁘게 느낄' 정도의 사태에 이르렀다. 그러나 그 후 뜻있는 팬들이 지역 조성의 기획 및 운영에서 자원봉사자로 활동하는 등 양자의 교류가 진전되어 지방도시 지역진흥책의 모델케이스가 되었다고 보도되었다. 2008년 설날에는 평년의 세 배 이상인 30만 명의 참배객이 모여들어 화제가 되었다.

사기노미야 신사는 일반 참배자와 애니오타라고 하는 전혀 다른 맹신자가 방문하는 두 종류의 성지로 바뀌고 있다. 온화한 사이타마의 예루살렘이다. 그러나 2000년 이상의 역사를 가진 사기노미야 신사의 여러 신들(天穂日命, 武夷鳥命, 大己貴命)이 본다면 상상을 초월한 우려

---

2005, 161쪽.

11) **역주_** 애니오타 : 애니메이션+오타쿠(집에 틀어박혀 있는 은둔형 취미생활자)의 준말.

[사진 3] 『히구라시노 나쿠 고로니』(작품 중에 나오는 후루데 신사와 모델이 된 시라카와 하치만 신사)

할 수밖에 없는 사태로 비춰질는지도 모른다.

같은 현상은 기후 현(岐阜縣) 시라카와 마을(白川村)에서도 나타난다. 시라카와 마을은 미소녀 게임(사운드 노벨)[12)]인 『히구라시노 나쿠 고로니(When They Cry)』의 무대인 '히나미자와 촌(雛見澤村)'의 모델이 되었으며 이곳으로 성지순례 팬들이 몰려들고 있다. 시라카와 마을에는 세계유산인 '시라카와 향 · 고카야마의 갓쇼즈쿠리 집락(白川鄉 · 五箇山の合掌造り集落)'으로 등록된 오기 마을(荻町) 집락이 있으며, 갓쇼즈쿠리를 보러 오는 관광객을 안팎으로 모집하고 있다.

애니메이션과 게임은 적어도 픽션이며 등장인물과 장소 모두 실제로는 존재하지 않는다. 그러나 설정된 무대가 실제로 어떤 지역을 모델로 삼았다는 사실을 알고 실제로 그곳을 방문해 보면, 애니메이션의 배경과 조금도 다르지 않는 광경이 전개된다. 팬들은 게임의 무대가 된 복수의 장소들을 둘러보면서, 게임에 묘사된 영상과 똑같은 각도로

---

12) **역주_** 사운드 노벨(Sound Novel) : 어드벤처 게임의 일종으로, 일본의 게임회사인 춘 소프트의 등록상표. 제1작인 오토기리초(弟切草)가 발매되기 전까지의 어드벤처 게임과 달리 소설을 모티프로 하고 있어서 화면 하단의 네모 칸 메시지 윈도우가 나오는 대신 전체 화면에 텍스트가 표시되는 것이 특징이다. 비디오 게임이라는 특성을 살려 효과음(SE), BGM, 영상효과 등을 효율 좋게 사용한다.

사진을 촬영하는 것이 순례여행의 규칙처럼 되어 있다. 그리고 작품(촬영사진)은 싱글벙글(니코니코) 동영상 등으로 업로드되어 많은 성지순례자나 순례예비군에게 공감을 불러일으키고 있다.

### 성지순례자의 리얼리즘

흥미로운 것은 성지순례자와 장소와의 관계이다. 그들도 '애니메이션은 픽션'이라고 생각하므로 결코 현실과 혼동할 리 없지만, 동시에 애니메이션에 몰입하여 캐릭터에 감정을 이입하고 있다. 게다가 성지순례자가 됨으로써 캐릭터들의 활동무대에 자기 신체를 드러내어, 즉 '장소'의 공유를 통해 캐릭터와 동기(同期)가 되었다고 생각한다.[13]

이렇게 이해하기 힘든 현실성의 정체를 아즈마 히로키(東浩紀)는 『게임적 리얼리즘의 탄생−동물화되는 포스트모던(2)』[14]에서 분석하고 있다. 이 책은 크게 '만화 · 애니메이션에 관한 리얼리즘'과 '게임에 관한 리얼리즘'의 두 개의 리얼리즘으로 나누어 해설한다. '만화 · 애니메이션에 관한 리얼리즘'이란 오타쿠 평론가인 오쓰카 에이지(大塚英志)가 지적한 리얼리즘으로서, 만화와 애니메이션이 픽션이라는 자각을 통해서만 묘사할 수 있는 현실이다. 예컨대 데즈카 오사무(手塚治虫)를 기원으로 하는, 만화 "캐릭터에게 피를 흘리게 한다"는 표현이다.

---

13) 산케이 신문 제공의 Yahoo!뉴스(http://headlines.yahoo.co.jp/hl?a=20070725-00000925-san-soci' 현재는 접속불가)에 따르면 "사기노미야 신사를 방문한 릿쇼 대학 4학년(당시) 스기모토(22)는 '고나타와 같은 장소에서 춤을 추고 싶어 여기까지 왔습니다. 정말로 애니메이션과 똑같군요.'라고 하며 같은 공기를 마셔서 감개무량해하는 모습. 또한 지바 현에서 온 10대 남학생은 '여기에 히이라기 자매(柊姉妹)가 살고 있군요. 무녀의 모습을 한 여자아이를 만나고 싶다.'라고 말한다." 여기서 성지순례자가 캐릭터에 대해 동위(同位)하면서 작품의 실제성을 늘려가고 있음을 알 수 있다.

14) 東浩紀, 『ゲーム的リアリズムの誕生−動物化するポストモダン2)』, 講談社現代新書, 2007, 339쪽.

여기에서 나타나는 것은 기호적인 표현이 어떻게 현실의 죽음을 테마로 묘사할 수 있는가 하는 물음이며, '곤란하고 역설적이고, 동시에 논리적이기도 한' 과제이다. 이러한 기호와 신체의 양의성(兩儀性)을 둘러싼 과제를 떠맡는 것이야말로 상실되고 있는 문학성을 소생시킨다는 것이다.

한편 '게임에 관한 리얼리즘'은 만화 · 애니메이션 캐릭터가 가진 또 하나의 특성인 '메타 스토리성'을 생산하는 리얼리즘이다. 일본의 만화 · 애니메이션 캐릭터는 "캐릭터가 산다"15)라고 표현할 정도로 자율성이 높고, 하나의 완결된 이야기에서 떨어져나와 복잡한 작품 사이에서도 동일성을 보인다고 한다. 이러한 캐릭터가 가진 성격이 '메타 스토리성'이다. 메타 스토리성을 지닌 캐릭터는 일종의 허브로서 활동하며, '이야기를 복잡하게 만들고, 캐릭터의 삶을 복잡하게' 만들어 나가기 때문에, 캐릭터의 '죽음을 재설정할 수 있게 만들어 버린다.' 이러한 작품의 표현이 마치 게임 같은 성격을 지니고 있는 것이다. 여기서는 만화 · 애니메이션에 관한 리얼리즘으로서 중심 과제였던 '캐릭터에게 피를 흘리게 하는 것'의 의미를 해체시켜 버린다.

성지순례자가 자각하고 있는지의 여부는 알 수 없지만, 캐릭터에 두 가지의 서로 다른 성격이 있다면 성지순례자가 감정을 이입하고 싶은 캐릭터는 어느 쪽일까? 바꿔 말해 순례자가 요구하는 리얼리즘은 어느 쪽일까? 만화 · 애니메이션적 리얼리즘이라면 그 이유는 쉽게 알 수 있다. 캐릭터가 살아 있는 장소를 자신이 몸소 경험해 봄으로써,

15) **역주_** 원문에서의 'キャラが立つ'란 게임이나 애니메이션의 캐릭터와 인물에 대해서 분명하게 개성이 확립되어 있어서 무엇보다도 눈에 띄게 보이거나 개성이 돋보인다는 것을 의미한다. 따라서 우리말에 가장 가까운 '캐릭터가 산다'라고 번역하였다.

그 장소가 허브가 되어 픽션과 현실의 가교로서 '캐릭터에 피를 흐르게 하는 것'에 숨겨져 있던 양의성을 서로 다른 형태로 순례자도 느낄 수 있다고 말할 수 있다. 정도 차이는 있어도 이것은 내가 중학생일 때 『가키데카』에서 느꼈던 것과 똑같다.

한편 게임적 리얼리즘일 경우는 '캐릭터가 산다'는 것으로, 캐릭터는 다종 다양한 무대 배경(장소)에 자리잡는다. 성지순례란 단순히 순례자가 캐릭터에게 감정 이입되는 것이 아니라, 순례자가 살아가는 현실에 캐릭터를 불러들이는 행위라고 할 수 있다. 그 위에 그러한 메타 스토리성을 가진 캐릭터—아즈마는 이것을 '플레이어'라고 부른다—에 조금이라도 다가서려고 하는 것처럼 느껴진다.

순례지는 적어도 하나의 이야기로 설정된 하나의 이야기 속의 캐릭터가 거주하는 장소이며, 복수의 이야기들 사이를 자유로이 가로지르는 플레이어가 거주하는 장소는 아니다. 그렇기 때문에 순례자는 아무리 순례를 반복하더라도 플레이어에 다가설 수 없다. 또한 순례지 쪽에서도 캐릭터가 거주하는 장소이지, 플레이어가 거주하는 장소로서 살아가기는 어렵다.

그렇다면 도대체 게임적 리얼리즘이 상징하는 플레이어가 거주하는 장소란 어디에 있는 것일까? 니시다(西田)가 '존재하는 것은 어딘가에 놓여 있지 않으면 안 된다'라고 한 것처럼 플레이어에게도 '놓여 있는 장소'가 반드시 있을 것이다.

### 참여적 관찰자의 거처

아즈마는 캐릭터와 플레이어의 차이를 주체가 가지는 이중적인 시점에서 논의하고 있다. 즉 '캐릭터의 시점에서 자기'와 '플레이어의 시점에서 자기'라는 이중의 시점으로, 게임에 열중하여 캐릭터에 자기를 투영하는 캐릭터 모조품인 자신이 동시에 게임에는 별도의 선택지가 있을 수 있음을 알고 있는 플레이어라고 생각하면 쉽게 이해할 수 있다.

이러한 점에서 정보이공학자인 와타나베 준지(渡邊淳司)[16]도 똑같은 지적을 하였다. 와타나베가 지적한 이중적인 시점은 '배우로서의 자기'와 '각본가로서의 자기'이다. '배우로서의 자기'는 타자에 대해 직접 행위를 하는 자신을 말하는데, 타자와 드라마를 연기할 때처럼 타자의 의도를 민감하게 알아차리고 자기 행위를 조정한다. 그러한 조정 과정에서 느끼는 타자와의 일체감은 자기의 새로운 면을 끌어내 준다. 한편 '각본가로서의 자기'는 자기와 타자의 관계성을 외부에서 관찰하는 자신이다. 타자와 자신을 포함한 넓은 세계 안에서 새로운 시나리오를 만들어 내고 그것을 배우로서 자기에게 연기하게 하는 것이다.

이와 같이 현대에서는 자신과 타자를 포함한 보다 넓은 틀에서 주체성을 파악하게 되며, 그 틀에서 주의 깊게 자기를 관찰하고 다시 기술하게 된다. 이렇게 '또 한 사람의 자신'(참여적인 관찰자)의 시점이 탄생하며, 점차로 타자와의 관계를 통해서 외부에 '또 한 사람의 자신'이 형성되어 간다고 생각할 수 있다. 지금까지 참여적인 관찰자의 시점에서 착수한 이중적 시점은 '플레잉 메니저' 등이라고 해서 기업경영자에게 요구되어 왔지만, 지금은 젊은이를 포함한 많은 사람들이 기업경영자와 똑같이 이러한 이중적인 시점을 가지게 되었다고 할 수 있다.

그런데 지금까지의 웹서비스는 거의 모두가 '캐릭터'와 '연기자'를

16) 渡邊淳司, 「主體性の認知科學的展開」, 『Mobile society review 未來心理』 vol.9, モバイル社會硏究所, 2007.

상대로 한 것이다. 연구자로서의 자신, 부모로서의 자신, 미식가로서의 자신 등을 향한 개별 서비스는 충실하지만, 그것을 분담하는 '플레이어'와 '각본가'라고 하는 '또 한 사람의 자신'을 향한 메타 서비스는 거의 찾아볼 수 없다. 포스트 구글(post google)을 향해 온 세계가 앞다투어 발명에 나서고 있는 와중에 불현듯이 중요성을 늘리고 있는 '또 한 사람의 자신'을 향한 리코멘드(推奬) 서비스는 포스트 구글이 될 가능성도 내재하고 있다. 예를 들어 이메일, 검색, 게임, 채팅, 게시판 글쓰기 등 웹 공간에서 이루어지는 행동에는 각자 고유한 패턴이 있다. 그것을 방대한 로그(log)로부터 해석하여 먼저 앞질러서 본인에게 추천하는 서비스를 생각할 수 있다. 이것을 라이프 로그(인생의 모든 행동을 낱낱이 기록한 거대한 아카이브)로 향상시킨 것이 '또 한 사람의 자신'을 향한 서비스이다.

여기서 다시 '참여적인 관찰자'의 거처를 생각해 보자. '플레이어'보다는 '각본가로서의 자기' 쪽이 더 친숙하기 때문에 여기서는 '각본가로서의 자기'의 거처를 생각하고 싶다. '연기자'의 거처는 어디까지나 무대이다. 그에 비해 '각본가'의 거처는 무대 위도, 무대 좌우의 끝부분도, 객석도, 대기실도 아니다. 그곳은 각본을 구상하기 위해 세계 전체를 내려다볼 수 있는 장소여야 한다. 와타나베는 '각본가로서의 자기'는 ① 자기와 타자를 포함한 상황을 이야기하는 능력, ② 상황에 따라서 적절한 행위를 끌어내는 '잠재적인 시나리오'의 창출 능력이라고 하는 두 가지의 특별한 능력이 필요하다고 한다. 그러나 자신과 타자를 동시에 추진시키는 잠재적인 시나리오를 창출하기 위해서는 특수한 '능력'만으로는 불충분하다. 거기에 덧붙여 상황을 내려다보고 경우에 따라 상황을 적절히 조작할 수 있는 특별한 '환경'이 필요하다. 그것이 각본가의 거처이며, 굳이 말하자면 '서재적인 장소'이다. 그러한 거처를 『게임에 관한 리얼리즘의 탄생—동물화되는 포스트모던(2)』 안에서 찾고자 한다면 캐릭터 소설이 참조하는 '데이터베이스 환경'이라고 말할 수 있을 것이다.

'서재적인 장소'와 '데이터베이스 환경'이라고 하는 장소는 자유자재로 시뮬레이션 하면서 시나리오를 창작할 수 있는 장소이며, 필요에 따라서는 지각 공간, 실존 공간, 인식적 공간, 추상적 공간으로 크게 뻗어나가 서로 다른 공간을 왕래할 수 있다. 이곳이야말로 궁극의 다원적 공간이라고 할 수 있다. '각본가'의 의사와 활동에 따라 서로 다른 공간이 적정하게 구성되는 다원적 공간이야말로 '각본가가 존재하는 장소'이다.

우리는 이와 같이 '캐릭터'와 '연기자'만이 아니라 점차 '플레이어'와 '각본가'로서 살아갈 자각을 갖기 시작했으며, 또한 현실에서 그 기회를 늘려 간다. 다원적 공간은 그때마다 '각본가로서의 자기'로 시나리오가 편집될 공간이며, '각본가로서의 자기'는 다원적 공간이 없으면 살 수가 없다.

지역에서 장소가 해방되고 웹 공간을 포함한 장소가 재편되는 가운데, 새로운 '나'를 위해 다원적 공간이라는 거처가 확보되려고 한다.

### 불가피한 공간 컨트롤

미노 국(美濃の國)을 찬탈한 사이토 도산(齋藤道三)은 교토에서는 마쓰나미 쇼고로(松波壓五郎)라는 이름의 기름 파는 호상(豪商)인 야마자키야(山崎屋)의 주인으로 살면서도, 미노(美濃)에서는 니시무라 간구로(西村勘九郎)라는 이름의 무사로서 센코쿠 다이묘(戰國大名)에까지 올랐다고 전해진다. 이렇게까지 완벽하게 두 가지 이름과 처지를 갖기는 힘들다 해도, 우리는 누구나 몇 가지의 입장을 구분해서 쓰고 있다. 지금까지 설명한 것처럼 우리는 주민, 시민, 소비자라고 하는 서로 다른 입장에 서 있을 뿐 아니라 부모, 남편과 아내, 아이들, 친구, 선생, 학생, 직업인, 취미로 살아가는 사람이라고 하는 얼굴을 갖고, 경우에 따라서는 애인과 샛서방, 간첩, 범죄자처럼 겉과 안의 얼굴을 교묘하게 가려서 쓰는 경우도 있다. 우리는 크건 작건 한 사람의 플레이어로서 복수 캐릭터를 조작하면서 살고 있는 것이다.

어떠한 입장이건 어떠한 얼굴이건 각자의 활동을 괴어줄 독자적인 공간을 가진다. 어느 것이든 범위와 경계가 서로 다르며, 말할 것도 없이 중요한 장소와 분절된 의미도 서로 다르다. 부모에게는 우리의 집이, 남편에게는 침실이, 아이들에게는 생가가, 친구에게는 단골가게가, 직업인에게는 사무실이, 애인에게는 데이트 장소가 무엇보다도 중요하다. 그리고 그들의 장소는 적잖이 그러한 얼굴로 존재하는 근거가 되고 있다. 제2장에서 살펴본 것처럼 공간(존재하는 장소)은 서술적으로 그러한 얼굴을 대변한다.

공간은 입장이나 얼굴의 수만큼 존재한다. 복수의 입장과 얼굴을 구분한다는 것은, 공간을 각자의 입장과 얼굴에 따라 디자인하고 복수의 공간을 컨트롤한다는 것이다. 공간의 디자인은 물론 자택을 설계하는 것처럼 공간을 무(無)에서 창조할 수도 있지만, 대부분은 단골주점의 한 모퉁이를 빌리거나, JR 정기권을 사서 직장 출퇴근 시 이동공간을 확보한다고 하는 개인적인 주 활동무대를 넓히는 것이다. 또한 물리적인 공간에 한정되지 않고 생활공간은, 지각 공간과 추상적인 공간으로까지 넓게 뻗어나감으로써 그야말로 자유자재로 구성을 할 수 있다. 예를 들어 직업인과 취미로 살아가는 사람은 요청하는 이미지나 심벌에 큰 차이가 있기 때문에 추상적인 공간의 구성에도 차이가 발생한다.

단, 이 공간들끼리의 중복은 의외로 크고, 지역이나 언어가 가지고 있는 '공통 공간'의 활동에 의해 공간들끼리 연결되어 있다. 상당히 정교하게 컨트롤하지 않는 한, 하나의 공간만으로 독립시켜 외부로부터 하나의 얼굴을 분리시키기란 어렵다.

그러나 현재 비장소성이 진행되어 지금까지 통합되어 있던 개인을 둘러싼 여러 공간은 컨트롤 기능을 상실하고 있다. 과거에 연연하지 않고 간단히 전직한다거나, 시민으로서의 의무를 다하지 않고 소비에 몰두할 수 있는 것, 불륜이 버젓하게 통하는 것도 역시 공간이 통합 기능을 잃어버린 탓이다.

거기에는 자유의 고도화, 혹은 환경의 최적화, 나아가 '장소귀속탈피(disembedding)'[17]라고 하는 은폐되어 있는 의도도 읽어낼 수 있는데, 그렇다면 아직 유동화가 철저하게 이루어지지 않았다고도 할 수 있다. 앤서니 기든스(Anthony Giddens)에 따르면 지역적인 틀에 매몰되어 있었던 전근대사회의 사회관계가, 근대사회가 되자 시공간의 분단이 진행되어 사회관계를 시간적 · 공간적으로 분리시켜 시공간의 무한한 확장 속에서 재구축을 행하는 '장소귀속탈피'를 지향한다.[18] 그렇게 생각하면 지역은 헤테로토피아(혼재향)가 계속되며,

17) **역주_** 'disembedding(장소귀속탈피)'을 원서는 松尾精文 · 小幡正敏의 번역서에 의거하여 '脫埋め込み'라고 표기하였지만 船津衛(「創發的內省理論の展開」, 『放送大學硏究年報』 vol.27, 2009, 71쪽의 각주 4)는 일정한 틀 속으로 귀속되는 것에 대한 해소를 나타내기 때문에 '組み込み解消'라고 번역하기도 한다. 그러나 여기서는 이윤희 · 이현희(『포스트 모더니티』, 1991, 34~35쪽)의 번역어 및 이를 따르고 있는 김호기(「후기현대성과 제3의 길(앤서니 기든스의 사회이론)」, 『경제와 사회』 vol.44, 1999, 216~217쪽)의 표현에 따라서 '장소귀속탈피'라고 번역하였다.

18) アンソニー ギデンズ, 松尾精文 · 小幡正敏 譯, 『近代とはいかなる時代か?: モダニティの歸結』, 而立書房, 1993, 31~44쪽.

앞으로도 공간 유동화를 진행시킴과 동시에 우리들은 유리된 공간을 컨트롤하며 다양한 레벨에서 공간을 재건축해 나가야 한다.

한편으로 공간의 과잉유동성은 입장이나 체면의 해리를 촉진한다. 유동성의 고조를 방치해 두면 불가피하게 해리의 성질을 띤 인격이 만들어지게 된다. 과연 통합적인 주체로서 자율적으로 살아가는 노력을 계속해 온 우리가 그렇게 간단히 해리적인 인격을 떠맡을 수 있을까. 비장소성의 확대를 막을 수는 없고 앞으로도 공간의 유동화는 진행될 터인데, 그렇다면 스스로 컨트롤하여 분열된 공간을 통합하는 것 외에 이 문제를 회피할 방법이 없을 것이다.

장소귀속탈피를 지향하든 인격의 재통합을 지향하든 모든 것은 공간의 과잉유동성이 대전제가 된다. 그리고 유동성을 적극적으로 살리더라도 개개인은 자기 손으로 공간을 디자인하고 컨트롤하도록 강요당한다. 아무튼 우리는 공간과 새로운 만남을 시작하지 않으면 안 된다.

# 제4장 주거공간인 웹 공간

공간의 과잉유동성은 우리의 활동 가능성을 확대시키는 한편, 그 이면에는 악영향도 크다. 이처럼 동전의 양면성에 놓인 우리들은 격리된 공간의 컨트롤을 강요받고 있다.

게다가 이러한 상황에서 돌연 '웹 공간'이라고 하는 미지의 공간이 파고 들어왔다. 1990년대 전반 인터넷의 상용화로 별안간 등장한 웹 공간은 소비 · 상업 · 정치 · 표현 · 커뮤니티 등의 장(場)으로 기능하고 있으며, 지역에 필적할 수 있는 활동장소가 되고 있다. 그러나 공간성이나 장소성에 주목하면 웹 공간과 지역(현실공간) 차이는 크다. 그런 까닭에 다시 웹 공간의 특징을 명확히 짚고 넘어갈 필요가 있다. 웹 공간은 어떻게 활용되어 살아가고 있는 것일까.

## 1. 새로운 활동공간의 등장

### 두 개의 활동공간

인터넷은 WWW를 시작으로 하는 수많은 통신 관련 기술의 집적에 의해 성립된 복합기술체이며, 또한 그 이름대로 개별 네트워크를 상호 연결시킨 '네트워크의 네트워크'이다. 그러한 까닭에 기술 종류마다 복수의 기술계층을 개설하여 각각에 프로토콜(상호 연결을 위한 규약)을 정하는 것으로, 네트워크끼리 물리적 접속이나 데이터 전송, 나아가 통신서비스 제휴를 세계적 규모로 막힘없이 실현시키고 있다. 이것이 인터넷의 기술적 실체이다.

인터넷은 많은 장소에서 사용하고 있지만, 그 보급 과정에서 '웹 공간', '네트 공간', '사이버 공간' 등과 같은 공간으로 불리게 되었다. 더욱이 웹 공간의 웹(Web)이란 거미줄이라는 의미가 있는데, 다시 말해 산재한 문서들끼리 서로 참조 가능하게 하는 인터넷의 핵심 기술인 World Wide Web의 약자이다.

인터넷을 공간으로 간주하게 된 것은 여러 다양한 사회계층 활동이 각각의 목적으로 전개된 것이 이유이며, 이는 인터넷이 단지 기존의 방법을 합리화하는 수단이라거나 혹은 기존의 방법을 대체하는 수단으로 사용된 것이 아님을 말한다. 활동공간으로 인식되게 된 인터넷은 기존의 활동공간과 비교하면 확실히 이질적이며, 거기에서 전개될 사람들 또한 자연히 활동의 질에 변화가 발생해 점차 두 개의 공간이 같은 영역에서 공존하게 되었다.

새로운 공간의 등장이라는 사건은 인터넷이 상용화되기 이전인 1980년대에 한 발 앞서 등장한 SF 소설 분야에서 '사이버펑크(Cyberpunk)'라는 장르로 표현되었다. 그곳에는 컴퓨터나 네트워크 집합체를 공간으로 파악, 현실을 초월하여 과잉된 사회 상황을 그려내고 있다. 사이버펑크 소설의 대표작으로 1984년에 간행된 윌리엄 포드 깁슨(William Ford Gibson)[1]의 『뉴로맨서(*Neuromancer*)』[2]에서

1) **역주_** 윌리엄 포드 깁슨(William Ford Gibson, 1948~ ) : 미국계 캐나다인(이중국적) 소설가로 과학소설 장르인 사이버펑크의 '느와르 프로펫(noir prophet, 검은 예언자)'으로 불린다. 1982년 그의 데뷔작인 『뉴로맨서(*Neuromancer*)』에서 사용한 '사이버스페이스(cyberspace)'라는 용어와 개념으로 유명해졌다. 그는 지금은 전 세계적으로 퍼져 있지만 당시 사람들에게는 낯설었던 네트워크 공간을 잘 묘사하였고 『뉴로맨서』에서 쓰인 많은 용어들은 1990년

는 '사이버스페이스(Cyberspace)'라는 개념이 등장하는데, 일본어판에서는 이를 '전뇌공간(電腦空間)'으로 번역하였다. 이 소설에서는 사이버스페이스에 인체를 '몰입(jack-in : 컴퓨터 시스템에 접속하다)'시켜 인간의 의식마다 '다이빙한다'고 하는 그야말로 펑크(punk)적인 아이디어가 담겨 있다. 사이버스페이스에서는 의식의 이중성이나 심신의 해리[3]를 촉진시키는 공간작용 혹은 자기동일성이나 주체성의 변질이 쉽게 진행되어, 종래와는 근본적으로 다른 공간성 및 장소성이 상상적으로 묘사되고 있다.

그로부터 20여 년이 지난 지금, SF 소설은 공상세계가 아니라 일상세계에서도 똑같은 사태가 폭넓게 진행되고 있다. 여기에서는 새로운 공간이 등장하여, 신구(新舊) 두 개의 활동공간이 병치되는 현상을 솔직하게 살펴보고 싶다. 이제부터 이 책에서는 새롭게 등장한 공간을 '웹 공간', 지역을 비롯한 기존의 공간을 '현실공간'이라고 부르기로 한다.

현실과 가상현실이라고 하는 이분법, 정보사회를 리얼과 버추얼로 나누는 이분법에 대한 비판이 있다는 것은 잘 알고 있을 것이다. 예를 들어 '유비쿼터스 사회'라고 하는 관점이 있다. 유비쿼터스 사회란 언제, 어디에서나, 무엇이든, 누구든지 네트워크에 연결된 사회를 가리키는데, 그 배경에는 어디까지나 유일한 현실사회가 있다고 하는 사회관이 있으며, 그곳에는 가상현실과 현실사회가 아주 매끄럽게

---

대 들어 인터넷 등에서 널리 쓰이게 되었다.

2) ウィリアム ギブスン 著, 黑丸尙 譯,『ニューロマンサー』, ハヤカワ文庫, 1986(William Gibson, *Neuromancer, Gollancz*, 1984.

**역주_** 윌리엄 깁슨 저, 노혜경 역,『뉴로맨서』, 서울: 열음사, 1996.

3) **역주_** 해리(解離) : 모였던 것이 떨어짐, 화학에서는 화합물이 가열, 용해 등의 작용에 의하여 그 성분으로 가역적 분해를 행하는 현상.

이어져 있다. 지금 현재로서 이러한 관점은 정보사회 연구에서도 합의가 이루어졌다고 말할 수 있다. 물론 그들의 지적에 이론의 여지는 없지만, 본서에서는 이러한 이분법을 취하는 것은 아니다. 이 책에서 취하고자 하는 것은 현실사회와 가상현실 사회의 이분법이 아니라, 현실공간과 가상현실 공간(웹 공간)이라는 활동공간의 구분이다. 설령 연속된 사회라고 하더라도 딛고 서 있는 '발판'이 다른 것이다. 기껏 발판이라고 할지 모르지만, 이 발판의 차이가 자아를 표현하는 방법까지도 좌우한다.

또한 유비쿼터스 사회에 너무 얽매여서 유일사회라고 하는 고정적인 관점을 취한다면, 인터넷을 둘러싼 많은 사물과 현상을 제대로 설명할 수 없는 경우도 있다. 사이버 법학자인 로렌스 레식(Lawrence Lessig)[4]은 '사이버 공간'과 '현실공간'을 구별한 뒤 '사이버 공간'을 '새로운 사회'로 평가하고 이 사이버 공간에 내재된 '아키텍처'[5]라고 하는 제4의 권력을 찾아냈다.[6] 마찬가지로 이론사회학자인 스코트

---

4) **역주_** 로렌스 레식(Lawrence Lessig, 1961~ ) : 스탠퍼드 대학 이전에는 하버드 대학과 시카고 대학 교수로 있었으며, 정치적으로 진보적인 색채를 띠고 있다. 그러나 보수파로 알려진 시카고 대학의 교수이자 판사인 리처드 앨런 포스너의 사무관을 지낸 적도 있다. 펜실베이니아 대학 비지니스 스쿨과 케임브리지 대학 트리니티 컬리지, 예일 대학 로스쿨에서 수학했다. 전공은 헌법학 및 사이버 법학이다. 저작권 확대에 대한 비판으로도 잘 알려져 있다. 저작권의 확대를 비판하면서 프리 컬처(Free Culture)라는 개념을 주창했고, 프리소프트웨어 운동을 지지한다. 또한 프리소프트웨어 재단과 본인이 설립한 크리에이티브 커먼즈의 이사를 맡고 있기도 하다. 소프트웨어의 특허가 오픈 소스와 혁신에 위협이 된다는 주장을 내놓고 있다. 주요 저서로 『코드－사이버공간의 법이론』(김정오 역, 나남출판, 2002) 등이 있다.

5) **역주_** 아키텍처(architecture) : 하드웨어와 소프트웨어를 포함한 컴퓨터 시스템 전체의 설계방식으로 컴퓨터 아키텍처라고도 한다.

6) ローレンス レッシグ 著, 山形浩生・柏木亮二 譯, 『Code : インターネットの合法・違法・プライバシー』, 翔泳社, 2001.

래시(Scott Lash)는 '정보공간'을 '현실공간'이나 '병행공간'과 구별하여 정보비판론을 전개하였다.[7] 이처럼 활동공간에 대한 구분은 점차로 인지되고 있으며, 이 책에서는 활동공간을 '현실공간'과 '웹 공간'으로 구분하여 다양한 사물과 현상을 설명할 것이다. 먼저 두 개의 활동공간이 실제로 구분되어 사용되고 있는 전형적인 경우부터 소개하고자 한다.

### 웹 상업 공간

전국 지방을 둘러보면 지방도시의 경우, 거의 예외 없이 중심시가지가 쇠퇴하고 상점가는 셔터 거리로 변하고 있다. 최근에는 빈 점포에 음식점이나 성 매매업소인 풍속점이 진출하여 저녁이 되면 갑자기 활기를 띠는, 결코 '상가'라고 할 수 없는 상점가가 늘어나고 있다.

중심시가지 문제는 직접적으로 유통업계의 '중소기업(지방자본)' 대 '대기업(전국자본)'의 대결이며, '상점가' 대 '대형마트'라고 하는 업체간 투쟁이다. 그러나 관점을 바꾸어 보면 '생활중시' 대 '경제중시' 라고 하는 정책상 주의(主義), 주장(主張)의 싸움이며, 또한 '지방(지역)'

7) 스코트 래시의 정보공간과 이 책의 웹 공간은, 도쿄와 상하이 등 렘 쿨하우스(Rem Koolhaas)가 지적한 '포괄도시'를 정보공간으로 간주하였다는 차이점도 있지만, 다른 한편으로는 유사점도 많다. 래시의 정보공간은 도구적인 공간도 기능적인 공간도 아닌 '사건의 공간'이며 '현재로 말하자면 살아있는 공간'이기 때문에, 이 책의 웹 공간과 마찬가지로 장소성을 지닌 '활동공간'이라고 말할 수 있다. 또한 '현실의 공간'이나 '병행 공간'(즉 에드워드 소자가 말하는 현실의 물질적 세계로서의 '제1공간'이나 상상적인 공간성인 '제2공간')이라고 하는 공간구분에도 내걸고 있는 것이나, 정보공간의 성격이 가치 유동적이어서 과거(축적)도 미래(교환가능성)도 없는 무시간성이 있다고 지적하였기 때문에, 이러한 점에서도 이 책의 웹 공간이 가지는 '발판'이라고 하는 의미에 가깝다(スコット・ラッシュ 著, 相田敏彦 譯, 『情報批判論: 情報社會における批判理論は可能か』, NTT出版, 2006).

대 '중앙'이라고 하는 지역 간 투쟁이기도 하다. 이와 같이 중심시가지 문제는 지방(중소기업, 상점가, 지방 · 지역, 생활중시)과 중앙(대기업, 대형마트, 중앙, 경제중시)이라는 양대 세력이 정치를 포함한 폭넓은 관계자를 끌어들이면서 30년 넘게 싸움을 벌여 왔다고 볼 수 있다.

'지방'은 중심시가지 쇠퇴가 지역의 존망이 달린 큰 문제라고 하는 강한 의식 아래, 중심시가지 문제의 최대 요인은 대형마트의 교외화에 있다고 보는 입장이다. 그래서 대형마트에 입점 규제를 하여 지역단위로 도시개발을 관리함과 동시에, 지역 스스로가 거리 만들기를 시행할 능력을 익혀 지역의 주체성을 환기시켜야 한다고 주장한다.

한편 '중앙'은 기존 상점가의 노력 부족이 중심시가지의 쇠퇴를 불러왔다고 보는 입장이다. 소매는 소비자의 요구에 따르는 것이 기본이며, 자유경쟁이야말로 최선의 수단이라는 인식 아래, 자유경쟁을 구현하는 대형마트에 대한 입점 규제는 소비자의 권리를 침해하고 경제를 위축시킨다고 생각한다. 경관 형성 등 거리 만들기 관점에서 보아도 개별적인 개발은 무질서에 빠지기 쉽고 대형마트에 의한 개발 쪽이 더 훌륭하다고 주장한다.

이들 양자 간의 30년에 걸친 투쟁을 돌이켜보면 계속 수세에 몰려 있던 '지방'이 간신히 2006년에 있었던 지방 육성 프로그램 3대법[대형마트 입지(立地)법, 중심시가지 활성화법, 개정도시계획법] 재검토를 통해 공세를 역전시켰다고 말할 수 있다. 1만 평방미터를 넘는 대형마트 입점이 규제대상이 되어, 비로소 처음 대형마트의 교외 입점에 대한 중단이 가능하였다. 중심시가지 문제의 최대 요인이라고 할 대형마트의 교외화에 칼을 대어 근본적인 문제 해결을 꾀한 것이다. 또한 중심시가지 재생에도 '콤팩트 시티(compact city)'라고 하는 도시

재생의 목표 달성을 걸고, 중심시가지 활성화에 실효성을 높이는 장치를 도입했다.

그러나 과연 '지방' 공세는 올바른 것일까? 상업판매통계(경제산업성)의 상품매출액을 이용한 지금까지의 양자 간 투쟁 양상을 확인해 보고자 한다. 슈퍼마켓과 백화점을 포함한 대형마트의 연간 상품매출액을 보면 1997년도 23조 4천억 엔이 최고조였으며, 슈퍼마켓만 봐도 1999년도 12조 8천억 엔을 최고조로 하여 계속 감소하고 있다. 또한 점포 수는 꾸준히 증가하였지만, 대형마트의 한 점포당 판매액은 감소하여 점포 효율은 매년 악화되고 있다. 한편 상점가는 통계상으로 구분이 존재하지 않기 때문에 다른 지표를 통해 유추해 볼 수밖에 없는데, 종업원 4명 이하의 소매점을 보면 연간 상품판매액 및 영업장 수 모두 1988년 이후 계속 감소하고 있으며, 상점가의 상점 대다수를 차지하는 작은 소매점이 쇠퇴하는 양상을 엿볼 수 있다.

상점가도 대형마트도 모두 판매액이 감소하고 있다고 본다면, 30년 투쟁은 결말을 내지 못하였다고 말할 수 있다. 아니 오히려 양쪽 모두 패자라고 말할 수 있을지 모른다. 이러한 소매를 둘러싼 교착 상태에서 어부지리로 이득을 본 것이 다름 아닌 새로운 참가자인 '인터넷 판매자', 즉 전자상거래에 의한 소매업(e-commerce)이다.

1998년에 645억 엔에 불과했던 소비자형 전자상거래(B to C)는 2004년에 5조 6,430억 엔으로, 단 6년 만에 87배로 급증하였다.[8] 통계가 다르기 때문에 단순 비교는 할 수 없지만, 판매규모로 보면 B to

8) 경제산업성 등에 따르면 『전자상거래에 관한 실태조사』 최신판은 헤이세이(平成) 18년도판이지만, 조사방법이 달라서 헤이세이 15년도 이전과의 비교가 불가능하다. 그러므로 여기서는 헤이세이 16년도판(經濟産業省 · ECOM · NTTデータ經營研究所, 『平成16年度電子商取引に關する實態 · 市場規模調査』, 2005)을 이용하였다.

C는 대형마트의 약 1/4, 슈퍼마켓의 약 1/2로까지 성장하였고, 게다가 이러한 성장세는 증가하고 있다. 또한 전자상거래는 B to C뿐만 아니라 소비자간 전자상거래(C to C)라고 하는 새로운 상업 형태도 창출해 냈다. 지금까지 소매는 전문업자(소매업)가 맡는 것이 상식이었지만, 인터넷 경매가 등장하면서 일반 소비자도 소매를 할 수 있게 되었다. 2004년을 시점으로 C to C는 7,840억 엔으로, B to C의 14%를 차지할 정도로 급성장하였다.

이와 같이 지역에 뿌리 내리고 있던 소비활동과 상업활동은 웹 공간으로 크게 이동해 가고 있다. 소비자를 차지하려고 기를 써 왔던 양대 세력의 배후에서 새롭게 등장한 인터넷 판매 세력이 큰 성장을 이룩하고 있다. 지방과 대형마트와의 싸움이라고 하는 지금까지의 구도는 그 기본 전제에서부터 무너지고 있다.

### '제4공간'

'제4공간'이란 미야다이 신지(宮台眞司)가 『환상(幻像)의 교외』에서 제시한 활동공간에 관한 개념으로, 최근에는 교육 관계자에게도 침투하고 있다. '제4공간'은 지금까지 본서에서 거듭 언급하였던 '주거공간'의 현대 일본 젊은 세대 판으로 구상되었다. 미야다이는 『환상의 교외』를 집필하게 된 동기로 '주거공간(gelebte Raum)'과 관련하여 다음과 같이 서술하였다.[9)]

> 일본인 특히 성인 세대가 한결같이 잃어 버린 것은 사회학에서 말하는 감각지리 혹은 독일 철학자의 말을 빌리자면 '주거공간(gelebte Raum)'에 대한 민감성이다. 말하자면 물리적으로는 똑같이 보이는 공간일지라도 문맥이 다르면 마치 다른 시간 · 공간 같은 좌표축을 가지고 사람은 살아가

9) 宮台眞司, 『援交から革命へ: 多面的解説集』, ワニブックス, 2000, 288~289쪽.

게 된다는 것이다. (……) 동일한 공간이 다른 세대에 의해 다른 양상을 띠고 살아가는 것처럼, 행동거지도 그렇고 매춘이라는 행위 하나를 보아도 커뮤니케이션의 문맥이 다른 세대에 있어서는 전혀 다른 양상으로 살아가게 될 것이다.
그러한 것에 대한 민감성을 성인이 상실하고 있다는 점이 젊은 세대에게는 압도적인 기능을 한다는 것을 나는 문제삼고 싶었던 것입니다.

이와 같이 '제4공간'은 근대화의 성숙과 함께 '근대화 환상에서 이탈한 젊은 세대'의 '주거공간'이다. 우리는 지금까지 장기간 인간의 활동공간으로 인식되어 왔던 '가족', '직장', '지역'이라고 하는 세 개의 활동공간에서 생활해 왔다. 아이들에게 있어서는 '가족', '학교', '지역'이 활동공간이 된다. '제4공간'은 이들 중 어느 쪽에도 속하지 않는 활동공간, 말하자면 전통적인 생활세계와는 다른 공간이다. 구체적으로는 지마[10]나 불량 여고생들이 활동하는 길거리나 클럽, 게임센터, 전화방, 데이트클럽 등과 같은 현실공간을 가리킨다.

고도경제성장기 이전에는 성인이나 아이들도 모두 이러한 세 개의 활동공간을 구분하면서 일상 생활을 영위해 왔으며, 각각의 공간에는 서로 다른 독자적인 규율과 가치관이 갖추어져 있었다.

아이들을 중심으로 생각해 보면 학교에서 요구되는 '좋은 아이', '잘하는 아이'라고 하는 학교식 가치관에 들어맞지 않아도, 지금과 비교하면 상대적으로 대가족 속에서 가사나 육아, 쇼핑 등을 돕거나 지연(地緣)으로 이루어진 지역사회 속에서 노인을 돌보거나 하는 와중에 그들은 인정을 받으며 자기만의 보금자리를 확보하고 있었다.

---

10) **역주_** 지마(チーマー, 일본 조어로서 teamer) : 일본에서 집단으로 무리를 지어 거리를 배회하거나 불량행위를 일삼는 자. 집단은 팀이나 팀그룹 등으로 불린다. 지마라고 하는 말은 '동료, 조직, 단체' 등을 의미하는 'team(팀)'에 '-er'을 붙인 조어이다. 마찬가지로 일본에서 볼 수 있는 불량청소년이나 그 그룹에 속하는 양키나 폭주족 등과는 몇 가지 점에서 구별된다.

아이들은 지역에 공존하는 다양한 가치관을 자기 나름대로 편집하는 것으로 자기의 이미지를 형성해 갔다. 그러나 고도경제성장기에 '교외화'가 진행되면서 먼저 지역공동체가 붕괴되고, 그 다음으로 대가족이 해체되고 핵가족이 되어 결과적으로 학교만이 활동공간으로 남게 되었다. 그리고 학교의 영향이 핵가족에도 미치게 된다.

일찍이 아이들을 지탱해 온 지역적 가치나 가족적 가치가 소멸하여 '좋은 아이', '잘하는 아이'라는 학교식 가치관이 전면화하게 되자, 거기에 적응하지 못한 많은 아이들은 보금자리를 잃었다. 전면적인 '학교화'가 자기 이미지의 균질화를 초래하여, 여기에 숨이 막힌 아이들이 도피처 내지 보금자리로 삼은 것이 '제4공간'이다. 성인 또한 마찬가지로 지역이나 가족 붕괴와 함께 직장(기업) 가치관이 지배적이 되면서 주부는 주부 나름대로, 남편은 남편 나름대로의 감각지리에 따라 독자적인 '제4공간'을 찾게 되었다.

미야다이에 의하면 '제4공간'의 전형이라 할 전화방은 세계 최초의 n×n 미디어이며, 더욱이 "인터넷 사회가 직면하고 있는 다양한 문제는 모두 10년 이상에 걸친 '전화  성문화' 역사에서 나왔다"[11]고도 말한다. 인터넷이 커뮤니케이션 글로벌화나 투명성 증대를 가져왔다고 보는 일반적인 견해와는 반대로, 디스커뮤니케이션을 전 세계로 확대시켜 사회를 '섬 우주화'로 바꾸었다고 말한다. 이러한 견해는 지금이야말로 인터넷 사회에 있어 기본 인식의 하나로 정착하게 되었지만, 인터넷이 등장하고 얼마 안 된 1996년 시점에서 나타난 발상이라니 정말 놀랍다.

전화방과 마찬가지로 인터넷은 n×n 미디어이며, 길거리나 클럽을

---

11) 宮台眞司, 『まぼろしの郊外 : 成熟社會を生きる若者たちの行方』, 朝日新聞社, 1997, 158쪽(처음 발표된 것은 宮台眞司, 「見当違いの倫理主義を排斥せよ」, 『へるめす』 1996. 9, 岩波書店, 14~29쪽).

대신하는 '제4공간'이라고 말한다. 실제로 그 후에 인터넷은 '제4공간'으로서 널리 인식되어 다른 곳에서는 살기 힘든 인간에게 보금자리를 제공하여 그들을 구제하고 있다. 다만 예컨대 옴 진리교[12]나 집단자살을 자극하는 사이트 등이 사회악일지라도, 그곳에서 활동하는 내용물을 외부에서는 확인할 수 없다. 이러한 점은 지금도 인터넷의 본질적인 문제라는 데에는 변함이 없다.

그러나 최근에 이르러 미야다이는 제4공간론을 언급하며 '전향'해 버렸다.[13] 그 이유를 "제4공간에는 서스테이너빌리티(sustainability)[14]가 없었다. 고도의 유동성에 의한 교체 가능성과 '건전한' 내재적 지향은 양립할 수 없다"고 하면서 '친숙한 장'을 서비스로 제공하는 화류계의 예를 들면서 그러한 안전하고 지속적인 장을 유동성이 높은 '제4공간'에서는 만들 수 없으며, "'제4공간'이 〈생활세계〉와 기능적으로 같은 감정적인 안전 조달 기능을 담당한다는 것은 환상으로 끝났습니다"고 하였다. '끝없이 일상을 살아라'와 '일관성 없는 불완전한 실재를 끈질기게 살아나가라'고 미야다이에게 고무받아

---

12) **역주_** 옴 진리교 : 교주 아사하라 쇼코(麻原彰晃)가 1984년 창설한 옴신선회의 후신으로 종말론을 주장해 온 신흥종교단체. 일본 경찰은 1995년 4월 도쿄 지하철역에서 발생한 독가스 테러사건이 아사하라 교주의 아마겟돈을 실천하기 위해 교단 측이 꾸민 자작극이라고 보고 수사에 착수하여 5월 16일 아사하라 교주를 체포했다. 옴 진리교 측은 사린 가스는 물론 세균가스와 핵무기 확보에도 관심을 기울여 온 것으로 경찰 조사 결과 드러났다. 옴 진리교의 신도 대부분은 젊은층이며, 설립 이후 급성장해 일본내 신도 수만 1만 명에 이르고 있는데, 해외로까지 진출하여 모스크바와 뉴욕 등 4개 지역에 해외지부를 갖고 있다. 특히 모스크바 지역은 신도 수가 수만 명이나 돼 거꾸로 일본 국내를 향해 선교방송을 하는 일본어 라디오 방송과 헬리콥터까지 보유하고 있다.

13) 宮台眞司・北田曉大, 『限界の思考』, 双風舎, 2005, pp.97~110.

14) **역주_** 내성(耐性). 방위력. 지속 가능성. 인간 활동이 생태계 중에서 장기간에 걸쳐 계속되는 일.

온 블루세라[15] 여고생들은 곤경에 빠졌을 뿐만 아니라 이제는 '모두 멘헤라[16]가 되어 버렸다'고 버림을 받았다. 덧붙여 멘헤라란 마음의 병에 걸린 사람을 의미한다.

'주거공간' 혹은 '감각지리'라고 일컬어지는 '제4공간'에는 ① 존재론적인 장소성과 ② 공간의 과잉유동성이라고 하는 두 가지 성격이 갖추어져 있다. 미야다이는 당초 앞서 인용한 문장(일본인~)에서도 분명하게 제4공간의 장소성 효과를 중시하였다. 그러나 "인격 시스템에서 본다면 분명 그곳에서 구제받을 수 있지만, 사회 시스템에서 본다면 '그곳'이 '그곳'이 아닌 장소에서 어떤 기능을 다할 것인지 분명하지 않다"라고 말한 것처럼, 점차로 '제4공간'의 심각한 유동성을 문제시하게 되었다. 주거공간으로서 '제4공간'이 젊은 세대로부터 지지를 받는다 해도 유동성이 심한 공간이기 때문에 지속될 수가 없다는 것이다.

데이트클럽은 사라지고 클럽은 완전히 변질되어 화류계와 비교할 것까지도 없이 현실공간인 '제4공간'은 엉망으로 보이지만, 웹 공간으로 중심이 이동하면서 확실히 살아남았다. 미야다이가 지적한 대로 그곳에서는 현재로서 서스테이너빌리티를 찾아볼 수 없지만, 제5장에서 보듯이 웹 공간에서는 '느슨한' 원리로 '친숙한 장'이 형성되고 있다. 웹 공간상에서 '제4공간'이 안정되려면 아직 시간이 필요할

---

15) **역주_** 블루세라(ブルセラ) : bloomer+sailor의 합성어로 여중생, 여고생 등이 입던 속옷이나 교복 등을 팔고 사는 행위를 말한다. 블루세라용의 여중생 또는 여고생이 입던 팬티는 그 냄새가 없어지지 않도록 투명한 비닐로 밀봉해 두며, 이 비닐 겉면에 중고 팬티의 원주인이 누구이고 몇 살인지, 또 어느 고등학교에 다니는지 등의 사항을 적어서 진열해 두면서 수요가 늘어났고, 팬티 주인의 즉석사진을 찍어서 붙여 놓기까지 하고 있다. 꾸준하게 팬티를 벗어 파는 여학생들은 인기를 얻고 고정팬들도 확보했다.

16) **역주_** 멘헤라 : mental health의 약어+er의 합성어로, 정신질병이나 정신장애를 가진 사람이라는 뜻.

것이다.

또한 서스테이너빌리티가 생기지 않는다면 미야다이가 문제시한 공간의 유동성을 표층의 유동으로 주목할 것이 아니라, 다원적인 공간 출현으로 파악해 보는 것이 좋을 것이다. 서로 다른 공간이 혼재하는 다원적인 공간에서는 해리적인 삶의 방식을 강요받더라도 각각의 공간 안에서는 '생활세계'와 연계되는 등, 의외로 안정적으로 지낼 수 있다. 이와 같이 생각해 보면 '제4공간'이 사회적으로 존립할 수 없다는 판단은 너무 성급한 것처럼 생각된다.

## 2. 웹 공간에 있어서 '나'

### 편재하는 나

이와 같은 과정을 거쳐, 비록 일시적이기는 하지만 보금자리를 상실한 '근대화 환상으로부터 이탈한 젊은 세대'는 과연 어떠한 삶을 살고 있는가? 또한 '제4공간'이 웹 공간으로 이행하였다고 한다면 웹 공간은 어떠한 보금자리가 되어 있는가? 바꿔 말하면 젊은 세대의 '주거공간'은 어떤 모습으로 나타나 있는가? 이에 답하기 위해 스즈키 겐스케(鈴木謙介)의 『웹 사회의 사상』[17]을 들어 '주거공간'에 있어서 웹 공간의 성격을 분명히 해두고자 한다.

『웹 사회의 사상』의 부제목은 '〈편재하는 나〉를 어떻게 살아갈 것인가'이다. 여기서 편재(遍在)란 널리 여기저기에 골고루 퍼져 있는 것을 의미하며, 유비쿼터스(ubiquitous)라는 말도 편재를 뜻한다. 스즈키가 말한 '편재하는 나'란 "가상의 나, 즉 나 자신의 존재를 알게 하는 '나를 표현하는 데이터'가 유비쿼터스 환경 속에서 모든 장소에

---

17) 鈴木謙介, 『ウェブ社會の思想―"遍在する私"をどう生きるか』, 日本放送出版協會, 2007.

모습을 드러내 나보다 먼저 나를 대변해 버리는 사태"를 가리킨다.

스즈키는 인간의 활동영역을 '유비쿼터스'와 '가상'이라고 하는 두 가지로 구분하고 있으며, 본서의 '현실공간'과 '웹 공간'에 대체로 대응한다. 그것이 현 시점에서는 진화된 휴대단말기가 만들어 낸 '모바일 2.0'과 '웹 2.0'이라고 하는 두 가지 사회변화에 의해 현실공간과 웹 공간이 매끄럽게 연결되고 있다. 즉 현실공간의 웹 공간화, 일반적으로 말하자면 유비쿼터스화의 진행이라고 한다.

스즈키의 논의 출발점은 웹 공간에서의 커뮤니케이션 활동이 활성화됨과 동시에 자아라고 하는 존재가 점점 더 가상화되어 간다는 점이다. 그리고 웹 공간에는 '가상의 나'를 구성하는 정보를 거래하는 새로운 경제권이 생겨난다고 말한다. 그 예로 추천 시스템(recommendation system) 같은 것이 그것이다. 이것은 구매 이력(履歷) 데이터에 기초하여 유저(user : 사용자, 수요자)의 흥미 · 관심을 해석하고 흥미 · 관심 경향에 맞춘 상품정보 등을 추천(recommendation)하는 구조인데, 이것과 마찬가지로 나의 행동 이력 데이터에 의해 추천된 '자신만의 개성'이라고도 표현할 수 있는 것에, 스스로의 존재를 내거는 행동이 정보화 속으로 조금씩 침투해 가는 것이다.

여기에서도 알 수 있듯이 '가상의 나'란 '디지털 데이터로서의 나'를 가리킨다. 그 데이터에는 휴대전화나 컴퓨터에서 커뮤니케이션한 이력이나 블로그 등에서 발신해 온 수많은 데이터 축적이 있다. '어제와 같이 친구들이 다정한 메일을 보내줄 거야'라는 기대가 과거의 방대한 이력을 근거로 해서 생기는 것이다.

> 자신이 무엇을 선택했는지, 무엇을 원하는지, 무엇을 생각했는지 등이 어떤 경우에는 의도적으로, 어떤 경우에는 자동적으로 축적된다. 그리고 이러한 개인 정보의 집적을 바탕으로 해서 다음에 해야 할 것, 선택해야

> 할 미래가 모든 상황에서 우리에게 제시된다. (……) 그것에 의해 우리들은 지금까지 알아차리지 못했던 선택 사항을 손에 넣을 수 있게 되었지만, 동시에 있을 수도 있었을 그 이외의 미래가 우리들의 삶에서 누락되어 버리는 것이다.
> 바꿔 말하면 이러한 상황은 '나'라고 하는 존재가 축적된 개인정보 쪽으로 대표적인 성격을 띠게 되어, 그리고 그 '정보로서의 나'가 모든 장소에서 나를 앞질러 나타나게 된다는 것을 의미한다.[18]

이러한 '나'의 미래를 제시하는 존재 방식을 스즈키는 '숙명적 결정론'이라고 불렀다. 그리고 이러한 숙명적 결정론이 자신에 의해 말하여진 이야기, 즉 자신의 욕망에 담보된 이야기가 아니라 정보화에 의해 축적된 나의 데이터에 입각한 '단적인 사실'로서 수용되어 가는 경향을 보여주고 있다는 것이다.

라이프 로그(life log)화, 즉 인생에 있어서 모든 행동을 하나하나 기록한 거대한 아카이브[19]를 형성하는 움직임은 현재 웹 공간의 일부에서 일어나는 사건이지만, 확실히 앞으로 더욱 확대되어 갈 것이다. 그러한 가운데 구성될 '가상의 나'는 유비쿼터스화의 흐름에 의해서 모든 공간과 모든 상황에 편재되고 있다. 그리고 그것이 인생의 모든 상황에서 우리들에게 '당신이 원하고 있는 것은 이것이다'라는 식으로 숙명을 호소하게 된다.

이와 같이 자신의 구성 요소는 디지털 데이터로서 웹 공간에, 더욱이 현실공간으로 새어나오는 형태로 세계 속에 편재되고 있다. '기억'의 재구성에 의해 자아가 성립되는 것처럼, 여기에서는 편재하는 '기록

---

18) 鈴木謙介, 위의 책, 16~17쪽.

19) **역주_** 아카이브(archive) : 일반적으로 서고라는 의미로, 원래 공기록 보관소, 공문서 또는 공문서 보관서, 이력 등을 의미하며 기록을 보관해 두는 장소를 의미한다. 대규모 기록이나 자료의 수집.

(데이터)'을 그때마다 적당히 재구성하거나 혹은 기록의 덩어리로부터 적당히 잘라냄으로써 자기를 창조해 간다. 이처럼 과거(기록)와 현재를 동시에 취급하는 양상은 베르그송의 '순수지속'[20]에 있어서 과거(기록)와 현재의 관계와 닮았다. 과거와 현재가 미분화된 상태로 혼재되어 있는 순수지속과 비슷한 상태가 웹 공간의 디지털 데이터군에서도 볼 수 있다. 그리고 미분화된 디지털 데이터군이라는 배경에 비춰 가면서 자신이 한정되어 가는 구조는 기억을 배경으로 '지금, 여기'를 한정하는 베르그송의 시간성이나 니시다(西田)의 장소성을 위협하는 것이다.[21]

니시다는 '존재하는 것은 무언가에 있어서 있지 않으면 안 된다'고 말한다. '무언가에 있어서 있지 않으면 안 된다'고 하는 본질적인 장소성이 웹 공간에서는 '편재한 데이터에 있어서 존재한다'는 것이다. 모든 행동도, 그 결과로 생기는 다양한 성과도, 작품도, 표현도, 웹 공간에서는 모두 예외 없이 디지털 데이터로 구성되고 있다. 그렇게 생각하면 활동 주체인 자신도 디지털 데이터에 의해 구성되었다고 해도 이상할 것이 없다. 스즈키가 묘사한 '편재하는 나'는 그것을

---

20) **역주_** 베르그송(Henri Louis Bergson, 1859~1941)의 순수지속 : 철학에서 보통의 시간 개념과는 달리 직관에 의하여 포착되는 진정한 시간 경험. 주관적 · 심리적인 현실을 이르는 말로 이러한 순수지속의 세계가 진정한 자아요 자유로운 인격의 영역이며 생명 그 자체라고 본다. 비슷한 말로는 내면적 지속, 내적 지속, 현실적 지속이 있다.

21) 데이터는 기억을 대체하기 위한 기록(record)으로 간주하면 시간적인 것이며, 보관장소(storage)로 간주하면 장소적인 것이다. 단지 스즈키가 지적한 것처럼 데이터의 한정에 의해 '나'가 만들어진다고 하는 정황은, 베르그송의 '이미지(image)화'의 논의를 빌리면 '기억의 이미지화'라고 할 수 있을 것이다. 각각 기록의 특수성과 그것을 편집한 '기록의 이미지'의 일반성이 두드러지며, 여기서의 자신은 아마도 시간적인 것이라 말할 수 있다. 이러한 견지에서 웹 공간상에서 한정된 자신은 시간적인 측면이 강하다고 할 수 있을 것이다.

나타내고 있다.

### 존재론적인 미디어 이용

『존재론적인 미디어론』[22]에서 와다 신이치로(和田伸一郞)는 '주체－대상'의 이항도식을 초월한 독자적인 미디어론을 전개하였다. 마틴 하이데거(Martin Heidegger)와 폴 비릴리오(Paul Virilio)에 의거하면서 '주체'가 살아가는 존재론적(인식론적) 영역과는 다른, '현존재'가 살아가는 존재론적 영역에 있어서 미디어 이용의 경험을 명확히 하고 있다.

영화나 텔레비전이라고 하는 미디어가 전해 주는 영상은 과잉의 현전성(現前性)[23]을 지니고 있다. 1895년 파리에 있는 그랑 카페 지하실 '인도의 방'에서 처음 상영된 뤼미에르 형제의 〈시오타 역으로 도착하는 기차〉를 본 당시 관객이 다가오는 열차 영상을 보고 '좌석에서 허리를 뗄 정도로 공포'를 느끼며 '뒷걸음질'을 친 일화는 유명하다. 멀리서 자기의 몸 앞으로 다가오는 영상은 본래 '여기'에 없었던 것이지만, '뒷걸음질'은 다가온 그 영상을 '여기'에서부터 쫓아내는 데 실패한

---

22) 和田伸一郞, 『存在論的メディア論－ハイデガーとヴィリリオ』, 新曜社, 2004.

23) **역주_** 현전성(現前性) : 하이데거의 실존철학에 나오는 용어로 그는 우선 자신의 철학의 기본 과제로 존재와 존재자를 구별했다. 존재자란 이 세상에 존재하는 모든 물질적 현전성을 말한다. 나무, 집, 하늘, 책상, 잉크병 등이 모두 존재자(das Seiende)이다. 물질적 현전성만이 아니라 언어나 행위 같은 추상적인 '있음'도 역시 존재자이다. 말하자면 현전성이라는 것은 존재의 현전성이라고 할 수 있다. 존재란 그 외부를 갖지 않는 것이다. 존재의 외부란 존재아님일 것이고 존재아님이란 없다는 말이니, 존재의 외부는 없음을 의미한다. 즉 존재의 외부는 없는 것이다. 그리고 그 존재의 양식이 구체적인 현실에 투영되어 나타난 것이 존재자이다. 즉 구체적이고 특수한 바로 지금 여기에 나타난 것이 바로 존재자의 현전성이라고 할 수 있다.

[사진 4] 시오타 역으로 도착하는 기차[24]

긴급사태라고 생각할 수 있다.

우리들은 지금 영상을 보고 '뒷걸음질'치는 일이 없지만, 라이브 영상을 보거나 인터랙티브[25]하게 전화를 이용할 때에는 '뒷걸음질'치는 것과 유사한 경험을 한다. 전화 벨 소리에 필요 이상으로 놀라거나, 또한 역 홈에서 흔히 접하게 되는 전화를 하면서 보이지 않는 상대를 향해 인사를 하는 광경이 바로 그것이다.

와다는 '뒷걸음질'을 하이데거의 '현존재(세계=내=존재)'를 이용해 설명한다. 미디어 이용을 분석할 때 멀리서 영상이나 음성이 눈앞으로 다가오는 사태는 일반적으로 미디어 이용자(주체)와 영상이나 음성(대상)이라는 이항관계의 인식론적 구도를 사용하는 것이 기본이다. 그러나 그것만으로는 '뒷걸음질'을 명확히 설명할 수 없다. 그래서 '주체－대상'이라는 도식에서 벗어나 '현존재'가 자신의 존재를 떠맡으면서 먼 곳을 배시적으로 배려하는 '내=존재'라고 하는 존재론적 구도를 이용하는 것이다.

제2장에서 설명하였듯이 '현존재'는 미디어를 통해서 멀리 있는 도구(존재자)를 배려함과 동시에 '그곳'에서 소급적으로 자신이 있는 '이곳'을 공간마련하여 그 속에서 자신의 존재를 유지하고 있다. 미디어 이용에 의해 도구나 타자와의 거리가 단축되어 영상이나 음성으로서 눈앞으로 다가오지만, 먼 곳을 두루 배려하는 것으로 자신을 유지하는 이상, 도구나 타자, 자기에게로 배려가 한 곳으로 집중되는 것은

24) 『世界最古の鐵道映像』, コロムビアミュージックエンタテインメント, 2007.

25) **역주**_ 인터랙티브 : interactive와 television의 조어로 인터랙티브 텔레비전 혹은 (상호 통신할 수 있는) 쌍방향성(性) 텔레비전을 의미한다.

허용되지 않으며, 그것들과의 간격은 유지되지 않으면 안 된다. 이 때문에 우선 자신을 배제시켜, '뒷걸음질'치는 것으로 타자나 도구와의 원래 거리를 유지하고자 한다. 이리하여 배시적인 전체 속으로 자신을 내던질 수 있는 것이다.

전화 이용자를 예로 들면, 그는 통화중은 물론이고 통화하지 않는(단 전원은 켜져 있는) 상태라 해도 언제 착신음이 울려도 이상하지 않는 세계에 내던져져 있다. 그는 먼 곳과 미리 배시적으로 연결된 세계=내=존재이다. 이러한 존재론적 이해 때문에, 단순한 전신음을 착신음으로 이해할 수 있는 것이고, 전자음이 울리면 전화기를 드는 것이다.

또한 통화중의 인사는 멀리서부터 신체로 다가온 음성을 '이곳'에 있는 것으로 하여 마치 당구처럼 신체 쪽을 '이곳'에서 배제시켜 추방한 상태이다. '이곳'에 남겨진 신체는 허물이고, 흡사 망령과 같이 방황한다. 그리고 통화를 끊으면 신체는 그 순간 '이곳'으로 돌아온다.

와다는 미디어 이용이 진전됨으로써 근대의 특징인 '주체－대상' 도식이 무너졌다고 말한다. 그리스 전기까지 거슬러 올라가 보면 우리들에게 있어서 '대상'은 '사물'로 간주되었다. 하이데거는 이것을 '항아리'의 예로 설명한다. 항아리라고 하는 존재에는 물을 담는 도구라는 의미뿐만 아니라, 그곳에는 물이 솟아나는 샘 · 바위들 · 대지 · 천공 · 자연의 섭리가 함께 깃들어 있다. 이러한 '추상적 사고'를 작용시킬 수 있는 것이 '항아리'이고 '사물'이다. 이 단계에서 미디어 이용은 생겨날 수 없고, 자연적 세계 속에서 '현존재'의 공간마련이 행해질 뿐이다.

그것이 근세(근대)가 되면 존재자를 '사물'이 아닌 '대상'으로 파악하게 된다. 눈앞에 있어서 상대하여 세워진 것만을 존재자로 간주한다고 하는 '표상적인 사고'가 지배적이 된다. 이 단계가 되면 미디어가 발달하여 '현존재'를 규정하는 '공간마련'이 미디어에 의존하게 되며, '뒷걸음질'과 같이 지금까지 체험한 적이 없는 가상의 공간마련에 의해 '불안'이 확대된다. 자신은 일단 '이곳'을 배제하면서(탈영토화) 짧은 시간만 '이곳'에 현전하는 영상이나 음성과 같은 유령적인 대상을 자신의 지지체로 하는 것으로(재영토화) 간신히 '현존재'를 유지한다. 우리는 '이곳'에 있으면서 '이곳'에서 자기 자신을 내쫓는다는 분열을 견뎌내지 않으면 안 된다.

더욱이 현대에 이르러 '대상'은 '용상(用象 : 재고품)'으로 격하된다. 여기서 '용상'이란 단순히 도움이 되는 것으로, 쓸모가 있어 조달한다는 의미이다. 이에 따라 '표상적인 사고'도 도움이 되는 것으로서만 존재자를 나타낸다고 생각하는 '계산적 사고'로 대체할 수 있다. 또한 이 단계에서 '현존재'도 비릴리오[26]가 말한 '속도 존재'로 대체할 수 있다고 말한다. '속도 존재'란 미디어 발달에 의해 '꼼짝 않고 가만히 있어도 빠르게 존재'하는 상태에 노출된 존재론적 자아이다. 다시 말해 미디어를 이용하면 정지한 채로 있어도 형상 쪽에서 광속으로 달려오기 때문에, 자신이 광속으로 움직이는 것과 같다는 뜻이다.

---

26) **역주_** 폴 비릴리오(Paul Virilio, 1932~ )에 관련해서 살펴보면, 그는 오늘날 현대사회를 규정짓는 지배적인 현상 가운데 하나인 인터넷 정보전달 시스템의 속도 및 전 지구적인 시스템화를 비판적으로 성찰하고 있다. 오늘날 인터넷 시스템의 정보전달 속도는 인간의 감각으로는 체감할 수 없는 광속에 기초한다. 이러한 속도는 지리적인 거리를 무화시키면서 전 지구적인 차원에서 인터넷 정보전달 시스템을 일종의 공간적 환경으로 구축하였다. 체감되지 않을 정도로 빠른 속도 때문에 시간적 차원이 아니라 공간적 차원으로 전환한 디지털 정보환경의 편리함과 효율성이, 현대사회를 더욱 더 광범위하고 촘촘하게 속도가 구조적으로 지배하는 사회로 변형시켜 나가고 있다. 비릴리오는 현재의 이러한 디지털 속도 시스템의 특징을 순간성, 즉각성, 편재성이라는 용어로 포착하고 있다.

그런 이유로 미디어는 '움직이지 않는 탈것'이라 하겠다. 이러한 '속도 존재'는 항상 이동하고 있어서 '이곳'에 있지 않으며 '어디'에 있는지 특정지을 수 없다. 비릴리오가 말한 '속도 존재'는 영상에서 '뒷걸음질'로 상징되는 그러한 '현존재'의 '현(이곳)'에서는 분명해질 수 없는 존재론적 경험을 떠안고 있는 것이다.

### 주체와 현존재의 행동

이와 같이 와다는 '현존재'가 살아가는 존재론적 공간에 주목하여 그곳에서 미디어 이용의 경험을 분석하고, 사물과의 관련성으로부터 '현존재'나 '속도 존재'에서 발생하는 '불안'까지 들추어 냈다. 미디어를 이용하는 '주체'는 미디어를 통해 표상하는 음성이나 영상을 '상대화'하여 사후적(事後的)[27]으로 '주체－대상'이란 도식을 만들어 내어 '주체'를 날조하고 있다. 한편 '현존재'는 '주체'의 행동 이면에서 영상을 보며 '뒷걸음질'을 친다거나 전화를 하면서 '인사'를 하는 것처럼 언뜻 보기엔 이해할 수 없지만, 극히 합리적인 행동을 하고 있다.

와다가 안내한 것처럼 '현존재'로서의 미디어 이용이 있을 수 있는 것은 미디어를 이용할 때 우리가 '주체'뿐만이 아니라 '현존재'로서 존재론적 공간을 살아가고 있는 것과 다름없다. 미디어 이용을 웹 공간 이용 혹은 애플리케이션 이용으로 바꿔 읽으면, 디지털로 가상의 웹 공간에서도 존재론적 공간이 튀어나오게 된다. 웹 공간은 현실공간과 마찬가지로 '주거공간'이다.

더욱이 '현존재'나 '속도 존재'의 미디어 이용에 대해서는 전모가 밝혀졌다고는 할 수 없다. 예를 들어 '감시카메라'를 문제점으로 들

---

27) **역주_** 사후적(事後的)이란 이미 실현된 내지는 확정된 상태를 말하며, 그에 반하여 사전적(事前的)이란 확정 내지는 실현 이전의 상태를 의미한다.

수 있다. 감시카메라는 범죄방지 등에 쓰이는 용상(혹은 대체품)일 뿐만 아니라, 동시에 우리는 일상적으로 역이나 편의점 등에 설치된 감시카메라에 노출되어 있다. 그러나 24시간 계속 돌아가고 있는 카메라는 도대체 무엇을 촬영하고 있는지 알 수 없는 묘한 불쾌함이 따라다닌다. 말하자면 정보기술에는 범죄방지와 같은 쓰임만으로 다 사용할 수 없는 방대한 잉여물이 있기 때문이다. 카메라가 작동중인데, 감시당하는 사람도 감시하는 사람도 부재하는 그런 상황이 적지 않게 존재하고 있다. 대체품의 역할을 넘어선 잉여 부분의 의미를 알지 못한 채 '현존재'로서 감시카메라 세계에 스스로를 투기(投企)[28] 하고 그것을 받아들이는 것 또한 쉬운 일은 아니다. 어찌되었든 우리는 이와 같은 이해하기 힘든 '공간마련'에 서서, 참고 견디어 갈 필요가 있다. 그렇기 위해서라도 존재론적 미디어 이용의 경험을 심화시킬 필요가 있다.

웹 공간은 '주체'가 살아가는 인식론적 공간이며 '현존재'가 살아가는 존재론적 공간이기도 하다. '웹 공간'은 현실공간과 마찬가지로 존재론적 공간으로서 '보금자리' 혹은 '주거공간'이라는 역할을 가지고 있다. 이것이야말로 웹 공간이 현실공간에 필적하는 활동공간이라고 불리는 연유이다.

제5장에서는 웹 공간의 공간 특성을 다각적으로 해명해 볼 것인데, 거기서는 '주거공간'으로서 존재론적 고찰이 중요한 역할을 한다. 그래서 사전에 존재론적 고찰에 관한 포인트를 정리해 두고자 한다.

---

28) **역주_** 투기(投企, Entwurf) : 하이데거의 용어. 투기는 인간이 사물 또는 다른 인간들에 대해 관심을 가지고 끊임없이 미래를 향하여 어떤 계획을 세우고 자신의 몸을 앞으로 내던진다는 의미이다. 신(神)이 없으므로 인간은 그저 이 세상에 내던져진 존재라고 하이데거는 말했지만 인간은 단순히 내던져진 존재만은 아니다. 인간은 이처럼 내던져진 동시에 앞으로 던지는 존재로 쓰인다.

첫 번째는 '공간마련'이다. '주체－대상' 도식이 지배적이 되면서 상실하게 된 것은 존재자(사물)가 대상화되기 전에 존재하는 계기, 즉 존재자에 대한 배시적인 배려나 공간마련의 계기이다. 하이데거가 '사물'에 관련해서 설명하고 있듯이, '현존재'는 사물을 대상화하기 이전에 사물에 대한 배려를 하고 배시적인 관계를 구축하고 있다. 미디어를 이용할 때 혹은 웹 공간에 있어서도 음성이나 영상 및 텍스트가 현전하기 전부터 이러한 '공간마련'이 행해진다.

두 번째는 '나'와 '세계'가 나타나는 방식이다. 웹 공간에서 '나'는 '주체'와 '현존재'라는 두 가지 구조가 있다. '주체'는 존재자도 타자도 그리고 세계도 '대상'으로 파악하고 있는 것에 대해서 '현존재(세계=내=존재)'는 '공간마련' 영역이 세계이다. 웹 공간에서는 휴대전화 문자나 게시판 등으로 연이어 커뮤니케이션하는 방법이 만들어지고 있는데, 이것을 매개로 하여 우리는 타자와 접촉한다. 그때 스즈키가 '디지털 데이터로서의 나'라고 지적한 바와 같이 '주체'나 '현존재' 어떤 경우이든 타자는 메일 이력 등으로 넘쳐난 텍스트 데이터들로 구성되어 있다. '주체'는 데이터를 대상으로 하여 사후적으로 자기를 날조한다. 반면 '현존재'는 데이터라고 하는 먼 곳을 통해서 '이곳'을 소급적으로 배려하며, 거기에 배시적인 전체 세계를 나타낸다.

이와 같이 웹 공간에서 타자는 사물(데이터)로 간주되고 있으며, 이는 칼 뢰비트(Karl Löwith)[29]의 '상호존재'라기보다는 오히려 규격화된 존재라는 의미에서 하이데거의 '공동 현존재'와 유사하다.

세 번째는 '신체', '현존재', '주체'의 차이이다. 와다에 따르면 미디어

---

29) **역주_** 칼 뢰비트(Karl Löwith, 1897~1973) : 독일 철학자. 유태인이라는 이유로 나치의 압박을 받아 일본으로 건너가 도호쿠(東北) 제국대학 강사를 역임하였다. 그 후 미국으로 갔다가 제2차 세계대전 이후 하이델베르크 대학 교수가 되었다.

이용에 의해 신체가 추방되어 배제하는 경우가 있으며, 이렇게 추방된 신체에 음성이나 영상이 '재영토화'한다고 말한다. 다만 신체는 '이곳'에 현존하기 있기 때문에 '주체' 혹은 '현존재'와 신체와의 위치관계가 그때그때 변화하는 양상을 보여준다. '신체', '현존재', '주체'의 위치 차이는 존재론적으로 웹 공간을 볼 때 중요한 분석 관점이 된다.

게다가 와다는 존재론적 영역에 잠든 '광기'에 대해서도 언급하였는데, 친숙함이 덜한 존재론적 영역에 감추어져 있는 성격을 엿볼 수 있다. 그것은 자크 라캉(Jacques Lacan)[30]의 '시선' 관점을 빌려서 논의를 진행시키고 있다.

엿보기를 할 때는 벽 건너편에 있는 엿보기의 대상자에게 솔직히 흥분한다. 그러나 관음증 환자의 소위 '엿보기'는 벽 건너편에 있는 사람을 대상으로 흥분하는 것이 아니라, 엿보기 행위 그 자체에 흥분을 느낀다. 발각될 리 없는 타자에게 발각될지도 모른다는 긴장된 상태에 노출되어 있는 자체가 욕망의 원천이다. 여기에서 타자란 명확히 특정지울 수 있는 누군가가 아니라, 불특정 다수이며 엿보기라는 무대배경 그림 전체라고 말해도 좋을 것이다. 관음증 환자의 엿보는 행위는 이처럼 타자의 '시선'을 막는 것으로 성립하지만, 관음증 환자는 이러한 타자의 '시선'으로부터 습격(현전)을 은밀하게 기대하는 것이다.

여기에 나타나는 두 가지의 욕망인 대상에 대한 욕망과 욕동(欲動)[31]

---

30) **역주_** 자크 라캉(Jacques Lacan, 1901~1981) : 프랑스의 철학자 · 정신분석학자. 언어를 통해 인간의 욕망을 분석하는 이론을 정립하여 '프로이드의 계승자'라는 평가를 받았다.

31) **역주_** 욕동(欲動) : 정신분석학 용어. 인간을 항상 행동하게 하는 무의식적인 충동. 프로이드에 따르면 심적인 것과 신체적인 것과의 경계 개념으로 평가되며, 자기보존 욕동과 성 욕동(이후에 삶의 욕동과 죽음의 욕동)으로 나누어졌다.

경향 그 자체에 대한 욕망은 각각 '주체'가 대상에게 품는 욕망과 '주체–대상' 도식을 벗어난 '현존재'의 욕망이라고 말할 수 있다. 단 우리는 욕동 경향 그 자체에 대한 욕망을 컨트롤할 기술을 지금으로서는 '주체'(주체–대상 도식) 이외에는 갖고 있지 못하다. '현존재'와 '주체'를 한 세트로 생각하는 것은 이런 의미에서도 빗나간 것은 아닐 것이다.

## 3. 웹 공간의 정황적 공간구분

### 정보공간의 단계적인 변화(gradation)

'주체'가 살아가는 인식론적 세계와 '현존재'가 살아가는 존재론적 세계. 이들 세계를 명확히 구분하기 위해 다소 우회적이지만 '주체'의 공간성과 '현존재'의 공간성을 살펴보고자 한다.

우리는 평소 자신을 둘러싼 공간을, 고정된 형태의 공간으로 파악한다. 물론 공간감각에 있어 개인차는 있지만, 다른 많은 사람들과 하나의 공간을 공유하고 있다고 생각한다. 그 때문에 공간 점유를 둘러싸고 경합을 벌이기도 하고, 경우에 따라서는 동물처럼 영역싸움을 벌이는 경우도 있다. 또한 개인은 공간의 일부를 점유하는 존재에 지나지 않아, 마치 일개 개인이 커다란 세계 속에 삼켜지고 있는 것처럼 느끼기도 한다. 이것이 일반적인 '주체'의 공간감각이다.

그것에 반해 '현존재'는 '배려'나 '관심'에 따라 주관적으로 공간을 구성하고 있으며, 고정된 형태의 공간을 남과 공유하는 일은 없다. 또한 그 공간은 관심이 큰 주변의 사물에 의해 대부분을 점유당하고 있다. 이처럼 '주체'와 '현존재'의 공간은 정반대라고까지는 할 수 없다 해도 대조적인 공간 구성을 보이고 있다. 그러나 일단 웹 공간에 들어가면 '주체'와 '현존재'의 공간은 서로 비슷한 모습이 된다.

[그림 7] 개인의 물리공간과 정보공간

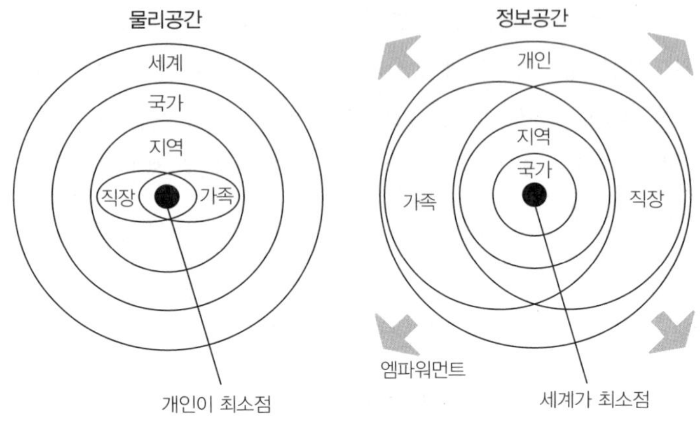


이것과 관련해서 구몬 슌페이(公文俊平)는 『문명진화와 정보화』에서 웹 공간은 개인적 관점에서 보면 개인과 세계가 반전되는 공간 특성을 가지고 있다고 지적하였다.[32)]

구몬은 '정보공간'의 특징을 '물리공간'과 대비시켜 정리하였다. 특정한 개인이 물리공간([그림 7]의 왼쪽 그림)에서 차지하는 위치는 국가나 세계와 비교하면 한 점에 지나지 않을 정도로 미세하다. 한편 정보공간([그림 7]의 오른쪽 그림)에서는 이 관계가 역전되어 국가와 세계 쪽이 오히려 한 점에 지나지 않을 만큼 미세한 것이 된다. 정보공간 전체를 '개인만이 가지고 있고 어느 누구도 열어 볼 수 없는 정보' → '가족 혹은 직장 동료에게는 보여도 좋다고 생각되는 정보' → '지역이나 국가, 세계에 열어 보여도 좋다고 생각되는 정보' 식으로 단계적으로 구분할 경우, 정보공간에서는 '세계에 열어 보여도 좋다고 생각되는 정보'는 전체 정보 가운데 극히 일부분에 지나지 않으며,

32) 公文俊平, 『文明の進化と情報化－IT革命の世界史的意味』, NTT出版, 2001, 228~230쪽.

물리공간과 정반대의 공간 구성을 보인다. 정보공간에서 가족이나 직장은 자기 주변에 있고, 세계는 한없이 멀리 떨어져 있다.

구몬은 정보화(지적 엠파워먼트)[33]의 진전에 따라 이러한 개인의 정보공간이 크게 확장된다고 생각한다. [그림 7]의 오른쪽 그림에서는 원 전체가 바깥으로 향해 확대되기 시작하고 있다. 당연히 그 효과는 정보공간 전역에 미치며, 전국이나 전 세계에 대해 열어 보이고자 생각하는 정보 부분의 확대와 비교하면, 개인만이 갖는 정보 부분이 압도적으로 큰 영향을 받게 된다. 정보화(지적 엠파워먼트)는 자기 주변에 있으면 있을수록 영향이 크다. 확실히 정보공간에서 개인이 행하는 정보활동 대부분은 주변의 커뮤니케이션이 차지하고 있으며, 전국이나 전 세계를 상대로 한 커뮤니케이션의 비율은 극히 보잘것없다. 그리고 구몬은 "만약 최초의 동기가 '세계에 대한 정보 발신'에 있었다고 하더라도, 그것을 진정 효과적으로 실현하려면 자신의 정보공간 전체의 확대, 즉 자기 자신의 지적 엠파워먼트에 힘써야 한다"라고 말하면서, 이러한 정보화의 존재 방식을 '안으로부터의 정보화'라고 부르고 있다.

## 정보관리는 인간단위인가, 정보단위인가

구문이 제시한 정보공간의 공간 단계적인 변화(개인을 기점으로 하여 가장 먼 세계까지의 단계적인 정보구분)는 SNS(Social Networking

---

33) 구몬은 '정보화'를 '지적 엠파워먼트'라고 파악하고 있다. 그러나 이것을 단순히 지적 엠파워먼트가 된 주체가 능동성이나 주체성을 발휘한다고 파악하는 것은 오도(誤導)이다. 오히려 관계자 전원이 지적 엠파워먼트된 결과, 각각의 개인의 능동성이나 주체성이 억제된 (차이가 없어진) 케이스가 주류가 된다고 생각할 수 있다.

**역주_** 엠파워먼트(empowerment) : 문제해결의 방법으로서 자기 내부에 힘을 길러 적극적인 자신을 창출하는 일을 의미한다.

Service)의 '액세스 컨트롤 기능' 등으로 현실화되고 있다. 액세스 컨트롤이란 다양한 방법으로 정보 액세스에 제한을 가하는 것으로, 특히 SNS 등의 커뮤니티형 웹서비스에서는 각각의 정보마다 유저가 공개 범위를 설정하는 것으로 이것을 실현하고 있다. 종래에는 아라시[34]나 개인정보 유용 등으로 안심하고 공개할 수 없었던 정보도, 신뢰 가능한 범위를 설정한 다음 정보를 공개하거나 교류할 수 있기 때문에 정보의 공개와 공유가 매우 촉진되었다.

SNS에는 믹시(mixi)[35]나 마이스페이스(MySpace)[36] 등의 일반형 SNS와는 달리, 참가자를 제한하거나 활동 목적이나 주제를 한정하는 특화형 SNS(Specialized Social Networks)[37]가 있다. 특화형 SNS의 대다

---

34) **역주_** 아라시(荒し) : 인터넷 상에서 스팸이나 광고, 바이러스 등을 유포하여 방행하는 행위.

35) **역주_** 믹시(mixi, 일본어 ミクシィ) : 일본의 인터넷 커뮤니티 사이트. 2004년 2월 서비스를 시작한 주식회사 믹시로 2007년 7월 기준으로 1000만 명의 회원에 100만 개의 커뮤니티가 있다. 명칭은 'mix(교류한다)'와 'i(사람)'를 합친다는 데서 유래하였으며, 가입하려면 기존 회원의 초대메일을 받고 일본 휴대폰 메일 주소로 인증해야 한다.

36) **역주_** 마이스페이스(MySpace) : 미국 캘리포니아 주 베벌리 힐즈에 본사를 둔 소셜 네트워킹 웹사이트로 트위터나 페이스북 같은 외국산 소셜 네트워크 서비스(SNS). 주로 사용자들의 신변잡기, 친구 네트워크, 프로파일이 이 사이트에서 가치를 창출하는 기본 동력이며, 2008년에는 음악과 텔레비전 채널을 시작으로 대한민국 시장에 공식 진출했지만 2009년 2월 18일 이후 한국어 지원을 포기한다고 밝혔다.

37) 특화형 SNS란 참가자를 제한하거나 활동 목적, 주제를 한정하는 새로운 타입의 SNS이다. 믹시나 마이스페이스 등 종래 이용된 SNS가 일반형 SNS(영어로는 'Social'을 뺀 Genetic Networks)라고 불리는 것에 대해서, 이것들은 특화형 SNS(Specialized Networks)라 불린다. SNS는 짜임새가 섬세한 인간관계를 만들어 낼 수 있지만, 믹시 중독 등으로 말해지는 것처럼 그곳에 만들어진 작은 사회에 완전히 빠진 사람도 많다. 특화형 SNS는 이것을 역이용하여 커뮤니티 · 디자인에 의해 집단질서를 재구성한다. 커뮤니티 · 디자인이란 대상이 되는 집단 내의 인간관계를 능숙하게 컨트롤해서 협동의 장을 연출하거나 또는 집단의 계층화 · 서열화 · 구역화 등을 행한다.

수는 이를 도입하는 기업이나 단체의 이용 환경에 맞춰 액세스 컨트롤 단계(범위 구분)를 자유롭게 설정할 수 있도록 되어 있다.

또한 최근 특화형 SNS에는 필요 여부에 상관없이 모든 정보에 액세스 컨트롤을 거는 기능이 채용되고 있다. 일기나 코멘트, 프로필 같은 어떤 정보든 발신자가 그때마다 내용에 맞춰 공개 범위를 설정한다. 이러한 액세스 컨트롤의 전면화는 정보관리의 본연의 모습을 송두리째 바꿔 버리고 있다.

이제까지 정보관리는 인간관리를 통해 이루어져 왔다. 즉 정보를 보유하고 적당한 사람을 사전에 특정하여, 그 사람을 인사조직(人事組織)적으로 관리한다. 그 배경에는 고도의 정보를 다루는 극소수의 사람에게만 액세스 권한을 부여해야 한다는 생각이 있으며, 조직 상층부로 갈수록 정보량이 많아지는 피라미드 조직관이 반영되어 있다. 실제로 기업에서는 정보관리 규정이 세세하게 정해져 각각의 사람에게 부여된 자격에 맞게 액세스 권한이 결정되어져 있다. 당연히 상층부에 있는 사람에게는 더 많은 액세스 권한이 부여된다.

그런데 액세스 컨트롤을 진행시킬 수 있는 것은 정보 자체가 갖는 내용이나 상대와 자신의 상황 등에 따라, 예컨대 이 정보는 부서 내로 한정하고, 저 정보는 모든 직원에게 공개한다는 식으로 그때그때 액세스 범위를 정하는 방법이다. 여기에서 정보관리는 인간단위가 아닌 정보단위로 행해진다. 정보공간의 대부분을 차지하는 개인이나 주변 정보는 거의 모두 정보단위의 컨트롤 방법을 취하고 있어 정보 관리방식이 전환하고 있음을 알 수 있다.

또한 정보화에 의한 '정보공간' 확장은 정보 관리방법만이 아니라, 웹 공간(웹 공간화하는 사회)을 살아가는 개인의 관심도 크게 변화시킨다. '국소성의 법칙'으로 불리는 것처럼 정보 통유량(通有量)을 보면 예나 지금이나 개인과 주변 정보가 대부분을 점유한다는 것에는 변함이 없지만, 상층부 조직의 정보에 중요도를 부여하고 관심을 기울였던 상황이 최근에는 개인이나 주변 정보, 커뮤니케이션에 관심을 기울이는 쪽으로 변화하고 있다. 국가나 세계에 중점을 두고 편집된 전국신문이나 텔레비전이 젊은이들의 관심을 끌지 못하게 된 것이나 섬(島) 우주화라고 하여 상호이해가 불가능한 소집단화는 이를 단적으로 나타낸다고 할 수 있다.

### 현실공간과 웹 공간의 차이

구몬의 정보공간론은 개인이라는 '주체'를 대상으로 하여 '주체'의 공간 구성이나 '주체'의 액티비즘[38] 등을 수비 범위로 한다. 그 중에서 재차 '주체'의 공간에 주목해 보면 그것은 관심이 강한 주변 존재나 타자가 대부분을 차지한 주관적 공간이며, '현존재'의 공간 구성에 가깝다는 것을 알 수 있다. 현실공간에서 대조적이었던 '주체'의 인식론적 공간과 '현존재'의 존재론적 공간은 웹 공간으로 들어가는 순간 매우 유사한 공간 구성을 갖게 된다.

휴대전화를 거는 '주체'는 전 세계를 둘러싼 방대한 전화망 속에 지인들의 네트워크를 구축하며, 더욱이 그 안에서 하나의 링크를 골라 대상인 타자와 대화를 하는 인식론적 세계에 있다. 한편 '현존재'는 '배려'나 '관심'에 의해 전화를 걸지 않는 상태에서도 네트워크의 가능성 속에 스스로를 투기하는 존재론적 세계에 있다. 서로 다른 두 개의 공간은 원래라면 전혀 다른 표층을 보일 것이지만, 실제로는 어느 쪽이나 '가까운 상대방과 통신한 적이 있는 통신이력(Communication History)을 가진 타자' → '주소록에 등록된 타자' → '그 밖에 존재하는 타자'와

---

38) **역주_** 액티비즘(Activism) : 행동, 실천주의.

같은 하나의 단순한 공간 구성을 보인다.

이처럼 웹 공간에서는 '주체'든 '현존재'든 모두 개인이나 주변 정보에 관심을 기울이는 일종의 '친밀도'를 기준으로 한 동일한 공간 단계적인 변화 속에 나타내어진다. 웹 공간에서는 인식론적 공간과 존재론적 공간의 공간 구성에 큰 차이가 없는 상황이 발생하고 있다.

[표 3] 활동공간의 공간 구성과 공간 형태

| | 공간 구성 | 공간 형태 |
|---|---|---|
| 인식론적 공간<br>(주체) | 주변 〈 세계(현실공간)<br>▼<br>주변 〉 세계(웹 공간) | 고정 |
| 존재론적 공간<br>(현존재) | 주변 〉 세계 | 비고정 |

다만 웹 공간에서도 '주체'와 '현존재'가 완전히 일치하는 것은 아니다. '현존재'는 웹 공간을 고정된 형태의 공간으로 파악하지 않는데 비해 '주체'는 웹 공간을 타자와 공유하는 고정된 형태의 공간으로 파악한다. 웹 공간에서 양자의 유사성은 공간 형태가 아닌 공간 구성으로 나타난다([표 3]).

그런데 '친밀도'라는 주관적이고 동시에 사회적이기도 한, 즉 인간적인 공간구분의 '척도'는 에드워드 홀(Edward T. Hall)의 '정황적 퍼스낼리티(personality)'와 서로 닮은 데가 있다. 홀은 『숨겨진 차원』에서 거리의 규칙성이나 공간 감각은 만인에게 공통된 것이 아니고, 한사람 한사람, 그때그때의 '정황적 퍼스낼리티'가 크게 관여하여 지각이 편성되고 만들어진다고 기술하였다. 그리고 단순화한 정황적 퍼스낼리티의 형태를 근간으로 하여, 인간이 감각하는 공간대(空間帶)를 가까운 쪽으로부터 밀접거리, 개체거리, 사회거리, 공중거리의 네

가지로 구분하고 각각 1.5피트,[39] 1.5~4피트, 4~12피트, 12~ 피트를 할당하였다.[40] 신체성과 사회성 아니면 생물학적 차원과 문화적 차원을 가미한 홀의 거리구분은 극히 현실적이며, 생활면이나 건축·도시 설계에 많이 응용되고 있다.[41] 휴대전화의 '가까운 상대방과 통신한 적이 있는 통신이력을 가진 타자' → '주소록에 등록된 타자' → '그 밖에 존재하는 타자'라는 단계적 변화도 물리적 거리로는 환산할 수 없다 하더라도 빈틈없는 명확한 거리구분이며, 휴대전화 이용자가 위치한 그때마다의 정황적 퍼스낼리티가 크게 관여하고 있다.

그리고 홀은 정황적 퍼스낼리티가 만드는 공간대(空間帶)의 배경으로 감추어진 문화적 차원을 찾아냈으며, 그 문화구성적 공간이라고 해야 할 것에 '프록시믹스(proxemics)'[42]라는 신조어를 만들어 냈다. 확실히 문화의 차이는 타인과의 거리감이나 주택, 도시의 공간 구성, 문예에서의 원근감 표현 등을 바꾸어 놓는다. 예를 들면 같은 밀접한 거리라도 일본의 인사와 서구의 허그(hug : 껴안기나 포옹)처럼 나타내는 방법이 크게 다르다.

웹 공간에 나타난 공간대 배경에도 초기에 중심적 이용자였던 젊은이를 중심으로 한 독특한 프록시믹스가 있을 것이다. 그러나 정보공간의 단계적인 변화에서 보이듯이, 상상 이상으로 커다란 공간대의 차이는 단지 문화적 차이에 의한 것이라고는 말할 수 없다.

---

39) **역주_** 피트(feet) : 야드파운드 법의 길이 단위. 기호 ft. 1피는 약 30.48cm.

40) Edward T. Hall, 日高敏隆·佐藤信行 譯,『かくれた次元』, みすず書房, 1970, 162~176쪽 (Edward T. Hall, *The Hidden Dimension*, Doubleday, 1966).

41) 에드워드 홀이 대상으로 한 공간은 렐프가 말한 지각공간과 실존공간을 서로 더한 통합공간, 다시 말해 '장소의 지정'이 행해져 행위하는 인간에게 있어 본격적인 공간인 가와모토의 기하−운동 공간이라고 생각할 수 있다.

42) **역주_** 프록시믹스(proxemics) : 근접학. 공간학. 인간이 타인과의 사이에 필요로 하는 공간 및 이 공간과 환경이나 문화와의 관계를 연구하는 학문.

그것은 현실공간과는 다른 기반의 차이에 의한 것이며, 기반을 만들어 온 인터넷에 많은 요인이 있다고 하겠다. 그러한 의미에서 웹 공간의 독자성을 알기 위해서는 웹 공간의 특이한 공간 특성에 대해 좀더 주목할 필요가 있다.

이 장에서는 웹 공간의 장소적 특징에 관해 개관해 보았다. 웹 공간에서는 자기도 타자도 세계도 한결같이 디지털 데이터로 나타낼 수 있다. 스즈키가 지적한 '디지털 데이터로서의 나'는 웹 공간에 편재한 방대한 이력 데이터에 의해 그때마다 자신을 '버추얼(virtual)한 나'로서 계속 규정한다.

웹 공간에서는 '나'의 구조인 '주체'나 '현존재' 모두 서로 닮은 듯한 공간성을 보인다. 개인이나 주변 정보에 관심을 기울이는 친밀도의 정도에 따라, 혹은 정황적 퍼스낼리티에 따라 세계와 개인이 반전된 단계적인 변화를 보인다.

이는 어둠의 세계에 있었던 존재론적 공간이 웹 공간에서 표면화하는 것을 의미하는 것일까? '주체'와 마찬가지로 '현존재'의 행동이 표면화하는 것일까? '주거공간'으로서 웹 공간을 이해할 경우 아직도 모르는 부분이 너무 많다.

# 제5장 웹 공간의 유례없는 공간 특성

웹 공간은 현실공간과 비교하면 명백히 이질적인 공간이다. 이 웹 공간이 활동공간으로 이용될 뿐 아니라, 커다란 공간 재편성이 진행되는 동안 현실공간과 마찬가지로 '주거공간'으로서 선택되어 간다면, 우리와 공간과의 관계, 즉 장소성이 변하고 그것이 우리의 실존을 변화시킬 가능성이 있다.

지금까지 웹 공간의 장소성을 살펴보았는데, 이 장에서는 이제 웹 공간이라고 하는 특이한 공간에 관해 검토해 보고자 한다. 거대한 웹 공간의 외곽(인터페이스)을 헤치고 들어가, 맨틀(애플리케이션)[1] 에서부터 핵(아키텍처나 데이터베이스[2])으로 침입하여 각 부위의

---

1) **역주_** 애플리케이션(application) : 응용 소프트웨어는 넓은 의미에서는 운영체제 위에서 실행되는 모든 소프트웨어를 뜻한다. 따라서 워드프로세서, 스프레드시트, 웹브라우저들뿐만 아니라 컴파일러나 링커 등도 응용 소프트웨어인 셈이다. 또는 좁은 의미에서는 OS 위에서 사용자가 직접 사용하는 소프트웨어들을 뜻한다. 이런 경우 컴파일러나 링커 등 시스템 소프트웨어를 제외한 워드프로세서 등의 소프트웨어들만을 주로 뜻한다. 이렇게 뜻을 한정할 경우 응용 소프트웨어는 시스템 소프트웨어의 여집합이라고도 생각할 수 있다. 쉽지만 꽤 정확하지는 않은 비유를 쓰자면, 이것은 하드웨어 세계에서 전기 불빛을 응용 프로그램(애플리케이션)이라 하고, 발전소를 시스템이라고 할 수 있다. 발전소는 전기를 생산하지만, 전등과 같은 응용품을 이용하기 전에는 그 자체가 빛을 내는 등 사용자가 바라는 기능을 수행하지는 않는다.

공간 특성을 명확하게 밝히고자 한다.

## 1. 공간으로

### 계층성을 가진 웹 공간

'계층성'은 웹 공간의 특징적인 공간 구성을 말한다. 반복해서 말하지만 웹 공간의 기술적 실체인 인터넷은 통신기술 덩어리로, 분산된 네트워크를 접속 제휴하는 편의를 위해 복수의 기술계층(혹은 단계)이 마련되었다. 현재 표준이 되고 있는 것이 일곱 계층으로 이루어지는 OSI[3] 참조 모델이다. 계층성은 네트워크를 상호 접속할 필요성에서 발생하였지만, 단순한 기술 형식에 머물지 않고 웹 상의 모든 활동에도 큰 영향을 주고 있다.

그러한 계층성의 대표적인 사례는 바로 '통신과 방송의 융합'이다. 반세기 이상이나 독립된 서비스로 발전해 온 '통신'과 '방송'이 서로 융합되어 현실성을 띠게 되었다. 전화(음성), 통신(데이터), 방송(영상)은 인터넷 규약으로 통합되고 있다. 이들 세 개의 서비스를 동일한

---

2) **역주_** 데이터베이스(Database) : 서로 관련이 있는 자료들의 집합으로 컴퓨터에 의해 처리되는 자료 관리 시스템으로, ① 공용 데이터(Shared Data) ② 통합 데이터(Integrated Data, 여기에서의 통합이란 원칙적으로 같은 자료의 중복이 없는 총괄적인 집약) ③ 저장 데이터(Stored Data, 여기에서의 저장이란 자기 테이프나 자기 디스크와 같은 컴퓨터 기억매체에 수록하는 것) ④ 운영 데이터(Operational Data, 데이터베이스에 있는 자료는 운영 데이터로, 여기에서의 운영이란 단순한 자료가 아닌 조직의 고유 기능을 수행하기 위해 필요한 자료)를 말한다.

3) **역주_** OSI(Open Systems Interconnection) : 개방형 시스템 간 상호 접속. ISO(국제표준화기구)가 작성하고 있는 컴퓨터의 통신절차(프로토콜)에 관한 국제표준규격. 현재 기업이나 업계마다 가지고 있는 컴퓨터 네트워크는 각각 메이커나 기종이 다르기 때문에 그대로는 접속할 수 없다. OSI를 작성해서 프로토콜을 표준화, 컴퓨터 네트워크 간의 상호 통신을 가능케 한다.

사업자가 동시에 제공하는 것을 '트리플 플레이(Triple Play)', 그곳에 모바일 통신을 포함시키면 '콰드리 플레이(Quadri Play)'라고 부른다. 일본에서는 CATV 사업자가 전화, 영상 전달, 인터넷 접속 서비스를 모아 제공하는 트리플 플레이 사업이 늘고 있다. 더구나 일본보다 앞서 구미에서는 방송과 통신의 융합이 발전하고 있으며, 이미 프랑스나 독일에서는 국영공공방송국과 구(舊)국영통신회사가 제휴하여 IP 방송을 하고 있다.

이러한 정보통신시장의 동향을 받아들여 일본에서는 정보통신 관련 법률이나 제도를 전면적으로 재검토하는 움직임이 활발하다. 재검토의 기본 컨셉은 '종(縱)에서 횡(橫)으로' 즉 종래의 수직통합적인 규율체계를 인터넷의 '계층성'에 맞추어 수평계층적으로 재편성하는 것이다. 총무성[4]이나 의원연구회[5] 등은 전송 인프라층, 플랫폼층,[6] 콘텐츠층이라는 세 계층의 수평계층형 규율모델을 이구동성으로 제안하고 있다.

특히 일본에서는 '방송'이 일상 생활에 깊숙이 침투한 서비스 사업으로 인지되고 있는데 이것도 재편성에 있어 예외는 될 수 없다. 방송은 광고주를 모집하고, 프로그램을 기획 · 제작하여, 전파지역을 점유해 방송하는, 이른바 콘텐츠층으로부터 인프라층까지 다양한 기술과

---

4) '통신과 방송의 종합적인 법체계에 관한 연구회'가 2007년 12월에 「통신 · 방송 종합적인 법체계에 관한 연구회 보고서」에 발표한 법체계 안에서는 전송 설비층, 전송 인프라층, 플랫폼층, 콘텐츠층이라는 네 개의 규율계층이 마련되어 있다(OSI 참조 모델에 대응시키면 콘텐츠층이 제외되기 때문에 세 개 층이다).

5) 정보통신정책연구회, 「새로운 정보통신정책을 향하여 〈제2차보고〉」, 2008. 6.

6) **역주_** 플랫폼층(platform) : 애플리케이션 소프트를 동작시킬 때 기반이 되는 OS 종류나 환경, 설정 등을 말한다.

서비스를 수직통합한 미디어이지만, 가까운 장래에 프로그램 등의 전송을 담당할 부대, 전송과 프로그램 제작을 제외한 방송사업을 담당할 부대, 프로그램을 제작하고 관리할 부대라고 하는 세 계층으로 나뉘어 재편성될 것이다.

이처럼 정보통신산업에서는 콘텐츠층이나 전송 인프라층이라고 하는 계층마다 시장 재편성이 진행되고, 정보사회의 새로운 규율도 계층마다 재편성이 이루어지고 있다. 또한 계층별로 살펴보면 그 중에서도 플랫폼층은 원초적인 수프[7]와 같은 것으로, 기술 혁신에 있어서 방대한 가능성이 잠재되어 있음을 알 수 있다.

우선은 이러한 '계층성'에서 웹 공간의 공간성을 검토해 보고자 한다.

## '미디어는 메시지'의 종말

미디어는 정보(메시지) 전달을 위한 토관(土管) 같은 존재에 불과하며, 그 속에 흐르는 정보(메시지)로부터 독립해서 존재한다고 하는 견해는 극히 상식적이다. 이것이 '소포 모델(보내는 쪽=받는 쪽 모델)'이라고 불리는 것으로, 미디어는 토관에 흐르는 '전달 내용'과 분리된 일방적이고 간단한 '전달 형식'이다. 그러나 이 모델은 정보를 보내는 쪽에만 주목하고, 받는 쪽의 존재는 무시한다는 점에서 현실과 동떨어져 있다. 전달 내용은 주로 보내는 쪽이 정하지만, 애초부터 받는 쪽이 없으면 보내는 쪽의 동기나 의도는 발생하지 않는다. 또한 받는 쪽이 응하지 않으면 보내는 쪽의 내용은 도착하지 않으며, 전달 행위도

7) **역주_** 원초적인 수프(primordial soup) : 모든 생명적 존재가 태어나는 근원적 존재로 그 자체가 고체, 액체, 기체가 되고, 지구 이외의 혹성에서는 그 존재가 전혀 확인할 수 없다고 하는 기적의 물질인 '물'을 말한다.

끝나지 않는다. 일상적인 회화를 생각해 보더라도 편지나 소포처럼 일방적으로 캐치볼을 반복하는 것이 아니라 교대로 번갈아 주고받으며 이루어지는 것과 같은 이치이다.

현실에서 통신은 보내는 쪽과 받는 쪽이 서로 함께 작용한다. 통신기술의 기본이론으로 지금도 여전히 사용되는 1948년에 제안된 섀넌(Claude Shannon)[8]의 통신 모델[9]은 보내는 측에서 인코드(부호화)를 실시하고 받는 측에서 디코드(해독, 번역)를 하는 구성으로 통신이 성립한다. 통신에 있어서 받는 쪽이 보내는 쪽과 동등한 자격으로 관여한다는 점이 '소포 모델'과 다르다. 스튜어트 홀(Stuart Hall)은 이러한 '인코드/디코드 모델'을 이용하여 독자적인 미디어론을 전개시켰다.[10] 메시지는 보내는 쪽에 의해 인코드(기호화)되지만, 받는 측에

---

8) **역주_** 클로드 섀넌(Claude Elwood Shannon, 1916~2001) : 미국 전기공학자, 수학자. 정보이론(information theory)의 아버지로 불리며 실제적인 디지털 회로 설계이론(digital circuit design theory)의 초석을 놓았다. 미시간 주 출신. 1936년 미시간 대학 졸업 후 매사추세츠 공과대학 대학원에서 전기공학과 수학을 전공하고 1940년 수학박사학위를 받았다. 1938년 석사논문에서 계전기접점 회로망의 해석에 처음으로 불대수(Boole 代數)를 응용하였다. 그는 접점의 개폐를 논리변수의 값 0과 1에 대응시키고 회로망의 한 쌍의 단자가 통도(通導)하고 있는지의 여부를 논리식으로 나타내었다. 이 이론은 계수형 회로의 설계를 그때까지의 경험적인 기법에서 공학으로 발전시켰다는 점에서 획기적이었다. 1941년 벨텔레폰 연구소에 들어갔으며 제2차 세계대전중에는 통신의 잡음과 암호해독 등을 연구하였다. 1948년 「통신의 수학적 이론」이라는 제목의 논문을 발표하였다. 이 논문은 정보를 수량적으로 다루는 방법을 고찰하여 '정보량'의 정의를 세우고 이 개념을 사용하여 통신의 기본 문제를 논한 것으로, 통신의 효율화를 비롯하여 정보전달의 여러 가지 문제가 어떻게 이론적으로 취급되는지를 명확히 하였다. 그는 정보전달에서 통신계의 모델을 제시하고, 다음에 '정보원을 확률 과정으로' 파악하여 그 확률 분포에 관하여 통계열역학과 같은 형의 '엔트로피 함수'를 도입함으로써 정보량을 정의하였다.

9) C. E. Shannon, "A Mathematical Theory of Communication," *The Bell System Technical Journal*, vol.27, July, October, 1948, pp.379~423, 623~656.

서도 비교적 자율적으로 디코드(기호해독)를 하며, 메시지의 사회적 의미는 이 두 개의 과정을 거쳐야 비로소 창출된다. 하지만 인코드된 보내는 쪽의 메시지가 잘못 전달될 수도 있고, 또 받는 쪽이 잘못 이해할 수도 있다. 미디어란 단순한 토관이 아니라 '메시지를 작성하기 위해 서로 연결되어 나타난 모든 계기의 복합적인 하나의 과정으로서의 인코딩과, 메시지를 해독하기 위해 서로 연결되어 하나의 과정으로서의 디코딩에 의해 구성된 사회적 의미=가치를 둘러싸고 서로 다투는 장(場)'[11]이라고 볼 수 있다. 여기에서 미디어는 일방적으로 간단한 전달 형식이 아닌, 상호작용의 장(場)이 되어 메시지(전달 내용)에도 영향을 준다.

'미디어는 메시지이다(The medium is the message)'라는 말은 유명한 맥루한(Marshall McLuhan)의 테제이다.[12] 시사하는 바가 많은 말이지만, 동시에 역설적인 표현에 의한 애매함 때문에 몇 가지 해석이 가능하다. 여기에서는 미디어(전송 형식)가 메시지(전달 내용)를 운반하는 전송수단이 되는 이상으로 미디어(전송 형식) 그 자체가 메타 전송 내용이 된다고 파악한다.[13]

---

10) Lego Stuart Hall, "Encoding/Decoding," *Culture, Media, Language*, Routledge, 1980.

11) 山口誠, 「メディア(オーディエンス)」, 吉見俊哉 編, 『知の教科書 カルチュラル・スタディズ』, 講談社, 2001.

12) マーシャル マクルーハン, 森常治 譯, 『グーテンベルクの銀河系－活字人間の形成』, みすず書房, 1986.

13) 스콧 래시(Scott Lash)는 '미디어는 메시지'의 해석을 ① 지시물로서의 미디어, ② 목적으로서의 미디어, ③ 의미로서의 미디어의 세 개로 정리하였다(スコット ラッシュ, 앞의 『情報批判論－情報社會における批判理論は可能か』, 149~159쪽). 마찬가지로 존 M. 컬킨(John M. Culkin)은 ① 미디어야말로 주목해야 할 대상, ② 전달 형식이야말로 내용, ③ 미디어는 지각 습관을 바꾸어 인간에 파고든다, ④ 마찬가지로 미디어는 사회에 파고든다고 하는 조금은 장황한 정리를 하고 있다(マーシャル マクルーハン・エドマンド カーペンター, 大前

완전히 똑같은 정보라 해도 그 공급 매개체가 신문인지 잡지인지 인터넷 게시판인지에 따라 신빙성이 달라지며, 그 미디어에서 취급되는 다른 정보와의 비교에 의해서도 의미 내용이 크게 엇갈린다. 보통은 메시지(전달 내용)에 비해 전달 형식은 2차적 의미밖에 갖지 못하지만, 전달 내용의 종합적인 의미 부여에 대해서 규정적으로 작용하는 경우가 있다. 또한 우리는 시간과 장소에 따라 유선전화, 휴대전화 혹은 직접 상대방과 이야기를 나누는 것처럼 미디어를 나누어 사용하고 있다. 사람에 따라서는 전화가 아닌 이메일로 연락하는 것이 효과적일 경우도 있다. 내용이 어떠하든 간에 때로는 어떤 미디어를 선택하느냐에 따라 결정적인 의미를 가지는 경우가 많다. 휴대전화는 전화로서, 텔레비전은 텔레비전으로서의 고유한 전달 형식이 있는데, 이것이야말로 미디어의 본성이라고 하겠다.

이와 같이 '미디어는 메시지이다'라고 하는 것은 전달 형식이야말로 주된 미디어의 본성이고, 그것이 주로 사회에 작용한다는 주장이다. 이러한 미디어 형식의 중요성이 주장된 배경에는 미디어가 인간의 감각기관, 혹은 육체 기능의 확대된 연장이라고 보는 사고방식이 있다. 이는 인간이 신체적으로 세계와 관계하는 방법을 구조화한다는

---

正臣・後藤和彦 譯, 『マクルーハン理論－電子メディアの可能性』, 平凡社ライブラリー, 2003, 27~32쪽). 이것과 관련해서 요시미(吉見)는 "텔레비전에서 어떤 프로그램이 방송되더라도, 아니면 전화로 무엇을 말하려고 하더라도, 혹은 책에 무엇이 쓰여져 있다 하더라도 텔레비전은 텔레비전으로서, 전화는 전화로서, 책은 책으로서 그 미디어로서의 본성을 가지며 사회에 작용하는 것이다. 이러한 주장은 설득적이다. 그러나 그렇다면 맥루한은 미디어는 '메시지와는 다른 차원에서 받는 쪽의 신체에 작용한다'고 말하는 편이 오히려 이해하기 쉬웠던 것은 아닌가? '미디어는 메시지'라는 역설적인 정식화를 행한 것으로, 그는 미디어와 메시지의 관계를 애매모호하게 만들어 이론이 불필요한 혼란을 자초하였다고 생각된다"고 서술하였다(吉見俊也, 『メディア時代の文化社會學』, 新曜社, 1994, 42~43쪽).

'인간의 확장원리'[14]와 같다.

맥루한은 활자 등장이 문자 사용에 의한 시각 중심의 지각 편중을 진척시킴과 동시에, 그와 반대로 청각이나 촉각 등 오감에 따른 감각 통합을 후퇴시켰다고 말한다. 그리고 그 후에 등장한 전자적 미디어는 활자의 시각 우위를 역전시켜 청각과 촉감을 포함한 모든 감각을 유기적으로 통합해서 문자문화 이전의 지각으로 회복시켰다고 말한다. 이처럼 새로운 미디어가 기술적 발전을 거듭하여 상품화되면 인간 내부의 감각 비율은 물론이고, 인간의 인식 양식(인식하는 공간 본연의 모습)이나 사고 양식에 변화를 주어 커뮤니케이션을 비롯한 사회 현상에 근본적인 영향을 끼치게 된다. 활자인쇄는 개인주의나 중앙집권을 낳았지만, 전자적 미디어는 글로벌 빌리지라는 국경을 초월한 새로운 공동체를 만들어 낸다고 하는, 다소 낙천적인 맥루한의 역사적인 전망과 일맥상통한 점이 있다.

또한 맥루한은 서구세계의 문자문화적 발전을, 기계화되고 세분화된 과학기술을 이용한 '외폭발(explosion)'로 파악하고 있다. 다만 3000년 간에 걸쳐 이어져 내려온 외폭발을 끝낸 지금, 전자문화 발흥에 의해 신경조직처럼 범지구로 뻗어가 확장되는 '내폭발[혹은 내파(內破) : implosion]'이 시작되었다고 말한다. 어느 쪽이든 '인간의 확장'이면서 각각 반대 방향으로 신체의 확장이 진행되고 있다는 것이다.

수많은 미디어 연구는 맥루한이 주장한 '미디어는 메시지이다'라는 테제를 받아들여, 미디어 형식의 중요성을 지지하면서 '인간의 확장원리'나 '내폭발'을 미디어론의 기초로 삼고 있다. 이러한 종전의 미디어에 관련한 미디어 형식의 중요성에 대해서는 전혀 의심할 바가 없다.

---

14) マーシャル マクルーハン, 後藤和彦・高儀進 譯, 『人間擴張の原理－メディアの理解』, 竹內書店, 1964 ; マーシャル マクルーハン, 앞의 『グーテンベルクの銀河系－活字人間の形成』.

하지만 이와 같은 원리를 인터넷(웹 공간)에 적용하기란 그리 쉽지 않다.

왜냐하면 인터넷은 텔레비전이나 전화와 같은 전자 미디어뿐만 아니라 '인간의 확장'을 재촉하는 혁신적 미디어인 문자나 활자인쇄까지 송두리째 들여삼켜 전송 형식을 무효화시키기 때문이다. 종전의 미디어는 텔레비전이 전파와 프로그램을, 신문이 신문지와 기사를 일체화하는 식으로 미디어층(인프라)과 메시지층(콘텐츠)을 수직통합하여 하나의 유니크한 서비스를 형성해 왔다. 그러나 인터넷은 수직통합해 온 미디어층과 메시지층을 수평분리시키고 말았다. 즉 인터넷에서는 하위층인 미디어층과 상위층인 메시지층이 각각 독립된 존재이며, 문자건 영상이건 디지털 데이터라면 미디어 층에 따라 차별을 두지 않고 모든 메시지를 '중립적인 미디어로' 전송한다.

## 전송 형식을 초월한 공간

『미디어론』(맥루한)[15]에서 구체적 검토대상으로 들고 있는 전자 미디어는 '전신', '전화', '라디오', '영화', '텔레비전' 등이 있는데, 모두가 수직통합형 미디어(영화는 제외)이다. 이것들은 모두 하나의 고유한 사회서비스로 널리 인지되어 왔다. 맥루한이 『구텐베르그의 은하계』나 『미디어론』을 쓴 1960년대에는 텔레비전이나 전화가 가정에 급속히 보급된 결과, 이러한 새로운 미디어가 일상 생활뿐만 아니라 사회 전반을 극적으로 변화시켰다고 사람들이 강하게 실감한 시기였다.

하지만 그로부터 단 30년 만에 이러한 개별 미디어 전부를 통째로 집어삼킨 메타 미디어가 등장하리라곤 꿈에도 생각지 못했을 것이다. Everything over IP(IP : Internet Protocol)라고 일컫는 바와 같이, 인터넷

15) マーシャル マクルーハン, 栗原裕・河本伸聖 譯, 『メディア論』, みすず書房, 1987.

은 유일한 미디어로서 이들 미디어를 해체하여 계층별로 재편성·통합해 왔다. 일본에서는 방송법 등의 여러 규율로 보호받고 있는 관계로 개별 미디어의 종합은 그렇게 진척이 되고 있는 것 같지 않지만, CATV에서는 이미 트리플 플레이 서비스(전화, 텔레비전, 인터넷의 통합서비스)가 제공되고 있으며, 프랑스에서는 국영텔레비전과 국영통신에 의한 방송과 통신의 융합이 진척되고 있다. 현실세계에서는 Everything over IP가 급속히 진행되고 있으며, 누구도 이러한 흐름을 막을 수 없다.

지금까지의 수직형 미디어에서는 전송 내용 이상으로 전송 형식이 중시되어 왔지만, 인터넷이 권장하는 미디어 통합은 미디어 형식의 몰(沒)개성화를 무한히 진행시킨다. 그리하여 개성적인 전달 형식을 갖는 수직형 미디어들을 대신하여, 이번에는 애플리케이션이 통합된 인터넷의 공통 프로토콜[16] 상에서 연달아 발생한다. 미디어의 난립과는 달리, 애플리케이션의 난립은 그것을 이용할 때마다 전화기, 라디오, 텔레비전과 같이 전용단말기기를 변경시킬 필요 없이 공통 단말 인터페이스로 조작 가능하다.

단 방송이 종래의 수직통합형인 채로 계속 남아 있을 가능성도 전혀 없는 것이 아니며, 또 원초적 수프와도 같은 인터넷에서 방송에 필적할 만한 수직통합형 미디어가 새롭게 등장할 가능성도 있다. 그러나 그것은 이미 인터넷 상에 발생하는 무수한 서비스 중 하나에 지나지 않으며, 현재 방송처럼 개별 미디어로서 거대한 사회적 영향을 가질 수 있다고 생각하기 어렵다. 사회적 영향력을 가지는 것은 독립한 미디어가 아닌 애플리케이션이기 때문이다.

---

16) **역주_** 프로토콜(protocol) : 통신규약으로 컴퓨터 통신망 사이에서 미리 정해 놓은 규약.

또한 애플리케이션을 한데 묶는 메타 애플리케이션으로서 인터넷이 종전의 개별 미디어와 마찬가지로 전송 형식이 문제시될 여지는 남아 있다. 그러나 인터넷은 모든 미디어 형식을 집어삼키고 통합한다. 즉 '형식은 무엇이든 상관없기' 때문에 이제 와서 미디어 형식을 묻는다는 건 의미 없다. 하지만 인터넷이 이처럼 무색투명한 것인가라고 한다면 결코 그렇지 않다. 문자나 활자인쇄 등 기존의 미디어가 가질 수 없었던 차원의 다른 형식이 있다. 그것이 바로 '공간'이라는 형식이다. 기존의 미디어는 이용자의 도구이며 활동장소로는 될 수 없었지만, 인터넷은 이용자에 있어서 도구(수단)를 넘어선 거처이자, 모든 인간의 활동공간이 되고 있다. 스콧 래시는 '정보공간'을 도구적 공간이나 기능적 공간이 아닌, 활동공간이라는 의미로 '사건의 공간', 더욱이 '현대에 있어서 주거공간'이라고 서술하였다.[17]

인터넷은 이제 전달 수단의 연장선상에 있는 (메타)미디어라는 표현은 적당하지 않다. 그러한 의미에서 맥루한이 말한 '모든 미디어는 인간 감각의 확장이다'라는 표현도 적당하지 않다. 인터넷은 주체의 신체를 확장시킨다기보다도 주체를 유지하는 새로운 공간이며, 주체는 그곳에서 독특한 신체 감각을 가지면서 활동하게 된다. 이 신체 감각(지각)에 대해서는 나중에 자세히 언급하고자 한다.

## 웹 공간의 내적분절

웹 공간은 개별 미디어를 삼키고 통합을 진척시킨다. 지리 공간적으로도 세계의 지표를 뒤덮듯이 개별 네트워크를 거미줄처럼 연결시켜, 인적이 드문 산간 지역이나 멀리 떨어진 섬 지역에 이르기까지 브로드

---

17) スコット ラッシュ, 앞의 『情報批判論－情報社會における批判理論は可能か』, 264쪽.

밴드(broadband)[18] 지역을 확대하고 있다. 그곳은 정보공간이라고 말해지는 것처럼, 정보(데이터)가 네트워크 상에서 구성되는 공간이다. 전 세계에서 매일 방대한 정보(데이터)가 업로드되어 무수한 서버에 축적된다.

그런데 이 거대한 정보공간에서는 어떻게 공간의 '내적분절'이 일어나는 것일까? 현실공간에 있어서 내적분절은 예를 들어 지각공간이나 실존공간이라면 주로 지각이 작용하여 세계의 인식방법을 경험적으로 학습하면서, 공간 속에 서서히 의미의 집중점이나 경계선을 만들어 안과 밖, 공과 사, 성(聖)과 속(俗)이라는 분절이 발생된다. 더욱이 보다 추상도가 높은 인식적 공간이나 추상적 공간에서는 주로 언어가 작용하여 복잡한 의미분절이 발생해 나간다.

그에 비해 웹 공간의 분절은 지각이나 언어가 작용하는 것과는 별도로 정보가 업로드될 때 단번에 이루어진다. 그것은 업로드된 모든 정보에서 반드시 행해지는 '정보 공유 범위의 설정'이다. 이것은 그 정보를 공유할 사람을 미리 정하는 '이름을 결정하는 행위'로, 대부분의 경우 웹 공간에 업로드된 시점에서 정보의 '이름을 결정하는 행위'를 마친다. 이러한 '이름을 결정하는 행위'가 웹 공간에 무수히 작은 경계선을 만드는 것이다.

구체적으로 정보 공유 범위의 설정은 '액세스 컨트롤'에 의해 이루어진다. 웹 공간에 놓인 정보는 어떤 조작도 하지 않을 경우 그대로 세계로 퍼져서 누구에게든 액세스(접근)를 허용하기 때문에 외부에서 액세스에 제한을 가하거나, 내부로부터 정보 발신에 대해 공개 범위를 설정하는 등 다양한 제한을 통해 안전보장을 확보할 필요가 있다.

---

18) **역주_** 브로드밴드 : 초고속 인터넷이란 말로 통칭되는 브로드밴드 네트워크는 주파수 분할 다중화 기법을 이용해 하나의 전송매체에 여러 개의 데이터 채널을 제공하는 정보통신 용어이다.

액세스 컨트롤은 다양한 계층에서 행해지고 있다.[19] 우선 네트워크 레벨 컨트롤이 있다. 특히 기업이나 단체, 지역 등이 네트워크를 소유하고 있을 경우, 네트워크 단위를 정하여 안전보장정책에 의한 엄격한 컨트롤을 행하는 것이 일반적이다. 보다 영향이 큰 것이 애플리케이션 레벨 컨트롤이다. 애플리케이션은 그 서비스 내용에 맞추어 장(場)의 공개/비공개, 유저(user)에게 부여된 액세스 권한 등을 독자적으로 설정하고 있어, 유저는 무조건 여기에 따르지 않으면 안 된다. 웹 공간은 애플리케이션 단위, 네트워크 단위로 커다란 묶음 형태의 분절이 행해지고 있다.

다만 우리가 한 사람의 유저로서 웹 공간을 이용할 때에는 기록(문장) 단위의 컨트롤이 문제가 된다. 최근에는 기록 하나하나에 액세스 컨트롤 기능을 가진 애플리케이션이 늘어나고 있다. 그 경우에는 발신자가 하나의 정보를 업로드할 때마다 문서단위에 액세스 컨트롤을 설정한다. 이메일이라면 수신처를 개인으로 할지 복수로 할지 그룹으로 할지를 선택하고, SNS이라면 주어진 선택 폭에서 공개 범위를 선택하고, 블로그라면 기본적으로 제한없이 정보는 공개된다.

하나의 정보가 업로드될 때마다 공유 범위가 그 정보에 따라 결정된다. 정보 하나하나에 고유의 공유자가 배당된다고 말해도 좋을 것이다. 이메일이라는 표제가 달린 정보에는 송신처('from')와 수신처('to'와 'cc')가 기록되어 있고, 그 밖에 송수신 날짜, 이메일 전송경로, 송신처의 사용메일 소프트 등이 포함되어 있다. 예를 들면 이메일

---

19) 웹 공간의 외측에는 '폐역(閉域)'이라고 불리는 영역이 있다. 그 경우 웹 공간의 내측을 '표층역(表層域)'이라고 부른다. 폐역이란 웹 공간과 독립한 폐쇄적인 네트워크나 검색 엔진에 검색되지 않는 것을 전제로 한 '심해 웹'이라 일컬어진 데이터베이스 등으로 구성되어 있으며, 표층역과 비교해서 수백 배의 데이터 양을 가진다.

문장은 나와 그녀, 이 댓글은 메일링 리스트 멤버, 이 일기는 마이 미쿠[20] 친구들이라는 식으로, 처음 단계에서 하나의 정보에는 반드시 그것을 점유하는 사람들이 정해져 있다. 그곳에는 불특정 다수, 즉 세계에 대해 열려져 있는 케이스도, 반대로 자신 혼자인 케이스도 포함되어 있다. 그리고 업로드 후에는 예를 들어 블로그 기사에 적힌 RSS(Rich Site Summary)처럼 정보가 상호 간에 참조하는 것으로서 점유 범위를 확대해 나간다.

이와 같이 웹 공간에는 방대한 수의 '공유자 정보를 포함한 정보'라는 인간관계 정보가 넘쳐나며 무수히 쌓여 가고 있다. 그곳은 복잡하게 설정된 '정보 공유 범위'로 구성된 커뮤니케이션의 세계이다. 웹 공간상 커뮤니케이션에서는 문장 등으로 직접 나타내는 콘텐츠 내용뿐 아니라 정보의 도착 순서나 타이밍, 정보의 공유 범위와 같은 부가적인 것들이, 주고받는 정보의 의미를 많이 변질시킨다. 그 중에서도 누구와 누가 이 정보를 알 수 있는가라고 하는 '정보 공유 범위'는 콘텐츠 내용과 상관없이 당사자의 친밀도를 측정, 인간관계에 관련된 생각들을 단적으로 나타내는 중요한 지표가 된다. 사이가 좋은 친구와의 인간관계도 이러한 커뮤니케이션의 결과로서 기록된 방대한 이력 정보에 단적으로 나타내어진다.

이상으로, 지금까지 언급한 웹 공간의 내적분절에 대해 정리해 보고자 한다. 웹 공간에서는 정보가 업로드된 시점에서 공유자(정보 공유 범위) 정보가 수반된다. 웹 공간의 내적분절은 업로드되는 순간 일어나며, 정보 자체가 웹 공간에 경계선을 긋고 출현한다.

더욱이 제4장에서 언급한 바와 같이, 웹 공간은 개인과 세계가

---

20) **역주_** 마이 미쿠(my mixi) : 일본의 싸이월드와 비슷한 사이트로 한국의 1촌 개념과 비슷하다.

바뀌는 공간의 단계적 변화를 나타내고 있다. 그것은 업로드된 정보의 정보 공유 범위에 기인한다고 생각할 수 있다. 하나하나 정보의 정보 공유 범위는 대부분 친밀한 사람으로 차지하고 있으며, 그것이 나날이 쌓여 가는 와중에 결과로서 세계와 개인이 바뀌는 공간의 단계적 변화가 나타난다고 볼 수 있다. 그곳에는 '세계 〉 신변'이라는 허구세계가 파고들 여지가 없는 가치중립적 풍토상에 상황적으로 '신변 〉 세계'라는 공간이 구성되어 간다.

### '이름을 결정하는 행위'에서 만들어진 익명성

그런데 웹 공간의 '익명성'도 이 '이름을 결정하는 행위'에 의해 만들어진다. 정보를 업로드하면 공유자가 설정되는데, 그것과 동시에 자신 개인의 '명명(命名)'도 이루어진다. 물론 다른 이름을 '명명'해서 살아갈 수 있다면 타인인 체할 수도 있다. 또한 업로드할 때마다 이름을 바꿀 수도 있다. 아니면 현실세계에서 주어진 이름(본명)을 '명명'할 수도 있다. 이러한 타인인 체하는 것은 폐 끼치는 행위나 데이터 도용 등 범죄의 온상이 되기 때문에, 부정 액세스를 금지하는 법규제가 마련되어 있다.[21] 그러나 하나하나의 정보마다 자신을 포함한 '이름을 결정하는 행위'가 일어나는 본질적인 성격이 웹 공간에 갖추어져 있다는 사실에는 변함이 없으며, 웹 공간의 익명성은 여기에서 발생한다.

현실공간에서 '명명'은 사회적 행위이다. 이름은 그 사람의 단독성

---

21) 유저 ID나 패스워드 등의 식별부호를 도용해서 타인인 체하는 행위는 부정 액세스 행위이다. 이전에는 부정 액세스 행위를 해도 서버 · 컴퓨터의 내용을 변경하지 않는 한 처벌되지 않았지만 2000년 2월 부정 액세스 그 자체가 처벌 대상이 되었다. 부정 액세스 행위에는 타인인 체하는 것 외에 서버에 침입하여 관리자의 권한을 빼앗는 수법 등이 있다.

을 나타내지만, 이는 타자의 존재를 대전제로 한다. 나란 '다른 사람이 아닌 바로 나'이며 타자와의 상대적인 관계 속에서, 말하자면 사회 속에서 단독성을 발견할 수 있다. 또한 '명명'은 근본적으로 폭력이다. 1993년 도쿄 데루시마(照島) 시에 거주하는 아버지가 자신의 아이에게 '악마'라는 이름을 붙여 호적신고를 하려 했는데, 사회통념상 문제가 있다면서 데루시마 시청이 거부한 사건은 지금도 기억에 새롭다. 여기에서 알 수 있는 것은 명명에 부모와 행정이라고 하는 이중의 폭력이 잠재해 있다는 사실이다.

『이름의 고고학』에서 데구치 아키라(出口顯)는 사회에는 통상 문화적으로 '자기 명명 금지'라는 금기가 있음을 지적하였다.[22] 자기 명명의 금지란 사회 멤버가 어떤 구속도 받지 않고 자유롭게 스스로 자신의 이름을 지어서는 안 된다는 금지조항이다. 주목해야 할 점은 자기 명명 금지에서 그 금지작용 자체가 사회 속에서 '자아'의 범위를 결정한다는 사실이다. 예를 들면 남미의 어느 인디언 사회는 실부모가 막 태어난 아이의 이름을 짓지 못하게 하고 있으며, 이름을 지을 수 있는 것은 아이의 조부모나 외삼촌, 고모로 정해져 있다. 이처럼 이름 짓는 행위를 금지하는 것에 의해 부모는 이름이 붙여진 아이가 '자신'의 일부가 되는 것이다.

이것이 '명명'의 사회성이며 권력성이다. 자아와 타자의 범위는 언제 어디서든 미리 사전에 정해지는 것이 아니다. '명명'이라는 권력이 작동할 때, 그때마다 자아의 범위나 경계가 설정된다. 우리는 통상 '자아'='개인'이라고 말하듯이, 이름을 전적으로 개인에게서 분리될 수 없는 것이라고 받아들인다. 여기에서 '개인'이란 in-dividual(이 이상 분할할 수 없다)이라는 의미이다. 그러나 남미 인디언의 사례에

22) 出口顯, 『名前のアルケオロジー』, 紀伊國屋書店, 1995, 165~195쪽.

[그림 8] '자아'와 '개인'의 관계 변화

현실공간 (남미의 인디언 사례)

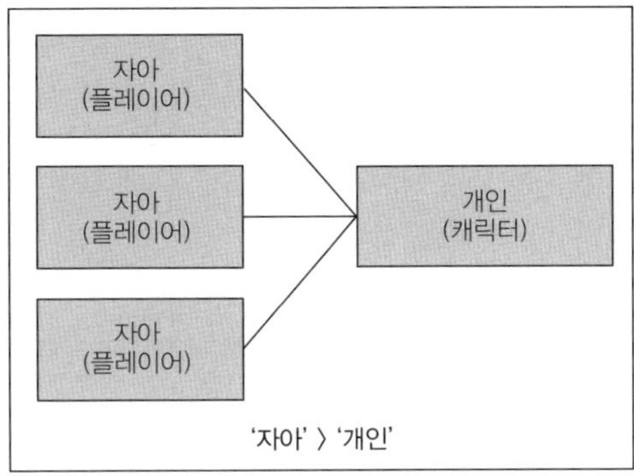


현실공간 (근대사회)

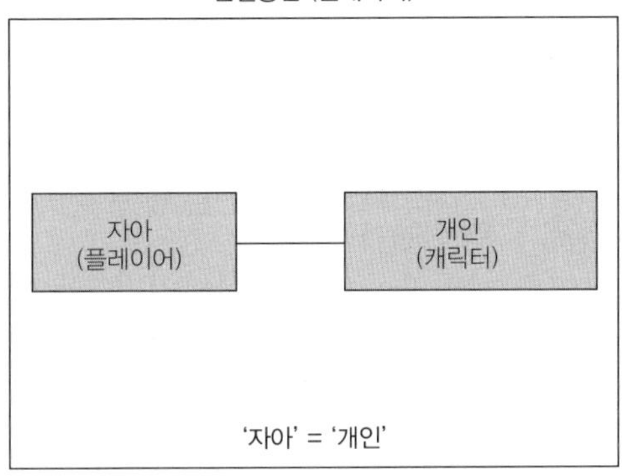


웹 공간

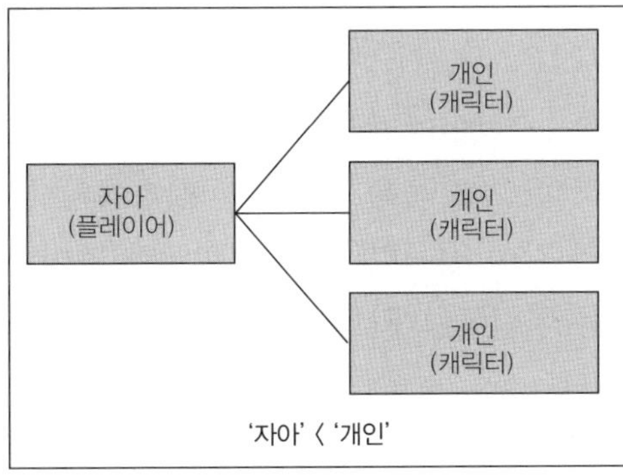

서 보면 자아는 생물학적인 하나의 개체를 뛰어넘는 확장성을 획득하고 있으며, 이것을 '자아' 〉 '개인'으로 나타낼 수 있다. '자아' 〉 '개인'이란 개체를 뛰어넘은 넓은 범위에 '자아'가 설정되어 '개인'이 복수(複數)에 의해 규정되는 경우(자아=n, 개인=1)이다.

이것에 반해 웹 공간은 남미 인디언의 사례와는 반대로 '자아' 〈 '개인'이다. 웹 공간에서 '명명'의 정체는 극단적으로 말하면 업로드할 때마다 자신이 자신에게 행하는 자기 명명이다. 그곳에서는 '자기 명명 금지'라는 금지조항이 간단하게 깨어짐과 동시에 명명의 권력성을 회피하고 있다. 그러나 사회에 의해 '자아'가 확정받을 수 없다는 불안정을 동반한다. 명명에 의해 '자아'가 의미 있는 존재로 될 수 없는 대신, 유연하게 표면상의 얼굴로서의 '개인'을 설정할 수 있다. 웹 공간에서 물리적인 신체의 구속은 없으며, 개인=1이 아니더라도 상관 없다([그림 8]).

이것을 제3장에서 살펴본 '플레이어' 및 '캐릭터'로 바꿔볼 수도 있다. '자아'란 참여적 관찰자로서 플레이어이며, '개인'이란 캐릭터이다. 남미 인디언의 사례에서는 복수의 플레이어(자아)가 하나의 캐릭터(개인)를 만들지만, 웹 공간에서는 한 명의 플레이어(자아)가 복수의 캐릭터(개인)를 조작한다.

하지만 손쉽게 양복 갈아입듯이, 본인이 자유롭게 캐릭터(개인)를 설정할 수 있는 것은 아니다. 웹 공간에서 '개인'이 설정되는 것은 정보를 업로드하는 순간이며, 공유자 설정과 동시에 '명명'에서 '개인'이 설정된다. '개인'은 정보공유자와의 관계 속에서 상황적으로 결정되는 것이다. 이와 같이 웹 공간 상의 명명이란 '자아'가 아닌 '개인'을 규정하는 것이다. 현실공간에서의 명명이 '자아'를 규정하는 것과는 대조적이다.

어찌되었든 웹 공간에서는 이처럼 정보단위로 사회성이 활동하고 있다. 그것이 웹 공간에 있어 내적분절의 실태이기도 하다.

## 개인이 변천하는 장소

'자아' 〈 '개인'은 굳이 웹 공간에서만 보이는 특별한 상황은 아니다. 우리는 웹 공간을 벗어나도 복수의 '개인'을 가지며 그것들을 컨트롤한다. 예를 들면 거듭 설명한 바 있는 세 가지 입장, 즉 주민 · 시민 · 소비자는 일종의 캐릭터이며 '개인'이다. 단지 현재는 그것들을 완벽하게 통합하지 못한 채 소비자로서의 개인만 눈에 띌 뿐이다.

세 가지가 갖추어진 '개인'은 모두 저마다 차이가 있다. 다만 처음에 '개인'을 획득한 경험만은 누구나 공통적으로 같다. 태어나자마자 이름을 짓는 의식이 있고, 이름이 호적에 등록되어 법적으로도 주체가 되지만, 그 시점에서는 누구든 부모의 도움이 없다면 살아 있더라도 자기 뜻대로 되지 않는 단지 갓난아이일 뿐이다. 그럭저럭 자아를 확립하고 일종의 캐릭터라고 할 만할 것을 습득하는 시기는 유아기이다. 그때 마침내 주어진 '이름'과 '자아'가 강하게 연동해서 '개인'이 갖추어지게 된다. 그것은 처음 '자아'가 습득한 타자나 세계와 관계하는 방법 및 동일하게 살아가는 양식이며 일반적으로 '개인'의 원형으로 작용한다.

그 후 성장하면서 유일무이한 경험을 쌓아 그 나름의 '개인'이 형성되어 간다. 유아기에 갖춰진 '개인' 그대로 성장하는 경우도 있으며, 많게는 사춘기를 거쳐 마이너 체인지[23]하면서 단계적으로 '개인'을 정합적으로 완성해 나간다. 이러한 우리 대부분은 청년기에 '자아'='개인'이 된다. 더욱이 '자아'='개인'이 되는 '일반적인 개인'을 형성하는

23) **역주_** 부분적인 소규모의 외형 변형.

전 과정을 앞으로 '모라토리엄기(moratorium期)'[24]라고 부르기로 한다. 그것은 에릭슨(Erik Homburger Erikson)[25]이 말한 자아동일성(ego-identity)을 획득하기까지의 시기이며, 영아기, 유아기, 아동기는 말할 것도 없고 청년기의 대부분을 포함한다.[26]

예를 들면 커밍아웃을 하든 안 하든 상관없이 동성애자로 살아가는 사람은 모라토리엄기에 획득한 이전의 '개인'과 '자아'가 일치하지 않아 '개인'이 자기 자신을 계속 괴롭힌다. 그래서 이전의 '개인'을 바꾸어 심신이 일치한 성(性) 아래에서 새로운 '개인'을 획득하여 '개인'과 '자아'를 일치시키고자 한다. 그런데 이전의 '개인'을 모두 버리는 데 성공한다 해도 이전의 '개인'은 변신의 동기 또는 변신의 원동력으로 작용하며, 나아가 변신 후에도 해당 '개인'의 반면적(反面的)인 선택 근거로서 한동안 계속 작용한다. 이렇게 '자아'는 '개인'의 변천(變遷, 변하여 달라지는)을 받아들여 간다.

그 후에도 사회적 입장이나 인간관계가 늘어날 때마다 '개인'은

---

24) **역주_** 모라토리엄(moratorium) : 원래의 뜻은 '지불유예'를 의미하는 경제용어이다. 정신분석학자 E. 애릭슨이 이 용어를 가지고 아이와 어른의 중간에 해당되는 청소년기의 심리적 특징을 시사했다. 즉, 청년기란 단지 어린이에서 성인으로 옮겨 가는 과도기만이 아니고 그 자체가 하나의 문화를 갖는다는 것이다. 성인이 되기 위해서는 많은 어려움에 직면하지만 모라토리엄은 장래에 대한 것을 고려하지 않고 역할 연기 등에 의한 여러 가지 실험을 해보면서 자아 문제를 창조적으로 전개해 나가는 시기로 성장을 위한 유예기간이다.

25) **역주_** 에릭 에릭슨(Erik Homburger Erikson, 1902~1994) : 독일 출생의 미국 정신분석학자. 인간 형성을 문화 · 사회와 관련지어 설명했다. 특히 청년기의 '정체성 위기' 해결 방법 여하에 따라서 역사의 양식을 창조하는 측면을 밝혀냈다. 정체성 개념에 의해 프로이드 이후의 정신분석학적 자아심리학을 비약적으로 발전시켰다.

26) エリク ホーンブルガー エリクソン, 仁科彌生 譯, 『幼兒期と社會 I』, みすず書房, 1997, 317~353쪽.

[그림 9] '나'의 계보 일례

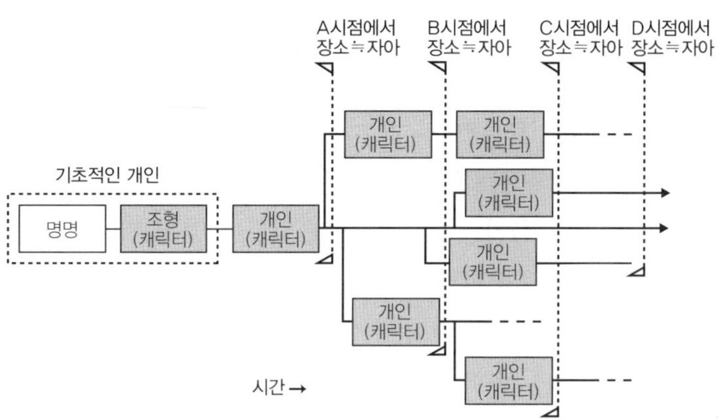


늘어간다. 그 중에는 핸들 네임(handle name)[27]의 자기 명명으로 획득한 웹 커뮤니티 상의 캐릭터처럼 단명으로 끝나는 경우도 많으며, 또 연예인처럼 예명을 가져 인기를 쌓아갈 때마다 예명을 바꾸는 경우도 있다. 그리고 나이가 들면서 활동이 적어짐에 따라 '개인'의 수도 감소한다. 이러한 일생을 '나'의 계보로 나타내면 [그림 9]와 같다. 게다가 이는 '개인'이 늘어 감에 따라 전체의 중심이 이동하듯이 '자아'를 옮겨 가는 행위라고 할 수 있다.

우리는 복수의 '개인'을 가지고 있지만, 그때마다 '개인'을 구분해서 사용하지 않으면 안 된다. [그림 9]의 A 시점에서 개인의 수는 두 개이고, 마찬가지로 B 시점에서는 네 개인데 각 시점 상황에 맞게 '개인'을 정교하게 컨트롤할 필요가 있다. 그러나 그것은 엄격한 감독자나 만능 지휘자처럼 '개인'이 나설 차례를 컨트롤하는 것은 아니다. 오히려 게임플레이어가 흐름을 파악하거나 그때그때의 기분에 따라

27) **역주_** 일본 조어로 퍼스널 컴퓨터 통신에서 사용하는, 본명과는 전혀 다른 이름.

캐릭터를, 혹은 자동차 핸들을 잡는 순간 인격이 난폭하게 바뀌듯이, 혹은 주민이 슈퍼마켓에 발을 들여놓으면 어느새 현명한 소비자로 되듯이, 나아가 역치(閾値)[28]를 넘어서면 자연히 다음 '개인'으로 바뀌듯이 상황적으로 이행 패턴을 보이는 것이다. 따라서 '컨트롤'이라기보다는 '변하여 달라지는 것'이라고 하는 편이 적합할 것이다. 스스로가 주체적으로 컨트롤하는 것이 아니라 상황에 맞게 개인이 변천하는 데에는 무엇이 필요한가?

애초부터 '개인'에게는 각각의 활동을 지탱해 주는 장소가 있다. 어느 것도 범위나 경계, 타자와의 관계, 중요한 장소나 분절된 의미가 다르며, 적잖이 그 '개인'의 존재 근거가 될 수 있다. 그러나 '자아'≠'개인' 시대에 있어서는 복수의 장소를 묶어서 변천해 가는 또 하나의 장소가 필요해진다. 그 '변천하는 장소'는 복수의 '개인'이 갖는 '자아'를 위한 장소이며, 복수의 캐릭터를 유지하는 플레이어로서의 장소이다. 제3장에서 설명한 바와 같이, 그것은 이질적인 '개인'을 정리해 두는 '공통의 공간'을 갖는 것과 동시에 필요에 맞게 각 '개인'의 데이터베이스를 왕래하여 전개 시뮬레이션을 행할 것을 요구한다. 이러한 장소는 [그림 9]에 나타난 '나'의 계보에 단면으로 보이고 있다. 그것은 복수의 '개인'을 살리는 장소이며, 그때마다 자아를 단적으로 나타낸다.

지금까지 적어도 '공통의 공간'으로서 작용은 '지역'이 담당해 왔다. 하지만 비장소성이 진행되는 지역은 기능 불능 상태에 빠져 있으며, 유감스럽게도 '변천하는 장소'로는 충분하지 않다. 현재 이 장소의 역할을 다할 수 있는 것은 유일하게 웹 공간이다. '자아'≠'개인' 시대에 있어서 '자아'는 '장소'로 나타나며, 그러한 점에서 유일한 공간으로서

---

28) **역주_** 역치(閾値, threshold value) : 생물이 외부환경의 변화, 즉 자극에 대해 어떤 반응을 일으키는 데 필요한 최소한의 자극의 세기를 말한다.

웹 공간이 주목받고 있는 것이다.

## 2. 표층 : 말을 걸기 시작한 인터페이스[29)]

### '보이는 타자'와 '보이지 않는 타자'의 병렬화

약간 본 주제에서 벗어나 '개인(자아)'의 계보까지 언급하고 말았기에, 웹 공간의 공간 특성에 관한 설명으로 되돌아가고자 한다.

우리는 웹 공간에서 활동하기 위해 매번 컴퓨터 앞에 앉아 인터넷에 접속한다. 우리가 신체를 가지고 살아가는 한, 현실세계에서 자유롭게 활동할 수 있다. 그에 비해 웹 공간에서는 절차를 밟은 다음 공간에 들어가지 않으면 활동할 수 없다.

웹 공간의 공간형식은 공간의 '인터페이스' 없이는 생각할 수 없다. 현재 데스크탑 PC도 휴대전화 화면도 거의 모든 기기에 '스크린(아니면 모니터)'이 사용된다. 유감스럽지만 『뉴로맨서(*Neuromancer*)』[30)] 나 〈매트릭스(Matrix)〉[31)]에서 묘사된 것처럼 중추신경에 직접 라인을

---

29) **역주_** 인터페이스(interface) : 서로 다른 장치를 이어주는 접속 부분.

30) **역주_** 1984년 윌리엄 깁슨의 『뉴로맨서』는 신경과 은빛 길을 의미하는 뉴로(Neuro)와 로맨서(Romancer), 즉 마술사(necromancer)의 합성어로 사이버스페이스를 오가며 정보를 해킹하는 주인공을 등장시켜 SF의 새로운 장을 연 소설이다. 1984년과 1985년에 걸쳐 휴고 상, 네뷸러 상, 필립 K. 딕 상, SF 크로니클 등 SF 문학의 주요 상을 모두 석권한 사이버펑크 장르의 선구이자 대표적인 작품이다. 가상공간을 시각적인 이미지로 형상화한 최초의 작품으로서 좌표가 하나씩 배정되어 있는 끝없이 이어지는 격자, 표면이 완벽하게 매끈한 구체로 형상화된 AI의 이미지 등 구체화된 작품의 아이디어는 영화 〈코드명 J〉, 〈매트릭스〉, 〈공각기동대〉의 모태가 되었다.

31) **역주_** 1999년 빌리지로드쇼 프로덕션과 실버 픽처스가 공동 제작하였다. 워쇼스키 형제(Andy Wachowski & Larry Wachowski)가 감독한 이 영화에서 매트릭스란 자궁을 뜻하는 용어로서 영화 속의 배경이 되는 가상공간을 가리킨다. 두뇌 속의 기억을 조작하여 인간을 지배하려는 컴퓨터와 이에 대항하는 인간들 간의 대결을 그렸다. 내용은 다음과 같다. 인간의 기억을

접속하는 인터페이스는 등장하지 않았으며, 현 시점에서 VR[32] 단말기술도 개발이 이루어져 있다고는 하지만 보급은 아직 이르다. 뇌와 컴퓨터를 연결하는 기술은 '뇌－기계 · 인터페이스(BMI)' 아니면 '뇌－컴퓨터 · 인터페이스(BCI)'로 불리며, 현재 활발한 개발이 이루어지고 있다.[33] 이러한 인터페이스라면 물리적 신체와는 다른 전자적 신체에 모든 의식을 몰입(jack-in)시킬 수 있으며, '가상공간에 들어가' '영상과 동기(同期)한다'고 하는 전자적 신분에 따른 새로운 세계가 전개될 가능성이 높다. 그러나 현실은 '스크린'이라고 하는 가장 단순한 인터페이스만을 이용해, 웹 공간의 유일한 인터페이스로서 독특한 공간성을 만들어 내고 있다.

1997년부터 『인터커뮤니케이션(*Intercommunication*)』지에 연재된 아즈마 히로키(東浩紀)의 「사이버스페이스는 어째서 그렇게 불리는가?」[34]라는 논문은 웹 공간(사이버스페이스)의 인터페이스 성(性)을 주제로 한 것으로, 비록 10년 전 논문이지만 시사하는 바가 크다.

---

지배하는 가상현실, 매트릭스 2199년. 인공두뇌를 가진 컴퓨터(AI, Artificial Intelligence)가 지배하는 세계에서 인간을 가축처럼 인공 자궁(子宮, 인큐베이터)에서 재배해 에너지원으로 활용하는 끔찍한 시대. AI에 의해 뇌세포에 '매트릭스'라는 프로그램(내용은 1999년의 가상현실)을 입력당한 인간은 매트릭스 프로그램에 따라 평생 1999년의 가상현실을 살아간다. 프로그램 안에 있는 동안 인간의 뇌는 AI의 철저한 통제를 받는다. 인간이 보고 느끼는 것들은 항상 그들의 검색 엔진에 노출되어 있고, 인간의 기억 또한 그들에 의해 입력되고 삭제된다. 이러한 가상현실 속에서 진정한 현실을 인식할 수 있는 인간은 없다. 매트릭스 밖은 가상현실의 꿈에서 깨어난 유일한 인간들이 생존해 있는 곳이다.

32) **역주_** 컴퓨터 등을 이용한 버추얼 리얼리티. 가상현실.

33) 高橋透, 『サイボーグ・フィロソフィー『攻殻機動隊』『スカイ・クロラ』をめぐって』, NTT出版, 2008, 40~61쪽.

34) 東浩紀, 「サイバースペースはなぜそう呼ばれるか」, 『情報環境論集 東浩紀コレクションS』, 講談社, 2007.

따라서 이 논문에 나오는 의론을 인용하면서 당시의 논점을 재검토해 보고자 한다.

아즈마에 의하면 '인터페이스'가 사이버스페이스라는 공간 개념을 출현시켰다고 말한다. 이는 컴퓨터의 인식론적 위치가 지금까지 이면에 있던 계산회로(cpu)에서 표면 시각효과로 이동하였기 때문이다. 현실세계는 가시(可視 : 보이는 것)와 불가시(不可視 : 보이지 않는 것) 아니면 현전(現前 : 눈앞에 나타난 것)과 부재(不在 : 눈앞에 없는 것)라고 하는 거리감을 갖지만, 스크린을 앞에 둔 유저가 경험하는 것은 이러한 이중성이 서로 하나로 합쳐진 '이면 없는 표면'이다.

스크린 상에는 이미지로서의 화상(畵像)이나 상징으로서의 문자 나열이 복수로 동시에 나타난다. 스크린 이면에 있는 것은 그것들을 액면 그대로 받아, 가령 그것이 세계를 지배하는 질서라 하더라도, 과감히 버리고 표면상 커뮤니케이션만 인정한다. 이것이 'at interface value적'인 태도이다. 그리고 이러한 태도를 가진 새로운 주체가 '인터페이스적 주체'이다.

인터페이스적 주체는 이미지와 상징을 서로 합쳐서 '보이는 것'을 보이는 그대로 받아들인다. 그곳에는 커뮤니케이션 표면을 그대로 타자로 수용하고 접대한다고 하는 감성이 필요하다. 그것은 '보이는 타자'의 타자성을 보이는 대로 인정하는 태도이며, '보이는 타자'와 '보이지 않는 타자'를 합쳐서 타자성을 인정하는 근대적 주체의 태도와는 엄연히 다르다.

라캉을 중심으로 한 정신분석에 의하면, 근대적 주체는 '상상(이미지)적 동일화'와 '상징(심볼)적 동일화'의 변증법적 상호작용이라는 메커니즘을 갖고 있다. 상상적 동일화란 세계로부터 이미지를 빌려 자아를 형성하는 과정이다. 상상적 동일화에 의해 인간은 자아 이미지를 획득하지만, 그것만으로 인간은 '주체'가 될 수 없다. 인간이 주체가 되려면 한층 상징적 동일화가 필요하다. 라캉에 의하면, 인간과 동물의 차이는 자기 자신도 타자에게 보인다는 것을 알고 있는지 여부이며, 주체가 되기 위해서는 자신을 보는 타자의 시선이 주어질 필요가 있다. 상징적 동일화란 이러한 타자의 시선을 획득하는 과정이다. 우리는 타자의 시선을 느끼는 것만으로도 왠지 규율적으로 행동하고 만다.

세계를 '보는' 주체는 세계를 한 장의 스크린으로 파악한다. 이 주체는 스크린 상에 나타나는 무수한 '보이는 타자'를 바라보며, 그것을 적당히 자신의 이미지화한다. 이것이 상상적 동일화이다. 이 주체는 스크린(세계)의 안쪽을 들여다볼 수는 없지만, 안쪽에는 눈으로 직접 볼 수 없는 타자의 '시선'이 숨어 있어 스크린을 투과하여 자신에게 시선을 던진다. 그것이 '보이지 않는 타자'이며, '대문자 타자'라고도 불린다. 눈앞의 대상으로서 나타난 '소문자 타자'와는 달리 '대문자 타자'란 세계 전체를 규율하는 상징질서이며, 그 시선에 드러내어 상징적 동일화가 되는 것은 세계를 유지하는 상징질서를 인정하는 것과 같다.

냉전구조나 개발주의라고 하는 상징질서 그 자체가 약화되고, 현대사회 전체가 '대문자 타자'를 상실하여 상징적 동일화는 기능 불능 상태에 빠졌다. 또한 그러한 거시적 사회변화와 동시병행적으로 정보화 진전이라는 미시적인 사회변화에 따라 세계(스크린) 이면에 흥미를 보이지 않던 'at interface value적' 감성이 전경화(前景化)[35]되고

35) **역주_** 전경화(前景化, foregrounding) : 쉬클로프스키의 '낯설게 하기' 개념에서 유리티냐노프가 사용한 전경화를 체코 프라그 학파의 무카로브스키가 발전시킨 것이다. 담화에서 특정 개념을 먼저 언급하거나 되풀이하거나, 또는 다른 주의 끌기 장치를 사용하여 주의의 초점이 되도록 만드는 것. 특히

있다. 그 결과 상상적 동일화와 상징적 동일화 그리고 상상계와 상징계의 이중구조가 붕괴되고 있다.

하지만 아즈마는 그러함에도 불구하고 주체가 주체로 있기 위해선 상상적 동일화와 상징적 동일화의 이중성이 필요하다고 말한다. 그렇다면 이중성은 어떠한 구조로 확보되는 것일까? 그 해답으로 나타난 것이 지젝(Slavoj Žižek)[36]이 말한 '상징적 동일화의 상상적 시뮬레이션'이다.

방대한 데이터베이스 탄생을 배경으로 한 시뮬레이션이 만들어 낸 가상현실이, 기능 불능 상태에 빠진 상징적 동일화를 대신 보충한다고 말한다. 거기에서도 이면(상징=심볼)보다는 스크린(이미지)을 믿는 '반전'이 일어난다. 그러나 '스크린 상에서 가상적으로 강간당했다'고 주장하는 여성이 스크린 상의 텍스트(상징)를 완전히 믿고 있다고 하는 사례가 보여주는 바와 같이, 심벌과 이미지의 '반전'이라기보다는 심벌과 이미지의 '병렬'이 일어난 것이라고 지적한다. 두 장의 스크린이 서로 겹쳐져 있는 것처럼, 그 스크린 상에서 '상상적 동일화'는 물론 '상징적 동일화'도 동시병렬로 일어난다.

인터페이스적 주체는 스크린 상의 텍스트나 아이콘을 한쪽에서는

---

문학에서 언어를 비일상적으로 사용하여 두드러지게 보이도록 하는 일. 상투적인 표현을 깨뜨림으로써 새로운 느낌이나 지각이 일어나도록 할 때 쓰이는 용어이다.

36) **역주_** 슬라보예 지젝(Slavoj zizek, 1949~ ) : 슬로베니아 출생의 대륙철학자이자 헤겔 · 마르크스 · 라캉 정신분석학에 기반한 비판이론가. 정치이론, 영화이론, 이론정신분석학에 공헌하였다. 현재 슬로베니아 류블랴나 대학 사회학연구소의 선임연구원이며 European Graduate School 교수. 대중문화에서 온 예시들을 라캉의 이론과 라캉의 정신분석학, 헤겔 철학과 마르크스의 경제비판이론으로 해석하는 그는 주체, 이데올로기, 자본주의, 근본주의, 인종주의, 똘레랑스, 다문화주의, 인권, 생태학, 세계화, 이라크전, 혁명, 이상주의, 전체주의, 포스트모더니즘, 대중문화, 오페라, 영화, 정치이론과 종교를 포함한 많은 주제에 대해 글을 쓰고 있다.

허구적 이미지로, 다른 한쪽에서는 현실적 심벌로 처리한다. 이러한 이유로 오타쿠[37]가 스크린 상의 캐릭터를 문학이나 그림으로 취급하면서 동시에 인격으로 간주하는 것이다. 이 처리상의 차이야말로 가상현실에 리얼리즘을, 인터페이스적 주체에 주체성을 부여하는 것이라고 말한다.

### 새로운 지각의 탄생

여기서 주목하고 싶은 것은 '지각'과 '공간' 관계이다. 스크린 상에서 전면적(全面的)인 '표면화'라는 사태는 새로운 주체를 만들어 내고, 그들의 지각과 공간 감각을 변화시켜 영화나 텔레비전 등의 기존 미디어와는 질적으로 다른 공간을 출현시킨다.

지각과 공간 관계는 폭넓은 분야에서 둘다 심도 깊게 다루어져 온 중요한 과제인데, 거기에는 지각이 만들어 낸 공간 개념이 세계를 인식하는 방법이 된다는 공통된 견해가 있다. 우리는 시각이나 청각 등에 의해 대상세계와 분리(분절)하여, 각각의 의미 · 상호관계 · 재통합을 학습하면서 세계를 인식하게 된다. 학습에 의해 공간(세계)

---

37) **역주_** 오타쿠(일본어 おたく) : 일본어로 '당신' 또는 '댁'이라는 뜻을 지닌 이인칭 대명사에서 유래한 말로, 일반적으로 마니아보다 더욱 심취하여 집착하는 사람을 가리킨다. 한국에서는 한 가지 일에 광적으로 몰두하는 사람을 낚시광 · 바둑광 · 골프광 등으로 부르는데, 오타쿠는 이보다 더 깊이 빠져 있는 사람이다. 1983년 일본에서 처음 사용되었는데, 만화나 애니메이션, 게임, 퍼스널컴퓨터(PC), 비디오 등 서로 관련 있는 대중문화에 몰두하며 같은 취미를 가진 사람들이 동호회에서 만나 서로 예의를 지키고 존중하는 의미에서 오타쿠라고 부른 데서 유래하였다. 이 말에는 특정 분야에 대하여 팬이나 마니아 수준을 넘어 득도의 경지에 이름으로써 전문가를 뛰어넘는 수준을 갖추고 있다는 의미가 내포되어 있기도 하지만, 한편으로는 특정 분야에만 관심을 가짐으로써 일반 상식을 결여한 사람 또는 자신만의 세계에 갇혀 사는 사회부적응자라고 비하하는 부정적 의미도 담겨 있다.

인식이 변화할 뿐 아니라 동시에 지각도 변화해 간다.

에른스트 마흐(Ernst Mach)[38]는 공간감각이 지각을 거친 신체에서 유래한다는 것을 체계적으로 지적하였고,[39] 에드워드 홀(Edward T. Hall)[40]은 시각 · 청각 · 후각 등이 만든 지각적 공간체계를 명확히 규명하였다. 지각 중에서도 시각은 최종적으로 발달한 감각기관으로서 가장 복잡한 기능을 행한다. 시신경은 귀의 와우각(蝸牛殼) 신경의 약 18배에 이르는 신경세포를 가지고 있으며, 시각을 통해 중추신경계에 공급하는 정보는 청각을 통해 들어오는 정보보다 훨씬 많고 또 빠르다. 청각의 정보수집 범위는 기껏해야 수십 미터가 한계이지만, 시각은 별까지도 볼 수 있다. 눈은 정보수집의 주요 수단일 뿐만 아니라 정보 전달에도 유용하다. '눈도 입만큼 말을 한다'라고 하는 것처럼, 눈동자의 크기로 좋고 싫음을 나타내고, 눈빛은 그 이상으로 많은 것을 표현한다. 귀와 눈을 확장한 기술장치인 라디오와 텔레비전을 비교해 보면, 복잡함에서 양자가 갖는 차이를 이해할 수 있다.[41]

'귀'와 '눈'은 대조적인 지각이다. 청각적인 공간은 혼돈된 의미의 덩어리(상징)가 잠자는 미분절된 공간이며, 한편 시각적 공간은 표층적 이미지에 의해 분절된 공간이다. 인간사회에서는 오랫동안 청각적 공간이 지배해 왔지만, 근대 이후부터는 시각적 공간이 청각적 공간을

---

38) **역주_** 에른스트 마흐(Ernst Mach, 1838~1916) : 오스트리아의 물리학자 · 과학사가 · 철학자. '질량상수'를 논하여 뉴턴 역학의 기초를 다지고, 『에너지 보존법칙의 역사와 기원』을 써서 에너지론의 기초를 닦는 등 물리학의 기초적 분석과 체계화에 이바지하였다. 음향학, 감각생리학, 철학, 과학사 등에도 공헌하였다.

39) エルンスト マッハ, 須藤吾之助 · 廣松涉 譯, 『感覺の分析』, 法政大學出版局, 1971.

40) **역주_** 에드워드 홀(Edward T. Hall, 1914~ ) : 미국 문화인류학자. 제2차 세계대전 이후 미크로네시아 문화 연구에 종사. 1946~48년 데버 대학에서 인류학과 주임교수 역임. 주저로 『숨겨진 차원』, 『침묵의 언어』 등이 있다.

41) エドワード ホール, 앞의 『かくれた次元』, 62~68쪽.

대신하였다.

맥루한에 의하면 문자를 사용하지 않고 음성언어를 이용하던 구술문화 단계에서는 '청각'이 중심이 된다. 음(音)에 의해 구성된 공간에는 고정된 경계도 중심도 없이 방향감각도 결여되어, 청각 이외의 모든 감각을 함께 투입해서 세계를 직감적 · 직접적으로 이해한다. 그러다가 '문자'를 이용하는 문자문화 단계에 이르면 '시각'이 압도적으로 우위를 차지하여 다른 감각을 억압하게 된다. 이러한 경향은 활자인쇄의 등장으로 가속화되어, 이전에는 모든 감각을 통합시켜 종합적으로 인식하였던 세계가 문자에 의해 분절되어 그것들이 이론적으로 구조화하게 되었다.

이와 같이 근대에 와서는 시각이 편중되어 왔다. 그리고 웹 공간의 등장으로 시각에의 편중 경향이 더욱 강화되었다는 견해가 있는데, 상황은 그렇게 단순하지 않다. 스크린 상의 전면적인 표면화라는 사태는 시각대상(이미지)과 청각대상(심벌)을 스크린 상에 병치하여, 그와 동시에 시각화하는 것과 다름없는, 즉 시각 이외의 지각을 시각으로 병합한다는 것을 의미한다.

아즈마는 이것을 '이미지도 심볼도 아닌 새로운 기호인 에크리튀르[42]의 전면화 사태'라고 말한다. '에크리튀르'란 쓰는 행위를 나타내는 흔한 말이지만, '왠지 기분 나쁨'(프로이드)이나 '시뮐라크르(simulacre)'[43](장 보드리야르)와 같은 설명에서도 알 수 있듯이 특별한 의미를 가지고 있다. 데리다는 에크리튀르를 '눈과 귀 사이의 공간'으로 설명하였는

---

42) **역주_** 에크리튀르(e'criture) : 글, 문자언어를 의미하는 프랑스어. criture는 crire(쓰다)의 명사로 crit가 글로 된 저작을 의미하는 데 비해 글을 쓰는 행위, 글 쓰는 방법(문체, 서체, 필적), 문자나 표기법 등 폭넓은 의미를 함께 포함하고 있다.

43) **역주_** 상(像), 피상(皮相), 모의상(模擬像). 시뮬레이션으로 얻는 결과.

데, 여기서부터는 시각만이나 청각만이 아닌 복수의 지각 통합을 뜻한다. '문자가 한쪽에서는 이미지(사물의 표상)로, 다른 한쪽에서는 시니피앙(음의 표상)으로서' 동시에 수용되고 있는 것이다. 맥루한도 전자문자의 등장으로 시각 중심의 공감각적 태도가 부활할 것이라는 기대를 갖고 있다.[44)]

새로운 지각에 관심이 집중되는 것은 애초부터 웹 공간이나 지각이 만들어 낸 '시간적 · 공간적 현존성'을 뛰어넘은 시뮐라크르한 환경이기 때문이다. 이것은 웹 공간의 인터페이스 성이 아닌, 동기(同期)성과 동위(同位)[45)]성이라는 공간 특성의 문제이다. 이에 대해서는 앞으로 자세히 설명하고자 한다.

## 현전하는 투과광[46)]

웹 공간은 자유자재로 이미지를 획득할 수 있는 시뮐라크르한 환경이다. 이렇게 새롭게 등장한 시뮐라크르 환경은 지각의 한계를 없애는 것으로 만들어졌다. 하지만 단순히 시각을 시간적 · 공간적으로 확장 · 강화한다고 해서 시뮐라크르한 환경에 도달할 수 있는 것은 아니다.

메타 시각이라고도 말할 수 있는 새로운 지각의 등장과 관련하여 오카다 도시오(岡田斗司夫)는 『오타쿠 학(學) 입문』[47)]에서 '오타쿠의

---

44) 단, 청각 중심의 공감각적 태도에 대한 부활이 구술문화로의 회귀에 의해 초래된다는 주장에는 의의를 주장하지 않을 수 없다(マーシャル マクルーハン · エドマンド カーペンター, 앞의 『マクルーハン理論－電子メディアの可能性』).

45) **역주_** 동위(同位) : 영어로 코디네이션(coordination)으로 조화성이나 조직, 조정, 합동의 뜻.

46) **역주_** 투과광(透過光) : 투명하거나 반투명한 물질의 내부를 통과한 빛. 다른 두 매질의 경계면을 지나서 새로운 매질 속을 진행하여 가는 빛이다.

47) 岡田斗司夫, 『オタク學入門』, 太田出版, 1996.

눈'에 관해 언급하였다. 오카다가 말하는 오타쿠란 '진화된 시각을 가진 인간'이다. 그들은 영상에 대한 감수성을 극단적으로 진화시킨 '눈'을 가지고 있으며, 작품의 기교가 높고, 비디오디스크나 게임기 등의 발달과 함께 계속 단련되어 가고 있다. 바야흐로 오타쿠의 눈은 작품의 미(美)를 발견하는 '세련된 눈', 기능인의 실력을 평가하는 '장인의 눈', 작품의 사회성을 파악하는 '세상 물정에 밝은 눈'으로 이루어진다고 말한다. 이러한 세 가지 작품 감식안(심미안)을 가진 오타쿠는 우아한 감상자라기보다 신종 평론가라고 불러야 마땅할 것이다. 게다가 원래 고도의 기능을 필요로 하는 시각이나 시각적 인식술을 가진(단련된) 사람이 계속해서 등장하고 있다.

그러나 아무리 시각적 능력을 단련시킨다 해도 현시점에서 우리의 생리학적 · 해부학적 신체가 갑작스레 진화할 것으로는 생각되지 않는다. 오히려 변화는 인간의 지각에 있는 것이 아니라 지각된 환경, 즉 시각의 직접적 대상으로 한 인터페이스 상에서 일어나고 있다.

우선 확인하고 싶은 것이 '투과광'이 초래한 '거리 매몰 효과'이다. 컴퓨터의 모니터, 휴대전화를 비롯한 웹 공간의 인터페이스는 거의 대부분 투과광에 의한 스크린이다. 스크린에는 브라운관이나 액정, 유기EL 등 다양한 영상 표시방식이 채용되고 있지만, 이것들은 모두 발광원을 갖고, 스크린 표층을 투과하는 광선으로 화면을 표시한다는 점에는 변함이 없다. 투과광에 의한 표시는 반사광 표시에 비해 현전성이 높으며, 이용자의 신체와 스크린 사이에 가로놓인 수십 센티미터의 거리를 메워 준다.

투과광이 강력한 현전성을 발생시킨다는 점은 맥루한도 『미디어 법칙』[48]에서 지적하고 있다. 맥루한은 영화 관객을 둘로 나누어,

48) マーシャル マクルーハン・エリック マクルーハン, 高山廣・中澤豊 譯, 『メディアの法

한쪽에는 보통 영화에서 쓰이는 반사광을, 다른 한쪽에는 투과광을 이용해서 같은 영화를 감상하게 한 하버드 크루그먼의 실험을 예로 들고 있다. 반사광으로 영화를 본 그룹은 영화의 줄거리와 기술에 주목하여 이성적인 분석과 비판을 가하는 경향이 우위를 점했던 데 반해서, 투과광으로 본 그룹에서는 좋다든가 나쁘다든가 하는 정서적이고 주관적인 반응이 우위를 점하였다.

반사광을 이용한 영화를 본 관객은 스크린과 신체 사이의 물리적 거리를 유지한 채 대상으로서 스크린 상을 바라본다. 이 거리가 영상을 대상화시켜 관객에게 분석적이며 비판적인 견해를 갖도록 해준다. 한편 투과광을 이용한 텔레비전에서는 스크린을 넘어 도달하는 빛이 시청자에게 깊숙이 침투하기 때문에, 영상은 실제 스크린 면에서 벗어나 관객의 눈이나 신체에 직접 유사(類似)적 스크린을 만들어 현전한다.[49] 이와 같이 투과성의 경우, 관객은 대상과 알맞은 거리를 유지하지 못하며 경우에 따라서는 대상과 위치적으로 겹쳐 버림으로써 관객이 주관적인 견해를 갖도록 한다는 것이다.

그런데 컴퓨터 스크린을 보면서도 발견하지 못한 오자나 탈자를 프린트 출력을 해보면 쉽게 발견해 본 경험은 누구라도 한 번쯤 갖고 있다. 이것도 '반사광과 투과광'으로 어느 정도 설명할 수 있다. 스크린의 투과광을 통해 문자를 읽으면서 못 보고 지나치기 쉬운 오자나 탈자는 프린트 출력한 종이의 반사광으로 읽을 경우, 대상을 분석적 · 비판적으로 이해할 수 있기 때문에 발견하기 더 쉽다고 말할 수 있다.[50]

---

則』, NTT出版, 2002, 98~100쪽.

49) 大澤眞幸, 「メディアの再身體化と公的な知の不在」, 『環』 vol.20, 藤原書店, 2005.

50) 有馬哲夫, 『世界のしくみが見える「メディア論」ー有馬哲夫教授の早大講義錄』, 寶島社新書, 2007.

이렇게 현전성이 강한 투과광이 웹 공간의 인터페이스에 이용된 것은 결코 우연이 아니다. 현전성이 높은 투과광은 스크린과 이용자의 신체 사이에 있는 물리적 거리를 매몰시켜 스크린을 몰대상화시켜 버린다. 이것이 스크린이라고 하는 인터페이스를 준몰입(semi jack-in)형으로 바꾸는 것이다.

## 어포드(Afford)[51]하는 스크린

단순한 2차원 스크린은 투과광 효과뿐 아니라 그 외에도 몇 가지 장치에 의해 인터페이스 성을 높인다. 그 하나가 인터페이스 디자인인 '어포던스(Affordance)'[52]이다.

어포던스 이론[53]을 제창한 지각심리학자 깁슨[54]은 지각을 메커니

---

51) **역주_** 어포드(Afford) : 원래 '~할 여유가 있다, ~하여도 된다, ~을 공급하다, 산출하다'라는 뜻을 가지고 있으나 보통 사전에 없는 뜻으로 인간 컴퓨터 상호작용, 인지심리학, 산업디자인, 인터렉션 디자인, 환경심리학 그리고 인공지능학 분야에서는 '서로 다른 컨셉을 연결하는 것'이란 뜻으로 쓰이기도 한다.

52) **역주_** 어포던스(Affordance) : 어떤 행동을 유도한다는 뜻으로 행동유도성이라고도 한다. 환경이 지니고 있는 어떤 특성이 사람에게 어떤 마음을 일으킬 때 그 환경이 어포던스를 가지고 있다고 말한다. 앉기에 적절한 높이의 바위를 보면 앉고 싶어지고, 문고리에 튀어나온 부분이 있으면 '이것을 돌리면 열리겠구나' 하는 느낌을 준다. 이처럼 환경은 자연적이든 인위적이든 인간에게 모종의 커뮤니케이션 메시지를 보내고 있다. 즉 환경과 인간 사이에도 '의미 공유'가 일어나 커뮤니케이션이 이루어지고 있다.

53) J. J. ギブソン, 古崎敬 外 譯, 『生態學的視覺論ーヒトの知覺世界を探る』, サイエンス社, 1985.

54) **역주_** 제임스 깁슨(James Jerome Gibson, 1904~1979) : 미국의 심리학자. 행동주의자인 E. B. 홀트(1873~1946)의 영향을 받았다. 1928년에서 1949년까지 스미스칼리지에서 교수 생활을 하는 동안 K. 코프카(1886~1941)의 형태심리학(게슈탈트 심리학)에 심취하였다. 시지각(視知覺)에 관한 연구가 많았다.

즘이라고 하는 정태적인 접근이 아니라 시스템이라고 하는 동태적인 접근으로 파악하여, 주체가 행위를 하기 위해 필요한 정보는 주체 쪽이 아니라, 환경 쪽에 있다고 하는 역설적인 지각 시스템을 제시하였다.

어포던스란 환경이 그곳에서 활동하는 인간에게 부여하는(afford) 행위나, 인지를 가능케 하는 가치 또는 의미를 말한다. 예를 들면 수평적으로 평탄한, 어느 정도 넓이를 가진 단단한 표면은 그곳에 접촉한 인간에게 '떠받치는 것'(이라는 정보)을 어포드하고 있으며, 인간은 그러한 특성을 갖는 사물로 분간하고서 그 표면에 선다고 하는 행위에 이른다. 결코 그 사람이 그 표면을 지각한 결과를 가지고 내면에서 '떠받치는 것'이 가능하다고 판단하여 서는 것이 아니다. 이러한 예와 같이 인간을 에워싸는 사물은 다양한 어포던스를 갖추고 있다.[55]

어포던스 이론은 사물에 갖추어진 행위의 가능성으로서 유저 · 인터페이스나 웹 디자인에 큰 영향을 주고 있다. 조작판에 스위치가 달려 있으면 끄거나 켜 보고 싶어하고, 또는 원형식 다이얼이라면 돌려보고 싶게 한다. 스위치나 다이얼이 사람에게 누르거나 돌리게 하는 행위를 가능하게 만든다. 멋있게 디자인된 물건은 보는 것만으로 그것이 어떻게 기능하는지 느끼고 알 수 있는 것과 마찬가지로, 훌륭한 유저 · 인터페이스도 직감적으로 조작방법을 알 수 있는 것이다.

예를 들면 인터페이스 상의 '버튼'은 통상 회색 계열의 음영을 사용하여 스크린에서 튀어나올 것 같은 3D(3차원) 표시로 되어 있으며, 유저는 이것은 클릭하는 것이라고 직감적으로 조작방법을 알 수 있도록 되어 있다. 또한 '탭 다이얼로그'는 윈도우95부터 도입된 기능

55) 佐々木正人, 『アフォーダンスー新しい認知の理論』, 岩波書店, 1994, 137~138쪽.

인데, 다이얼로그 박스(각종 설정을 실시하기 위한 조작화면) 상부에 배치된 탭을 바꾸는 것으로, 다수의 설정 항목이 있는 경우에도 그것들을 정리해서 표시할 수 있도록 하였다. 이전에는 복수의 다이얼로그 박스를 한 번에 표시하는 것이 일반적이었는데, 이것만으로 화면은 다이얼로그로 가득차 버린다. 그래서 독립된 다이얼로그에 탭을 붙여 하나의 다이얼로그 박스 윈도우 내부에 겹쳐서 표시할 수 있도록 하였다. 유저는 적당한 탭을 마우스로 클릭하는 것으로, 그 탭에 해당한 다이얼로그가 표시된다. 전부 합해서 몇 개의 다이얼로그 박스가 있는지, 어떤 탭이 열려 있는지, 어떻게 하면 다른 탭으로 전환할 수 있는지 직감적으로 이해할 수 있다. 탭 다이얼로그는 현재 대부분의 화면에 이용되고 있다. 이처럼 인터페이스는 어포던스를 둘러싸고 점점 진보하고 있다.

어포던스는 한편으로 인간(주체)과 환경(장소) 간의 관계와 관련하여 일반 상식을 뒤엎고 있다. 환경은 인간이 행위할 수 있는 것을 그 속에 포함하고 있다. 인간의 행위나 행동을 가능케 하는 가치나 의미를 정보라고 부른다면, 환경 쪽이야말로 많은 정보가 존재하고 있다. 인지과학자인 후지나미 쓰토무(藤波努)는 어포던스에 대해서 '필요한 정보는 이미 그곳(환경)에 있으므로 능숙하게 건져올린다면 그것으로 된다고 할 수 있다. 스스로 추론을 쌓아올릴 필요가 없기 때문에 생각할 필요도 없다. 생각할 필요가 없으니까 내면에 이미지나 그림을 만들어 내어 보존할 필요도 없다. 기억이 없으니까 떠올리지 않아도 된다. 내면에 만들어진 외계 형상이 존재하지 않는다고 주장하는 점에서 데카르트주의와 서로 대립하는 것이다.'라고 말한다.[56)]

56) 杉山公造・下嶋篤・永田晃也 編著, 『ナレッジサイエンス—知を再編する64のキーワード』, 紀伊國屋書店, 2002.

웹 공간에서는 컴퓨터든 애플리케이션이든 유저가 환경 쪽에 들어가 환경 최적화나 서비스 내용의 고도화에 가담하는 것이 일반적이며, 웹 공간은 더욱더 환경 쪽에 중요한 정보를 모으고 있다. 이에 반해 가전제품이나 휴대전화는 유저의 커스터마이즈(customize)[57]나 관여를 대부분 허용하지 않는다.

애당초 컴퓨터는 인터페이스를 포함하여 유저 자신의 커스터마이즈를 전제로 하고 있다. OS(Operating System)[58]든, OS의 다양한 인터페이스든, OS 상에서 움직이는 수많은 애플리케이션이든 모두 고도로 표준화되어 있기 때문에 자유로이 취사선택할 수 있으며, 유저에 따라서 그 선택성이 극히 높다. 최근에는 컴퓨터의 비약적인 성능 향상을 배경으로, 데스크 탑 상에 가젯[59](미니 애플리케이션) 표시장소를 드래그[60]만으로 간단하게 바꿀 수 있는 AJAX[61] 등의 표준기능이 채용되기 시작하였다.

또한 유저 자신이 직접 참가하여 서비스 환경을 최적화하는 능동적인 움직임도 보이고 있다. 예를 들어 전자게시판에서 '마쓰리(祭り)'나 '아라시(荒し)'[62]라는 방해행위도 생각을 바꿔보면 환경 최적화를 위

57) **역주_** 시판되고 있는 소프트웨어 등의 기능을 자신이 사용하기에 편하도록 일부 변경하는 일.

58) **역주_** OS(Operating System) : 컴퓨터의 하드웨어와 소프트웨어를 제어하여 사용자가 컴퓨터를 쓸 수 있게 만들어 주는 프로그램을 말한다.

59) **역주_** 가젯(gadget) : 소도구, 간단한 장치.

60) **역주_** 컴퓨터의 마우스 조작.

61) **역주_** AJAX : WEB2.0의 기반 기술 중 하나이다. AJAX는 자체가 하나의 특정 기술을 말하는 것이 아니며, 함께 사용하는 기술의 묶음을 지칭하는 용어로 대화식 웹 애플리케이션의 제작을 위해 사용된다. AJAX 애플리케이션은 실행을 위한 플랫폼으로 사용되는 기술들을 지원하는 웹브라우저를 이용하는데, 이를 지원하는 브라우저로는 모질라 파이어폭스, 인터넷 익스플로러, 오페라, 사파리 등이 있다.

한 능동적인 집단행위라고 말할 수 있다. 세계 최대의 게시판인 '2채널'[63]에서는 공식사이트 외에 다양한 서비스가 유저 자신들에 의해 만들어지고 있다. 스레드(thread)[64]에서 중요 정보를 정리한 '정리 사이트'나 스레드할 때마다 목적이나 룰을 기술한 '탬플릿(template)[65]' 작성이 습관화되고 있으며, 자치 스레드에서는 스레드 로컬 룰(Local rule)[66]이 논의되고 있다.

또한 최근에는 리코멘드 서비스(recommend service)를 통해 알 수 있듯이 유저가 참가하면서 서비스 내용을 구축하는 경우도 늘고 있다. 리코멘드 서비스란 유저의 구매 행동을 막대한 고객 구매 이력데이터와 서로 비교하여 유저가 갖고 싶어할 것으로 생각되는 상품이나 서비스를 분석하고 선별하여 리코멘드(추천)하는 서비스를 말한다. 현재 리코멘드 대상이 단순한 상품 서비스 정보에서 '다음에 할 행동은 이거다'라고 하는 유저의 행동정보로 시프트하고 있으며, 웹 공간은 환경으로서 행동 지원 능력을 높이고 있다.

---

62) **역주_** 마쓰리(祭り), 아라시(荒し) : 인터넷 상에서 스팸이나 광고, 바이러스 등을 유포하여 방해하는 행위.

63) **역주_** 2채널(일본어로 2ちゃんねる) : 1999년 니시무라 히로유키(西村博之)가 개설한 게시판 사이트. 일본 굴지의 접속 수를 기록한 가장 유명한 거대 게시판이다. 독특한 표현과 은어, 문자를 나열해 캐릭터 등의 그림을 그리는 아스키 아트 등이 발달하고 있다. 참고로 2채널은 2 channel(또는 2 channels) 즉 텔레비전 채널 2 혹은 (컴퓨터에서 정보의 전송, 기억 등에) 쓰는 2개 회로라는 의미를 갖고 있다.

64) **역주_** 프로그램의 실행에서 프로세스보다도 세세한 병행 처리의 실행단위, 혹은 하나의 주제에 대해 회원들이 게시판에 올린 일련의 의견.

65) **역주_** 템플릿(template) : 문서 등 컴퓨터 데이터를 작성하는 데 원형이 되는 데이터. 혹은 프로그래밍에서의 템플릿은 특정 단위코드의 기본으로 사용될 수 있는 일반적인 클래스나 단위 원시코드를 말한다.

66) **역주_** 로컬 룰(Local rule) : 국제규칙 이외의, 각국 사정에 따라 채택되는 특별한 규칙.

투과광이나 어포던스 장치, 유저의 참여에 의해 스크린의 인터페이스 성을 높이는 노력은 지금도 계속되고 있다. 스크린은 점차 신뢰성을 향상시켜 웹 공간에서 유일한 준몰입(semi jack-in) 형의 인터페이스로서 지반을 공고히 하고 있다.

### '보이는 자아'와 '보이지 않는 자아'

웹 공간에서는 '이면 없는 표면'화가 진척되고, 스크린 안쪽에 은폐되어 있던 '보이지 않는 타자'가 표층화하여 '보이는 타자'로서 이중병립으로 다루어지고 있다. 그리고 이러한 표면화나 병렬화는 '자아'에 대해서도 일어날 수 있다. 보이다/보이지 않다고 하는 이해하기 쉬운 시각적 구별을 빌려 말하자면 '보이는 자아'와 '보이지 않는 자아'의 병렬화이다. 웹 공간은 유저의 철저한 'at interface value적' 태도 하에 '타자'와 마찬가지로 '보이는 자아'와 '보이지 않는 자아'를 어느 쪽이든 시각화된 대상으로 삼아 스크린 상에 나란히 다룰 수 있게 되었다고 생각할 수 있다. 웹 공간에서의 '자아'란 어디까지나 스크린 상에 나타난 자아이다.

'보이는 자아'란 '주체'라는 인식론적 자아이다. 웹 공간에서의 '보이는 자아'의 실태는 스즈키가 '디지털 데이터로서의 나'라고 지적하였듯이 이력상의 정보로서 보존된 디지털 데이터이다.

한편으로 '보이지 않는 자아'란 '현존재' 아니면 '술어적 통일' 등의 모습으로 나타나는 존재론적 자아이다. '현존재'는 '주체'가 확립되기 이전의 세계=내=존재로서 배시적인 전체성에 살고 있으며, 보통은 신체에 달라붙어 '나타'난다. 또한 '술어적 통일'은 절대 무(無)라는 심연의 한계를 느끼며 주어에 의지하지 않고 오로지 술어를 되풀이해 가는 전체성을 가지고 있다. '보이지 않는 자아'는 '디지털 데이터로서의 나'로서만 나타나는 '보이는 자아'와 비교하면 겹치는 부분이 있다고 하지만 전혀 종잡을 수 없다.

그러나 웹 공간에서는 '현존재'도 '술어적 통일'도 해체되어 스크린 상에 표시가 가능한 정량화할 수 있는 것만 남는다. 존재론적인 '보이지 않는 자아'는 미리 세계를 열고 세계에 있는 존재나 타자와 원만한 관계를 맺고 있지만, 웹 공간에 침투한 이러한 사전 관계가 디지털 데이터로서 표층화하여 스크린에 투영되는 것만 남는다. 그 모습은 마치 하늘에서 추락한 천사처럼 잔해에 지나지 않으며, 어두운 암흑에 둘러싸인 '현존재'나 '술어적 통일'에서는 좀 멀리 '보이는 자아'와 나란히 스크린에 불려나오게 된다.

'현존재'의 전체성은 우선 '배려'나 '관심'의 흔적인 네트워크 상에서의 자기 관련 데이터로 변질된다. 자기 관련 데이터란 자신을 포함한 공유자의 정보이다. '공유자의 정보를 포함한 정보'에 덧붙여 자신의 사진이나 자신에 대한 의견, 비판 등 자신에 관한 '자기 자신의 전용 정보'가 포함되어 있다. 또한 '술어적 통일'은 업로드할 때 자기 명명에 의해 발생한 복수의 '개인명'이나 술어적인 자기 관련 데이터로 부분적으로 유지된다. 이와 같이 전면적 표면화에 의해 해체되어도 여전히 남는 '보이지 않는 자아'는 스크린 상에서 확인할 수 있는 자기 관련 데이터들이며, 결과로서 '디지털 데이터로서의 나'라는 '보이는 자아'와 닮은 꼴이 된다.

웹 공간에서는 전면적인 표면화를 진척시키는 인터페이스 성에 의해 '보이지 않는 존재'를 전혀 허용하지 않는다. '보이지 않는 자아'인 '현존재'도 스크린 상에서는 자기 관련 데이터들로 해체되어 버린다. 그러나 '현존재'는 근본적인 존재 형식이며, 우리는 '현존재'를 당연히 벗어날 수 없다. 그렇다면 '현존재'는 어디에서 어떻게 '나타'나는가?

인식론적 공간-존재론적 공간이라는 이중의 공간 구성은 웹 공간의 등장과 함께 어떻게 변질되고 혹은 유지되는가?

## 3. 동위 : 아우라를 재현하는 동위공간

### 아우라[67] 상실의 상실

'스크린'을 통해 웹 공간에 준몰입(semi jack-in)하게 되면 OS를 매개로 하여 많은 애플리케이션이 맞이해 준다. 그것은 애플리케이션층 혹은 플랫폼층으로 불리는 웹 공간의 중심 영역이며, 전 세계의 유저와 그것을 지탱하는 많은 애플리케이션 제공자들이 유지하는 거대한 '활동공간'이다.

일반적으로 인터페이스 특징은 '디지털 데이터'(복제기술), '코드'(언어), '네트워크'(통신기술)로 설명되는 경우가 많지만, 플랫폼층의 공간 특성 역시 마찬가지로 특징적 기술로 설명할 수 있다. 우선

---

67) **역주_** 아우라(aura) : 독일의 철학가 발터 벤야민(Walter Benjamin, 1892~1940)의 예술이론으로 예술작품에서 흉내낼 수 없는 고고한 '분위기'를 뜻하는 말. 본래는 사람이나 물체에서 발산하는 기운 또는 영기(靈氣) 같은 것을 뜻하였는데, 1936년 벤야민이 「기술복제시대의 예술작품 Das Kunstwerk im Zeitalter seiner technischen Reproduzierbarkeit」이라는 논문에서 사용하여 예술 개념으로 자리잡게 되었다. 벤야민은 기술복제시대의 예술작품에 일어난 결정적 변화를 '아우라의 붕괴'라고 정의하였다. 아우라는 유일한 원본에서만 나타나는 것이므로 사진이나 영화처럼 복제되는 작품에는 생겨날 수 없다고 하였다. 또 아우라는 종교의식에서 기원하는 현상으로서 "가깝고도 먼 어떤 것의 찰나적인 현상(einmalige Erscheinung einer Ferne, so nah sie sein mag)"이라고 정의하였다. 그러나 그는 르네상스 이후의 예술에서도 과거의 종교적 숭배가 세속적인 미의 숭배로 대체되었으므로 아우라가 존재한다고 보았다. 또 아우라는 예술작품의 원본이 지니는 시간과 공간에서의 유일한 현존성이 있어야 한다. 그러므로 사진이나 영화처럼 현존성이 결여된 작품은 아우라가 없다는 것이다. 즉 독특한 거리감을 지닌 사물에서만 가능한 아우라는 복제품이나 대량생산된 상품에서는 경험될 수 없다.

디지털 데이터(복제기술)의 공간적인 기능부터 살펴보고자 한다.

웹 공간에서는 콘텐츠나 코드, 네트워크의 프로토콜(규약) 모두 디지털 데이터로 쓰여져 있다. 이러한 전면적인 디지털화가 이미 설명한 인터넷으로의 미디어 통합을 가속시키고 있다. 한편으로 디지털화는 '복제의 단순화(copy free)'라는 상황을 만들어 냈다. 이제까지 사진기, 녹음기, 복사기를 시작으로 다양한 복제기술이 출현하였지만, 인터넷은 그것들의 연장선상에 선 '복제기술'이라기보다 오히려 복제의 단순화를 대전제로 한 '복제환경'이라고 할 수 있다. 제약이 없다면 원본의 완전한 복사가 무제한, 무상으로 가능하다.

『복제기술 시대의 예술작품』[68]에서 벤야민(Walter Benjamin)[69]이 지적한 것처럼 복제기술은 '아우라(aura)'를 상실시킨다. aura는 오오라고도 읽어 물체가 방출하는 분위기나 영기(靈氣)를 나타내는데, 벤야민에 따르면 '아무리 가까이 있어도 멀고 아득하게 느껴지게 하는 일회적 현상'이며, 현재 · 여기밖에 없는 '일회성(시간적 · 공간적 현존성)', 원본(오리지널)으로서의 역사적인 '진정(眞正)성', 그리고 다가서기 조심스러운 '신비성'을 갖춘 것이다.

초기의 복제기술인 사진이 침투해 가는 과정에서는 아우라의 상실이 문제시되었다. 복제기술에 의한 생산물(복제)은 원본 작품을 흉내

---

68) ヴァルダー ベンヤミン, 佐々木基一 譯, 「複製技術の時代における藝術作品」, 『ヴァルダー・ベンヤミン著作集2 複製技術時代の藝術』, 晶文社, 1970.

69) **역주_** 발터 벤야민(Walter Benjamin, 1892~1940) : 유대계의 독일 평론가. 보들레르 · 프루스트에 심취하여 그들의 작품을 번역하는 한편, 1925년부터 마르크스주의 연구에 몰두하였다. 매우 개성적인 그의 사상은 당시의 현상학(現象學)과 신(新)헤겔주의와는 현저한 대조를 이루며, 그의 유저(遺著)인 『역사철학의 테제』에는 종말론적 역사관이 보인다. 나치에게 쫓겨 망명 도중에 자살하였다. 저서로 『괴테의 친화력』(1924~1925), 『기술복제시대의 예술작품 *Das Kunstwerk im Zeitalter seiner technischen Reproduzierbarkeit*』(1936), 『계몽』(1961) 등이 있다.

냈을 뿐 거기에 깃든 아우라를 되살릴 수는 없었으며, 아우라에 깃든 '예배적 가치'가 복제기술의 '전시적 가치'에 의해 구축되어 버릴 것이라고 염려하였다. 그 후 복제기술이 발전함에 따라 복사와 원본의 구별이 경시되어, 아우라에 대한 관심이 상실되어 갔다. 복사와 원본을 차별화하는 의미가 점차 사라지고 원본이라는 개념 자체가 변용되어, 이미 원본은 복사의 하나에 지나지 않게 되었다. 그리고 복제기술을 전면화한 '복제환경'으로서 웹 공간이 등장하게 되자 아우라의 부재는 점차 확고해졌다. 커뮤니케이션에서 아우라의 상실을 전제로 한 기타다 아키히로(北田曉大)가 지적한 '〈아우라의 상실〉 그 자체의 상실'[70]이라는 사태에 빠져들고 말았다. 상실이 상실된다는 것은 아우라라는 개념, 시간적 · 공간적 현존성이라는 개념이 이 세상에서 말소되어 가는 사실을 의미한다.

그러나 정말 아우라는 상실된 것일까? 이 점에 대해서 다시 검토하겠지만, 결론부터 말한다면 웹 공간에서 아우라는 '유사 아우라'로 보존되고 있다. '영화 속에 있어 기술될 수 없는 것'이라고 롤랑 바르트(Roland Barthes)[71]가 말한 '제3의 의미'[72]는 영화에만 한정되지 않고 웹 공간 전체에서 넓게 확인할 수 있다. 다만 유사 아우라란 '상실된 아우라'라고 할 수 있다는 점에서, 기타다가 지적한 바와 같이 '아우라

70) 北田曉大, 『〈意味〉へ抗い—メディエーションの文化政治學』, せりか書房, 1984, 129쪽.

71) **역주_** 롤랑 바르트(Roland Barthes, 1915~1980) : 20세기 중엽의 프랑스 평론가. 파리 대학, 에콜 프라티크 교수 역임. 신비평(新批評)의 대표적 존재로서 사회학 · 정신분석 · 언어학의 성과를 활용한 대담한 이론을 전개하여 때때로 논쟁을 일으키기도 하였다. 주요 저서로는 『영도(零度)의 문학 *Le Degré zéro de l'écriture*』(1953), 『비평과 진실 *Critique et Vérité*』(1966), 『기호학 개론 *Eléments de sémiologie*』(1965) 등이 있다.

72) ロラン バルト, 澤崎浩平 譯, 『第三の意味—映像と演劇と音樂と』, みすず書房, 1984, 73~97쪽.

상실의 상실을 현전화(顯在化)시키는'[73] 기능을 가진 새로운 형태의 아우라일지도 모른다.

## '시간적 현존성'을 낳은 동위, '공간적 현존성'을 낳은 동기

'시간적 · 공간적 현존성' 부재는 웹 공간에 있어서 커뮤니케이션의 전제가 되고 있다. 웹 공간에서의 일상적인 커뮤니케이션은 거의 대부분 비동기(非同期)이다. 물론 참가자끼리 동시에 참가(동기)하는 전화나 원격회의 시스템 등을 IP, 베이스로 실행하는 것은 기술적으로 충분히 가능하며, 이미 넓게 실용화되어 있다. 거기에는 '시간적 · 공간적 현존성'이 확보되어 있다. 단 웹 공간에서는 동기(同期)형 애플리케이션은 오히려 예외적이며, 비동기 애플리케이션이 압도적으로 많다. 애초부터 베스트 에포트(best effort)[74] 방식으로 통신하는 자율분산식 인터넷은 전화와는 달리 기술적으로 동기를 지향하지 않는다. 이와 같이 '시간적 · 공간적 현존성' 부재가 웹 공간의 특징이라고 할 수 있다.

그런데 복제기술이 '시간적 · 공간적 현존성'을 상실시킨다는 표현은 부정확하다. 왜냐하면 '시간적 현존성'과 '공간적 현존성'은 명백히 다르기 때문이다. 복제기술은 대상을 언제든 시간적 지연을 동반하며 재생시킨다. 복제기술은 서로 다른 시기의 작동을 공간적으로 서로 연결시켜 시간의 '격차'를 소멸시키는 것으로, 유사한 '시간적 현존성'

---

73) 北田曉大, 앞의 『〈意味〉への抗い』, 133쪽.

74) **역주_** 베스트 에포트(best effort) : 최선의 노력이란 뜻으로 컴퓨터 및 통신세계에서는 기술용어로 사용된다. 즉 이용자로부터 시스템에 보내진 요구가 그 능력을 초과해도 그것에 대해 명시적 처리를 하지 않는 방식을 의미한다. 통상 능력을 초과한 요구는 에러 통지나 재처리도 하지 않은 채 버려진다.

을 만들어 낸다. 한편 공간의 '거리'를 소멸시키는 것은 복제기술이 아닌 통신기술이며, 네트워크에 의한 실시간 접속이다. 이것이 다른 공간 작동을 순간적으로 서로 연결시켜, 공간의 거리를 소멸시키는 것으로 유사한 '공간적 현존성'을 만들어 낸다. 웹 공간이 '시간적 · 공간적 현존성'을 상실하는 것은 '디지털 데이터'(복제기술)가 초래한 유사한 '시간적 현존성'과 '네트워크'(통신기술)의 실시간 접속이 가져온 유사한 '공간적 현존성'의 복합작용에 의한 것이다.

웹 공간에서는 유사한 '시간적 현존성'이 항상 확보되어 있다. 한편 전화나 원격회의 시스템처럼 동기가 잡혀 있어 실시간 접속이 확보된 케이스를 제외한다면, 유사한 '공간적 현존성'을 확보하는 경우란 드물다. 이와 같이 웹 공간의 본질적인 성격은 유사한 '시간적 현존성'에 있다. 웹 공간은 참가자끼리의 '동기(同期 : synchronism)' 이상으로 '동위(同位 : coordination)'를 재촉하는 기능이 강하다.

더욱이 동위는 동기와 비교해서 좀 낯설지만 같은 지위, 같은 위치를 의미하는 개념이다. 또한 동위 개념이라고 하면 동일한 유(類) 개념을 포괄한 종(種) 개념 무리를 의미한다. 여기에서는 시간의 격차를 소멸시키는 것으로 같은 위치, 같은 자리를 차지한다는 의미로 사용된다.

유사한 '시간적 현존성'과 관련해서는 하마노 사토시(濱野智史)의 「정보환경 연구노트」[75]의 분석이 참고된다. 하마노는 아키텍처(즉 플랫폼층) 특징을 시제적 관점에서 분석하고 있으며, 기본적으로 인터넷을 '거대한 비동기 환경'으로 파악하였다. 네트 상에서는 유저끼리 동기하기 힘들며 커뮤니케이션이 뿔뿔이 확산되기 쉬워 네트 상에서는 '연계의 사회성'이 필요 이상으로 요구된다. 그 때문에 유사

75) 濱野智史, 「濱野智史の"情報環境研究ノート"」〈http://wiredvision.jp/blog/ha mano〉.

[그림 10] 동위(同位)와 동기(同期)

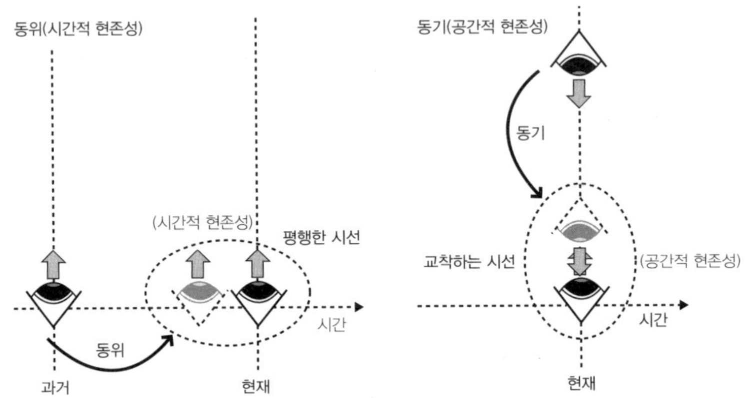


하게 동기를 얻는 '유사 동기형 아키텍처'가 급속도로 인기를 모으고 있다고 말한다. 전형적인 유사 동기형 아키텍처에는 '싱글벙글 동영상'[76]이나 '트위터'[77]가 있다.

---

76) **역주_** 싱글벙글 동영상(ニコニコ動畫) : 니완고에서 운영하는 동영상 UCC 사이트이다. 줄여서 니코동이나 니코니코라고도 한다. 동영상 시청자가 직접 영상 화면에 글자(코멘트)를 삽입할 수 있는 것이 큰 특징이다. 니코니코 동화 모바일 서비스를 운영하여, 일본에서는 휴대전화로도 사이트에 접속할 수 있다. 니코니코(にこにこ)란 일본어로 '싱글벙글', 동화(動畫)는 '동영상'을 뜻한다. 2007년에 굿 디자인상을 받았으며(다만 운영자인 니시무라 히로유키가 니코니코 동화 버전9 기자회견에서 '돈만 있으면 살 수 있는 상'이라고 농담 발언을 해 물의를 일으킨 적이 있다), 일본 오타쿠 대상 2007에서는 대상을 받았다. 저작권을 어긴 동영상이 자주 업로드되므로 이를 문제시하는 견해도 있다.

77) **역주_** 트위터(Twiter) : 블로그의 인터페이스와 미니 홈페이지의 '친구맺기' 기능, 메신저 기능을 한데 모아놓은 소셜 네트워크 서비스(Social Network Service, SNS)로서 2006년 3월 개설되었다. 2006년 미국의 잭 도시(Jack Dorsey) · 에반 윌리엄스(Evan Williams) · 비즈 스톤(Biz Stone) 등이 공동으로 개발한 '마이크로 블로그' 또는 '미니 블로그'로서 샌프란시스코의 벤처기업 오비어스(Obvious Corp.)가 처음 개설하였다. 트위터란 '지저귀다'라는 뜻으로 재잘거리듯이 하고 싶은 말을 그때그때 짧게 올릴 수 있는

'싱글벙글 동영상'은 동영상에 유저가 코멘트를 달고 표시할 수 있는 새로운 형태의 동영상 송신 사이트이다. 같은 동영상을 시청하고 코멘트를 다는 유저끼리 마치 서로 이야기(동기적으로)하듯 커뮤니케이션을 나누는 것처럼 보이지만 실제로 동영상을 시청하고 코멘트를 다는 시간은 제각기 다르다. 이것을 '비동기 라이브'라고 부른다.

또한 트위터는 유저가 140자 이내의 '문자'를 서로 투고하는 메시지 서비스인데, 투고가 제각각임에도 불구하고 메일이나 IM(인터넷 · 메신저)에 비해 그리 '엄격하지 않은' 동기적 커뮤니케이션을 만들어 내고 있다. 하마노가 말한 '유사 동기'란 유저끼리 시간의 격차를 소멸시켜 유사한 '시간적 현존성'을 제공하는 것으로 '동위'와 다를 바 없다([그림 10]).

## 전화라고 하는 동기 미디어

동위성이 강한 웹 공간에서 실제로 우리는 어떻게 활동하고 있는가? 다시 한 번 '개인(자아)'의 구조인 '주체'(보이는 자아)와 '현존재'(보이지 않는 자아)가 웹 공간에서 어떻게 행동하는지, 제2장과 제4장의 정리 및 와다(和田)와 폴 비릴리오(Paul Virilio)의 분석[78]을 참고하면서

---

공간이다. 한번에 쓸 수 있는 글자 수도 최대 140자로 제한되어 있다. 관심 있는 상대방을 뒤따르는 '팔로우(follow)'라는 독특한 기능을 중심으로 소통한다. 이는 다른 SNS의 '친구맺기'와 비슷한 개념이지만 상대방이 허락하지 않아도 일방적으로 '팔로우(follower)'로 등록할 수 있다는 것이 가장 큰 차이점이다. 웹에 직접 접속하지 않아도 휴대전화의 문자메시지(SMS)나 스마트폰 같은 휴대기기 등 다양한 방법을 통하여 글을 올리거나 받아볼 수 있으며, 댓글을 달거나 특정 글을 다른 사용자들에게 퍼트릴 수도 있다. 홈페이지 주소는 〈http://twitter.com〉이며, 사용자의 트위터 주소는 〈@아이디〉로 표기된다.

78) 和田伸一郎, 앞의 『存在學的メディア論－ハイデガーとヴィリリオ』; ポール ヴィリリオ, 市田良彦 譯, 『速度と政治－地政學から時政學へ』, 平民社, 1989.

검토해 보고자 한다.

앞에서 인터페이스를 투과한 단계에서 '현존재'라고 하는 '보이지 않는 자아'가 해체되어 버리고, 그 잔해로서 자기 관련 데이터가 나타난다고 언급하였다. 그러나 '현존재'가 그렇게 간단히 해체되어 버리는 것일까? 웹 공간에 침입한 자아는 일시적으로 '현존재'를 잃을 수는 있어도 '현존재'를 피할 수는 없다. 웹 공간에서 '현존재'는 어떻게 해서 '나타'나는 것일까?

가장 쉬운 예로 미디어를 사용하지 않는 '직접 회화'를 기본 케이스로 해서 생각해 보자([그림 11]). 인식론적 레벨에서의 활동, 즉 '주체'의 직접적 회화를 살펴보면 눈앞에 타자가 와서 '① 타자의 표상'이 일어나면 곧 그것을 대상으로 인지하는 '② 타자의 대상화'가 일어난다. 그와 동시에 '③ 주체의 사후(事後)적 날조'가 행해진다. 이것은 눈앞에 있는 타자를 대상으로 내세움으로써 자아를 주체－대상 도식에 있어서 '주체'로 다시 만드는 것이다.

한편 존재론적 레벨에서는 미디어를 이용하기에 앞서 자아는 배시적인 세계에서 '❶ 공간마련(공간내줌)' 상태에 있다. '❷ 타자의 현전'이라는 사태를 맞아 비로소 타자가 자아에게 달려와 덤벼든다. '① 타자의 표상'과 '❷ 타자의 현전'은 모두가 똑같은 타자의 나타남이며 물론 동시에 일어나지만, '현전'일 경우에는 '표상'과 달리 타자와의

---

**역주_** 폴 비릴리오(Paul Virilio) : 소르본 대학에서 철학을 공부하였고, 브라크 · 마티스 등과 함께 작업하면서 스테인드 글라스를 제작하는 아티스트로 활동하기도 했다. 1969년 파리 건축전문학교 교수가 되었으며, 2002년 현재 프랑스 갈릴레 출판사의 『비평의 공간』 총서를 기획하고 있다. 철학자, 도시계획전문가, 문화이론가, 영화비평가, 큐레이터, 군사역사가, 평화전력가 등 다양한 이력을 지닌 그는 사회와 전쟁에 영향을 미치는 새로운 기술과 미디어에 대해 탐구하고 있으며, 현대 생활의 지배적 요소인 속도와 공간에 관한 이론서들을 다수 출판하였다.

[그림 11] 직접적 회화에서의 주체와 현존재

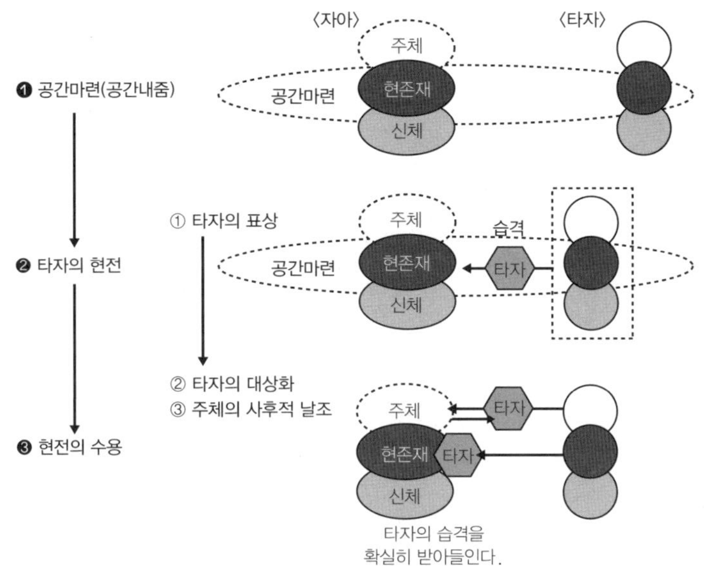


거리를 제대로 조정할 수 없어 하는 수 없이 타자의 습격을 있는 그대로 받아들여 '❸ 현전 수용'을 하지 않으면 안 된다.

이처럼 자아와 타자와의 관계 변화가 인식론적 레벨과 존재론적 레벨에서 서로 다른 흐름으로 진행되어 간다.

그렇다면 직접 회화의 기본 케이스를 중심으로 '전화'를 살펴보고자 한다([그림 12]). 물론 전화의 경우도 사태는 인식론적 레벨과 존재론적 레벨에서 동시병행적으로 진행하지만, 직접회화와 비교하면 존재론적 레벨의 진행에 커다란 차이가 보인다.

그런데 여러분에게는 모두 착신음이 울리고 수화기를 들기 전 단계에서 전화를 건 상대방을 알아맞히는 경험을 해본 적이 없는가? 그렇게 기묘한 경험이 아니더라도 그 전자음은 단순한 소리가 아닌 착신을 알리는 소리로 이해할 것이다. 그것은 나를 불러낼 가능성이

[그림 12] 동기 미디어에 있어서 주체와 현존재

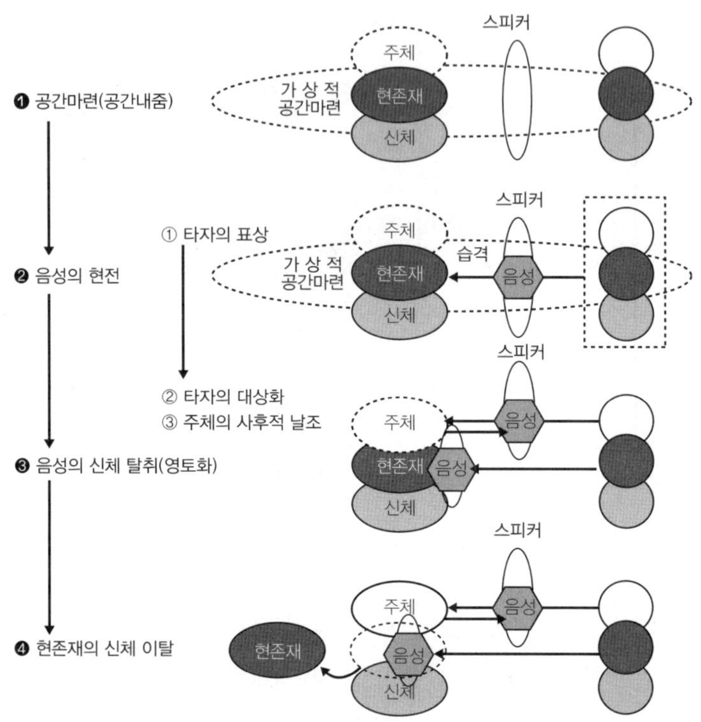


많은 지인이나 친구가 먼 곳에 있음을 알고 있기 때문이다. 그러한 사전(事前) 이해가 있기 때문에, 우리는 착신음이 울리면 무의식적으로 전화기를 집어든다. 이는 통화하기 전부터 '현존재'의 기제가 작동하여 언제 착신음이 울리더라도 이상하지 않을 세계에 내던져져 있음을 나타낸다. 이처럼 전화 이용자는 기본 케이스와 마찬가지로 존재론적 레벨에서 가상(virtual)의 '❶ 공간마련(공간내줌)' 상태에 있다.

그 안에서 갑자기 착신음이 울리고 '❷ 음성의 현전'이 일어난다. 전화는 실시간성을 가지며, 또한 청각 중심이기도 하기 때문에 들려오는 음성을 눈앞에 대상화하기 어려워, 음성에 깊게 빠져 버리고 만다. 역에서 휴대전화를 들면서 혼자 허공을 향해 인사를 하는 사람을 자주 발견하게 되는데, 그것이야말로 음성에 빠져버린 '마음이 여기에 없는' 상태이다. 전화를 하고 있어도 신체는 확실히 여기에 있지만 마음은 여기에서 떠나 버리고 만 것이다. 그 이탈한 '마음'이 다름아닌 '현존재'이다.

한편으로 여기에 있는 신체는 방금 전까지 '현존재'의 주인으로 있었지만, 지금은 들려오는 음성에 빼앗겨 지배당하고 있다. 이와 같이 '❸ 음성의 신체 탈취(영토화)'가 일어나고 음성은 수화기의 스피커가 아니라, 신체를 수화기로 해서 여기에 구현(具現)화한다. 그리고 먼 곳에서 들려오는 음성에 연속 추돌하는 것처럼 '❹ 현존재의 신체 이탈'이 동시에 일어난다. 그때 '현존재'는 가상의 '❹ 공간마련(공간내줌)'에 의해 만들어진 일시적인 세계에 있어서 존재하며, 통화가 끝나는 순간 원래의 신체로 되돌아온다.

이와 같이 전화에서는 직접 회화에서 잘 유지되던 '❸ 현전 수용'이 실패하여, 음성에 깊게 빠져 '신체'와 '현존재'가 이탈하는 경이로운 사태가 일어난다. 음성에 빠져 버리는 이유는 크게 두 가지이다. 하나는 음성이 갖는 현전성의 강력함이다. 음성은 화면처럼 눈앞을 막고 대상화하기 어렵고, 음성과의 사이에 거리를 만들 수 없으며, 발신된 음성을 신체에 도달시켜 버리기 쉽다.

그리고 또 하나는 전화의 '동기성'이다. '동기'는 서로 다른 공간을 실시간으로 서로 연결시켜 공간의 거리를 소멸시킨다. 하지만 '현존재'는 완전히 소멸시켰어야 할 거리를 다양한 흔적에서 감지한다. 거리 소멸의 작용에 따라 먼 곳에서 들려오는 음성은 원래 신체가 만들어 낸 공간마련의 범위를 크게 넘어선 가상의 공간마련 범위에 있다.

그 때문에 '현존재'는 넓은 파티의 연회장에 초대하지 않는 손님을 발견해 낸 것처럼, 숨겨진 거리를 느낄 수 있는 것이다. 결과적으로 먼 곳과의 거리는 동기 후에도 존재론적 레벨에서 보존된다.

### 동위(同位) 미디어로서 영화와 텔레비전

다음으로 '영화'나 '사진'에서 관객(감상자)의 행동을 살펴보고자 한다([그림 13]). 전화는 동기 미디어인 것에 반해, 영화나 사진은 동위 미디어이다. 웹 공간의 특징이 동위성에 있다는 것은 앞에서도 서술한 바 있지만, 여기서는 영화나 사진 그리고 텔레비전 등 기존 미디어의 동위성에 관해 알아보고자 한다.

직접회화나 전화 케이스의 경우와 비교해 볼 때, '영화'나 '사진'에서 눈에 띄는 특징은 촬영된 영상이 오랜 시간을 거쳐 관객(감상자)에게 전해진다는 시간적 격차이다. 관객은 어디까지나 한 사람으로서 감상할 뿐이며, 제작자와 커뮤니케이션을 하고 있다고 느끼는 일은 거의 드물다. '영화'나 '사진'은 텔레비전이나 신문과 같이, 제작자와 관객은 발신자와 수신자 관계로 규정된다. 또한 영상(화상)이 스크린(인쇄지)에 투영되기 때문에 관객(감상자) 쪽에서 보자면 영상(화상)은 대상화하기 쉽고, 전화에서의 음성처럼 심각하게 신체가 빠지지 않는다. 이것만 본다면 '영화'나 '사진'은 전화에서처럼 '현존재'가 신체에서 이탈하는 사태는 찾아볼 수 없으며, '주체'가 영화를 대상으로 삼아 객관적이고 냉정하게 감상할 수 있는 것처럼 보이기도 한다. 그러나 1세기 이상 이전에 상영된 최초의 영화 〈시오타 역으로 도착하는 기차〉(1895)[79)]에서는 관객들이 움직이는 영상을 보고 그만 엉겁결에

---

79) **역주_** 〈시오타 역으로 도착하는 기차〉(1895)는 뤼미에르 형제[형 오귀스트(Auguste, 1862~1954), 아우 루이(Louis, 1869~1948)]가 만든 것으로, 1895년

'뒷걸음질쳤다'고 전해지는 것처럼, 영화는 본래 과잉이라고 말할 수 있을 정도로 현전성을 갖고 있다.[80] 현재에도 우리는 영화의 현전성에 마음이 동요되는 경우가 많다. 그것은 신체성을 충분히 배려한 대형 스크린이나 조명을 줄이고 잡음을 차단한 건물 안, 편안한 의자 등으로 이루어진 영화관이라는 훌륭한 감상장치가 가져온 효과이다. 그리고 그 이상으로 큰 효과를 내는 것이 바로 영화가 가지는 '동위성'인데, 왜냐하면 동위성은 우리의 '현존재'를 마음대로 희롱하기 때문이다.

직접회화의 경우와 비교해 보면 영화는 '현존재'의 행동이 명확히 다르다. 우선 영화에는 '공간마련(공간내줌)'이라는 계기가 없으며, 갑자기 관객에게 '❷ 영상의 현전'이 일어난다. 영화의 경우, 영상은 스크린에 나타나기 때문에 확실히 눈앞에서 대상화할 수가 있고 전화처럼 음성이 신체를 탈취(영토화)하는 그런 사태는 일어나지 않는다.

그러나 영화는 전화와 다른 형태로 '마음이 여기에 없는' 상태를 만들어 낸다. 그것은 '❸ 제작자와의 동위' 즉 관객이 제작 현장에 시간적으로 거슬러 올라가 영상에 몰입되는 것에 의해 일어난다. 이때는 음성에 빠지는 전화의 케이스처럼 수동적이 아닌, 관객이 능동적으로 영상을 쫓아가는 것이다.

---

12월 8일 파리 '인도의 방'이라는 홀에서 일반 관객들을 모아 입장료를 받고 영화를 상영하였다. 이 영화는 시오타 기차역에 도착하는 거대한 화물열차의 모습을 찍은 3분짜리 무성영화로, 이날 〈물 뿌리는 정원사〉와 〈전구공장 노동자들의 외출〉이란 영화가 같이 상영되었다. 당시에는 이 영화들은 모두 제목이 없었고 후에 내용에 맞추어 제목이 붙여졌다. 무성영화이긴 해도 당시 영화라는 것을 처음 접한 관객들은 열차가 진짜로 달려오고 있다고 착각하여 피신하는 소동을 벌였다고 한다.

80) ポール ヴィリリオ, 丸岡高弘 譯, 『ネガティヴ・ホライズン－速度と知覺の變容』, 産業圖書, 2003.

스크린에 비춰진 영상은 제작 당시의 카메라 시선 그 자체이다. 관객은 카메라가 보고 싶어한 피사체를 완전히 같은 위치와 프레임 속에서 보게 된다. 그것은 시간상 멀리 떨어져 있음에도 불구하고 마치 피사체에 비치고 있는 빛과 똑같은 빛이 자신을 비추고 있다고 말할 수 있다.

롤랑 바르트는 '일찍이 존재했던 것이 그 직접적인 방사물(그 빛)에 의해 실제로 접촉한 사진 표면에, 이번에는 나의 시선이 접촉하러 간다고 생각하면 매우 즐거워진다'고 언급하였다.[81] 또한 와다는 라캉의 '〈대상〉으로서의 시선'(대상 'a'로서의 시선에 대해서)을 의론의 근거로 삼아 '영상을 본다는 것은 카메라에 촬영된 것을 비추어내는 빛에 스스로를 노출하는 일 없이 본다고 하는 의미에서, 몰래 엿보는 것이다'라고 서술하였다.

앞에서도 언급한 것처럼 관음증(엿봄) 환자는 대상에 욕망하는 것이 아니라, 욕망을 일으키는 성향 그 자체에 욕망한다. 욕망의 근원은 타자의 '시선'이며, 엿본다고 하는 도구 전체를 말한다. 관음증(엿봄) 환자는 벽이 하나 존재하는 것만으로 대상에 노출되는 일 없이 엿보기가 가능하다. 만일 그 벽을 걷어낸다면…… 눈앞의 대상에게 강하게 압박당할 뿐만 아니라 세상으로부터 단죄되고 또한 윤리의식이 작용하여 깊게 반성하게 될 것이다.

'대상이 받는 빛'이란 대상과 자신이라는 도식의 한계를 넘어 위치하여, 설령 벽이 가로막고 빛을 차단한다고 하더라도 항상 자신을 비추는 존재이며 대문자 타자라고도 할 수 있다. 엿보기는 그러한 존재에게 항상 비추어지기 때문에 욕망한다.

---

81) ロラン バルト, 花輪光 譯,『明るい部屋－寫眞についての覺書』, みすず書房, 1985, 100쪽.

이처럼 '대상이 받는 빛'은 제일 먼저 초월한 입장에서 자신을 백일하에 드러내고, 다음으로 그 중 현실에서는 만날 수 없는 대상과 자신을 밀접하게 대면시킨다. 즉 대상과 자신을 유사하게 연결시켜 격차를 없애는 기능을 가진다.

그렇게 보면, 영화는 관객에게 '대상이 받는 빛'과 마찬가지로 빛을 비추게 하여 지금 여기에 존재하는 관객과 일찍이 그곳에 존재하였던 대상을 '동위'시킨다. 영화에서 '동위'의 대상은 피사체인 여배우나 남자배우이며 또한 표현자(제작자)인 감독이나 카메라맨이다. 그러나 관객은 여배우의 시선을 획득할 수는 없고, 결국 감독이나 카메라맨의 시선을 빌려 여배우를 보게 된다.

영화의 '동위'에서 무엇보다도 중요한 것은 관객에게 당시의 표현자(제작자)와 같은 시선을 빌려주는 것이며, 그것에 의해 비로소 당시의 '대상이 받는 빛' 속으로 관객을 끌어들일 수 있다. 그곳은 바로 영화관 스크린이며, 관객은 좌석에서 벗어나 스크린이라는 새로운 장소에서 또다시 피사체를 보게 된다. 그렇게 하여 관객은 촬영 당시의 유사한 '공시성'을 획득하고, 지금까지 상실하였다고 생각한 '아우라'를 갑자기 재현된 표현자—피사체의 관계 속에서 알아차리게 되는 것이다.

텔레비전도 기본적으로 영화와 마찬가지로 동위성을 가지고 있다. 그러나 텔레비전에는 영화처럼 감상장치가 달려 있지 않으며, 또한 스크린에 투영된 '반사광'을 영상으로 하는 영화와 달리 스크린에 직접 발사하는 '투과광'을 영상으로 한다. '반사광'이 영상에 대한 분석적인 해석을 이끌기 쉬운 데 반해, '투과광'은 보다 감정적 · 주관적인 반응을 유발한다. 텔레비전은 감상장치의 부재에 따라 감정이입이 떨어지는 만큼 이를 투과광이 보충해 준다고 말할 수 있다. 실제로 방을 어둡게 한 후 최근 발매된 액정이나 프라스마 대형화면으로

[그림 13] 동위 미디어(영화, 사진)

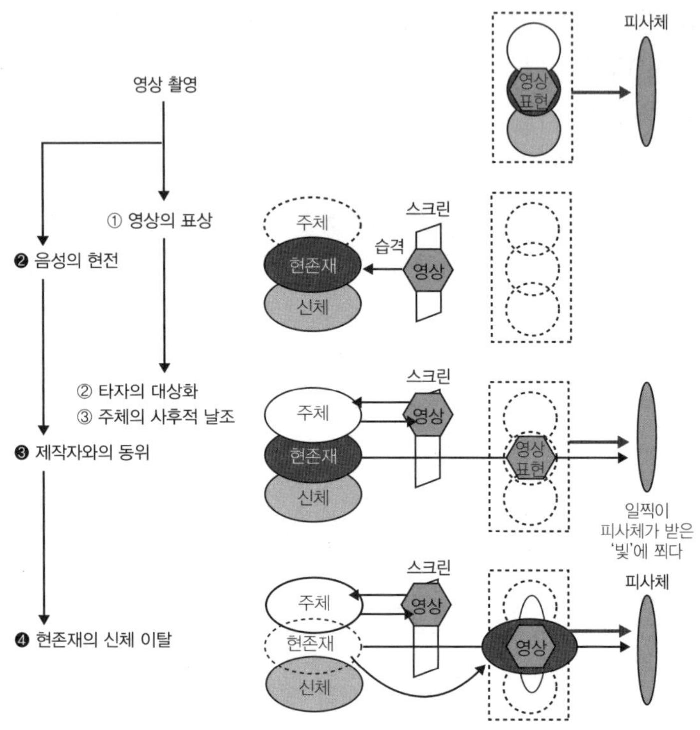


하이비전 영상을 감상할 경우 영화가 주는 감동 이상의 효과를 기대할 수 있다.

다만 텔레비전은 일상 생활에 깊숙이 침투에 있으며 동시에 늘 전원이 켜진 채 방대한 콘텐츠를 일방적으로 흘려보내고 있다. 말하자면 환경 창출형 장치이다. 그것이 애초부터 영화라는 감상형 장치와의 비교를 곤란하게 만든다. 아무리 인터페이스 성이 높다 하더라도 텔레비전이 이렇게 사용되는 한은 '아우라'를 재현하기 어렵다.

영화를 감상중인 '현존재'는 스크린이라는 새로운 장소에 있어서 존재하며, '❹ 현존재의 신체 이탈' 상태에 있다. 전화에서의 '뒷걸음질'이 먼 곳과 이곳의 공간적 차이를 보존시키는 것과 대조적으로, 영화에서는 스크린 쪽을 향한 '앞으로 기울기'를 통해 촬영 당시와 지금(감상할 때)의 시간적 차이를 보존한다.

'뒷걸음질'이 연속 추돌처럼 현전한 음성에 깊게 빠져듦으로써 일어나는 것임에 반해, '앞으로 기울기'는 영상에 집중된 '대상이 받는 빛'을 취하러 가는 것이며, 앞으로 기울어지는 움직임 그 자체가 시간의 격차를 없애는 기능을 한다. 즉 '앞으로 기울기'를 하는 속에서 시간적 차이가 보존되는 것이다.

어찌되었든 전화, 영화, 사진, 텔레비전 등의 미디어는 이들 차이를 보존하고 거리(격차)를 메우는 것으로 존재론적 레벨에서 '현존재'가 '나타'나는 장소를 시시각각 변화시킨다.

## 유사 아우라를 만드는 동위 메커니즘

영화나 사진에서 보인 '동위' 메커니즘은 우선 관객(감상자)과 스크린과의 공간적 거리를 소멸시키고, 다음으로 관객(감상자)과 제작자나 피사체와의 시간적 격차를 소멸시킨다. 이로써 상실되었던 '아우라'가 갑자기 재생되어 관객은 리얼리즘을 획득하고 안심하며 감정이입을 한다.

이러한 '동위' 기능은 '아우라'의 '재생'이나 추체험(追體驗)[82]을 위한 것이 아닌, '아우라'의 '창작'을 위해 보다 적극적으로 활용되고 있다. 물론 가상세계에는 당연히 실물(?)의 '아우라'는 존재하지 않지만, 그곳에 리얼리즘을 불어넣기 위해 다양한 장면에서 '동위'가 작동하고 존재할 리 없는 '아우라'가 위장되어 있다.

---

82) **역주_** 남의 체험을 제 것으로서 체험하는 것.

그것은 영화나 텔레비전에도 응용되고 있다. 애초부터 영화나 텔레비전은 그동안 찍어놓았던 방대한 필름을 편집해서 만든 창작물로, 자연 상태를 있는 그대로 찍은 것이 아니다. 최근에는 CG(컴퓨터 그래픽)나 VFX[83]가 발달하여 표현의 자유 또한 높아졌으며, 애니메이션과 같은 완전한 가상세계도 수많이 존재하고 있다. 우리가 가상작품에 대해서도 똑같은 리얼리즘을 느끼고, 감정이입을 할 수 있는 것은 '동위' 메커니즘이 만들어 내는 '아우라'를 작품에서 느낄 수 있기 때문이다.

영화나 텔레비전에서 그러한 동위성 확보는 단순히 CG 등을 통한 리얼리티를 추구하는 것이 아니라, 관객과 제작자의 '서로 시점을 맞추기'에 의해 행해진다. '동기'는 먼 곳의 상대와 마주보는 '서로 시점을 맞추기'를 한 다음, 상대 시선과 정면으로 마주보며 때로는 교차하여 깊숙하게 들어와 버린다. 그 점에서 '동위'는 상대방과 '서로 시점을 맞추기'에 의해 같은 자리를 차지하게 되기 때문에, 상대방의 시선과 평행되게 똑같은 방향으로 자신의 시선을 배열할 수 있다. 같은 장소(자리)를 준비하여 그곳에서 똑같은 대상을 보고 듣게 하는 것이 '동위'의 비결이다([그림 10]). 더욱이 동위 개념이란 유(類) 개념에 포괄되는 종(種) 개념들을 의미하지만, 여기에서의 자리는 일종의 유 개념이라고 생각할 수 있다.

이메일을 예로 들어보자. 이메일은 송신자의 텍스트를 시간적·공간적으로 격차(거리)가 있는 수신자에게 전달하는 툴(tool : 도구,

---

83) **역주_** VFX : 시각효과. 그림이나 영화의 프레임을 만들어 처리하는 데 쓰이는 용어이다. 특수효과는 보통 진짜같이 보이게 만드는 환경을 조성해야 하지만 촬영이 위험하거나 불가능할 경우 라이브 액션 동영상을 CGI 등과 통합할 때 함께 사용된다. 예산이 많이 드는 영화에서 많이 쓰이며, 최근 들어 애니메이션이나 합성 소프트웨어가 유통되면서 아마추어 영화 제작자에게까지 시각효과를 사용할 길을 열어 놓았다.

공구)이다. 송신자와 수신자는 시간적으로 '동기'하는 일이 없으며, 그 점에서 이메일은 영화와 마찬가지로 동위 미디어, 아니 동위 애플리케이션이다. 이메일에서의 '동위' 작용이란 메일을 쓴 송신자가 차지하고 있던 같은 장소에 수신자가 들어오게 하여, 송신자와 같은 시선을 부여하여 텍스트를 보게 하는 것이다. 즉 마치 텍스트를 쓰게 할 요량으로 그곳에 있도록 만드는 것이다. 그것이 존재론적 레벨에서 현존재가 이용하는 이메일의 실상이다. 한편 인식론적 레벨에서는 주체로서의 수신자가 대상화된 텍스트를 받아, 사후적으로 이해할 뿐이다. 이 두 가지가 동시병행적으로 진행해 간다. 다만 이메일에 사용되는 텍스트는 영상이나 음성과 비교해 보면 현전성이 낮으며 또한 이메일에는 편지나 소설 등 아날로그 미디어처럼 '동위'를 일으킬 특별한 장치가 준비되어 있지 않아 동위성이 낮다.

이와 같이 이메일은 존재론적 레벨에서 '❶ 공간마련(공간내줌)' → '❷ 텍스트의 현전'으로 진척되어도 '❸ 송신자와의 동위'나 '❹ 현존재의 신체 이탈'이 일어나기 힘들며, 필연적으로 이메일에 의한 커뮤니케이션은 인식론적 레벨에서 진행해 가게 된다.

단 이메일에서 주목해야 할 점은 전화와 마찬가지로 존재론적 레벨에서 가상의 '❶ 공간마련'이 행해진다는 사실이다. 메일 이용자는 이메일로 연결된 타자를 '가까운 시간에 상대방과 통신한 적이 있는 통신이력[84)]' → '주소록에 등록 마침' → '그 외'라고 하는 배시적인 배려 속에 두면서 언제 메일이 착신하더라도 이상하지 않은 세계 속으로 자신을 내던지고 있다. 이러한 배려는 통신이력 열람이나 기억을 매개로 일어난다. 이메일의 주요 정보에는 송신자(from)와 수신인(to와 cc) 등이 기록되어 있으며, 현존재로서의 이용자는 이러

---

84) **역주_** Communication History.

한 공유자 정보를 포함한 정보 데이터베이스를 바라보면서, 정보 공유자로서 타자가 있는 장소를 막연히 이해하고 그 장소로부터 자신이 있는 '여기'를 소급적으로 배려하는 일을 반복한다. 거기에 '공간마련'의 계기가 발생하고 '나타'나는 것이다.

이메일에 비해, 같은 텍스트를 사용하면서 동위성은 훨씬 높은 것이 바로 '트위터(Twiter)'이다. 유저는 'What are you doing?(지금 무엇하고 있니?)'과 같은 질문에 대해 140문자 이내의 코멘트를 투고하고, 그것을 받은 다른 유저도 코멘트 투고를 연결해 준다고 하는 서비스가 제공되고 있다. 코멘트는 대부분 '맥주 마시고 싶어'라는 중얼거림이나 혼잣말로 '나도 마시고 싶어' → '나도…'라는 식으로 이어지기도 한다.

이러한 혼잣말로 연결되는 사슬은 시간을 사이에 두면서 느슨하지만 일종의 대화가 되고 있다. 일을 마치기 전 회사의 책상 앞에 앉아 '맥주 마시고 싶다'라고 혼잣말을 하면, 그 말을 들은 근처 동료가 몇 분 후 '나도 마시고 싶다'라고 중얼거리며 서로 맥주를 마시러 가게 되는 상황과 닮았다. 트위터는 지금 현재 스테이터스(status)를 투고시켜 시제적으로 연결하기 쉬운 소재를 제공하거나 유저의 선택에 따라 회화를 성립시키는 등 독특한 '동위' 메커니즘을 가지고 있다.

또한 트위터에서는 자신의 코멘트에 관심을 갖는 사람들을 '팔로우(follower)', 자신이 따르는(follow) 사람들을 '친구'라고 부르고 있으며, 각각의 등록 수가 표시되어 있다. 일반적으로 친구와 팔로우 간에는 큰 차이가 없지만, 서명인은 친구보다 팔로우 쪽이 압도적으로 많다.

트위터를 존재론적 레벨에서 본다면([그림 14]) 사전에 가상의 '❶ 공간마련(공간내줌)'이 행해지고, 독자의 커뮤니케이션 세계를 형성하고 있음을 알 수 있다. 트위터 유저는 항상 '팔로우'나 '친구'를

[그림 14] 동위 애플리케이션(트위터)

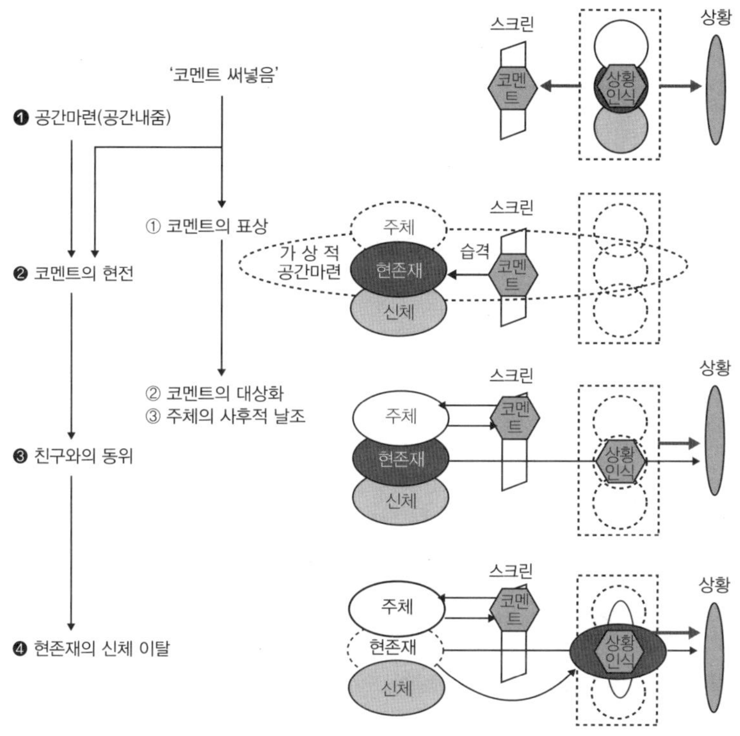


의식하고 있으며, '그곳'에서 자신의 '여기'를 배려하고 있다. 그 속에서 친구들의 '❷ 코멘트 현전'이 일어나기 때문에, 그 '코멘트'가 '친구'의 독특한 '중얼거림'임을 알 수 있다. 이와 같이 평상시엔 은폐되어 작동하는지 어떤지 알 수 없는 '공간마련'이 '동위'를 위해 중요한 메커니즘이 되고 있다. 그리고 자신도 선택적으로 코멘트를 연결해 감으로서 마치 같은 장소를 차지하고 있는 듯한 '❸ 친구와의 동위'가 일어난다. 그런 상태에서는 '친구'가 있는 스크린을 향한 '앞으로 기울기'에 '❹ 현존재의 신체 이탈'이 일어나는 것이다.

이와 같이 유저가 열광하는 애플리케이션은 의도적이 아니더라도 현존재 레벨에서 효과적인 조작이 일어나고 있으며, 열광 이유도 거기에서 찾아낼 수 있다. 변화는 현존재 레벨에서 일어나고 있다. 얻고 잃음, 좋고 싫음, 적합과 부적합 같은 '주체'가 내리는 이성적 판단을 넘어선 차원에서 동시 진행하는 또 하나의 세계로, 유저의 마음을 그 깊은 곳에서부터 뒤흔드는 디자인(설계)이 드디어 가능해졌다고 말할 수 있다.

복제환경인 웹 공간은 서로 다른 시기의 동작을 공간적으로 서로 연결하여, 시간 격차를 소멸시키고 유사적인 '시간적 현존성'을 만들어 내는 '동위 공간'이다. 앞으로도 더욱 더 동위 애플리케이션이 만들어지게 될 것이다. 그 때문에라도 존재론적 세계에 대한 해명을 계속해 나갈 필요가 있다.

## 4. 규율 : 아키텍처라고 불리는 웹 공간의 핵심

### 내면을 묻지 않는 아키텍처형 권력

코드(code)란 소스 코드(source code)[85]라고 말해지는 것처럼 컴퓨터 프로그램에서 일련의 지시문을 가리킨다. 트위터, 싱글벙글 동영상, 구글, SNS 등 지금까지 소개해 온 플랫폼층의 크고 작은 다양한 애플리케이션은 예외 없이 코드로 쓰여진 프로그램이다. 또한 인터넷의 프로토콜도 모두 코드로 쓰여 있다. 원래 코드에는 규약, 규칙, 법전과 같은 의미가 있으며, 로렌스 레식(Lawrence Lessig)은 자신의 저작에도 『CODE』[86]라는 제목을 붙여 사이버 공간(웹 공간) 모두가

85) **역주_** 원시(原始) 코드 : 컴파일러나 어셈블러를 써서 기계어로 변환하는 바탕이 되는 형의 프로그램. 비행기의 기체를 제어하는 소프트웨어.

86) ローレンス レッシク, 앞의 『CODE－インターネットの合法・違法・プライバシー』,

코드로 구성되어 있다고 하고, 그것을 '아키텍처(architecture)'라고 부른다.

건축가(architect)는 인간신(人間神)이다. 그들은 건축이나 도시(아키텍처)를 '만들어진 환경(built environment)'으로 파악하고, 환경이라는 차원에서 도시주민이나 이용자를 컨트롤하고자 하는 환경 창조주이다. 환경이란 설령 인공적으로 만들어졌다 하더라도 인간에게 도구로 이용되는 것이 아니라, 항상 인간과 관계를 맺으면서도 어디까지나 외부에서 인간에게 다양한 제약을 가하는 존재이다.

예를 들어 A지점에서 B지점으로 이동할 경우 일직선 도로가 정비되어 있으면 이용자는 최단거리를 이용할 수 있지만, 이미 개통된 길이 굽어져 있다면 그 길을 따라 걸을 수밖에 없다. 주택가 주변의 안전을 지키고자 지나가는 자동차의 속력을 줄이게 하기 위해서는 법 규제에 따라 제한속도를 설치하고 규칙을 운전자에게 학습시켜 지키게 하기보다는 도로에 험프(hump : 도로 표면에 둔 요철장애)나 크랭크(crank : 구부러진 모양)를 설치하여 물리적으로 고속운전을 할 수 없도록 하는 편이 효과적이다.

이와 같이 아키텍처는 법률에 필적할 만큼 사회를 컨트롤하는 강한 힘을 가지고 있다. 또한 아키텍처는 컨트롤 당하는 사람들의 내면 본질을 묻지 않는다. 컨트롤이 효과를 거두기 위해 법률처럼 인간들에게 사전에 공통된 약속을 내부화시키거나 할 필요가 없으며, 또한 양심에 따를 것인가 아닌가와 같은 판단을 개개인에게 맡길 필요도 없다. 그 점에서 건축은 확실히 아키텍처의 권력성을 이해하고, 능숙하게 컨트롤하는 힘을 행사해 왔다.

레식이 말한 아키텍처도 '코드에 의해 쓰여진 환경'이며, 환경이라는

---

2001.

차원에서 유저를 컨트롤하는 인간신의 산물로서 건축과 마찬가지의 권력성을 가지고 있다. 웹 공간에서의 아키텍처는 건축처럼 건축설계도에 해당하는 프로그램(코드)을 이용하여[87] 아키텍처가 원하는 대로 규제를 만들거나 규제를 걸어 유저를 능숙하게 유도한다.

그 예로 트위터라면 도입 부분에 'What are you doing?'이라고 하는 질문이나 문자 입력을 140문자로 제한하여 이용자의 '동위'를 강요해 원만한 커뮤니케이션을 실현시킨다. 만일 믹시(mixi)라면 멤버십으로 운영하기 때문에 익명성을 어느 정도 배제한 준실명제를 실현시키고 있다. 보다 폭력적인 것으로는 '구글 검열[88]'이 있다. 구글 검열이란 구글의 검색엔진 검색결과에 특정 페이지만 표시되지 않는 것으로, 말 그대로 웹 공간에서의 '따돌림'이다. 사실상 과점(寡占)[89] 상태에 있는 구글의 검색공간에서 삭제된다는 것은 그 페이지나 정보가 네트 상에 존재하지 않는다는 것을 의미한다. 삭제는 구글의 삭제 기준에 맞추어 실시하지만 현재로서는 그 기준이 공표되고 있지 않아 자의적인 개입이 이루어질 여지가 많다. 이렇게 하나의 사기업에 불과한 구글이 웹 공간의 출구(다운로드)에서 문지기 역할을 하고 있다.

아키텍처는 한 마디로 말해 인간을 동물취급하는 오토매틱한 컨트

---

87) 건축에서는 설계도면을 기초로 한 시공 과정을 거쳐 건축이 현실화하는 것에 대해, 아키텍처 프로그램에서는 건축에서의 시공 과정을 거치지 않고 현실화한다는 점이 다르다.

88) **역주_** 구글 검열은 구글의 기준에 해당하는 페이지가 구글 데이터페이스로부터 제거되어, 구글에서 검색해도 내용이 표시되지 않는 상태가 되는 것을 말한다. 구글 검열행위라고도 한다. 영어로는 'Censorship by Google' 혹은 'Google Censorship'라고 불리지만, 각국 정부의 요청에 의한 검열이나 구글 맵상의 특정 위성사진 등을 포함한 넓은 개념이다.

89) **역주_** 경쟁관계에 있는 몇몇 사람들이 시장을 지배하여 거래량이나 값을 마음대로 결정하는 것.

롤 방법이다. 레식은 '아키텍처'를 '규범', '법', '시장'이라는 사회를 컨트롤하는 권력에 필적하는 '제4의 권력'으로 명명하였다. 웹 공간의 확장에 따라 유저를 무감각한 상태에서 컨트롤하는 아키텍처가 그 영향력을 강화하고 있는 것임에 틀림없다.

### 계속 만들어지고 있는 규율체계

웹 공간은 '만들어진 환경(built environment)'으로서 유저의 행동을 규정한다. '인터페이스 성', '복제 용이화', '동위성'과 같은 현실공간과는 다른 공간 특성을 살린 코딩(coding : 부호화)이 실행되어, 그 속에서 유저의 평판이나 열광을 장치해 둔 애플리케이션이 웹 공간을 점유해 나간다. 앞으로는 컨트롤 대상 범위를 단일한 '자아(플레이어)'에서 복수의 '개인(캐릭터)'으로 확대시켜 유저를 새로운 세계로 유도해 나갈 것이다. 심지어 자아나 개인이라는 주체 레벨에서 현존재 레벨로 대상을 확대하여 동위에 의한 세밀한 커뮤니케이션 연출 등에 따라 무감각한 유저를 교묘히 유도할 가능성도 있다. 그것이 내면을 묻지 않는 권력으로서 아키텍처의 본래적 모습이다.

그런데 현재 아키텍처 그 자체를 컨트롤할 움직임은 거의 보이지 않는다. 일본 국내에서는 그것과 관련해서 프로바이더(provider : 공급자, 조달자) 책임제한법이나 부정 액세스 금지법과 같은 가벼운 규제가 마련되어 있을 뿐이다. 그 이유는 현재 아키텍처의 권력 남용에 따른 실질적 폐해가 거의 확인되지 않고 있으며, 설령 문제가 있다 하더라도 지배적인 애플리케이션 등장에 따른 공정한 경쟁을 저해하는 보틀 넥(bottleneck : 난관, 애로점)을 염려할 만큼 대수롭지 않다고 낙관적으로 보고 있기 때문이다. 그러나 '구글 검열'과 같은 사태가 심각해져 갈 가능성은 여전히 남아 있다.

유감스럽게도 나로서는 아키텍처의 컨트롤 문제에 대한 유효한 해결방안을 제안할 수 없다. 애초부터 구글을 비롯한 주요 애플리케이션은 모두 국경을 뛰어넘는 서비스를 제공하고 있는 관계로, 한 나라의 '법률'이나 지방 '규범'으로는 컨트롤하기 어렵다. 아키텍처를 '규율'이나 '시장', '규범'으로 컨트롤하는 데는 한계가 있다. 또한 웹 공간의 아키텍처는 건축과 달리 가설적 · 허구적이다. 실제로 장치된 프로그램에서도 보통 코드가 변경되고 있으며, 설령 코드가 공개되어 있다 하더라도 전체를 확인하기는 어렵다. 더욱이 이용자 대부분은 코드 언어의 읽고 쓰는 능력을 그때그때 충분히 다 갖추고 있지 못하기 때문에, 그 점에서도 아키텍처의 컨트롤은 곤란하다.

어쨌든 아키텍처를 떠받치고 있는 이용자나 사업자에 의해 아키텍처 고유의 '규율'이 만들어지고 스스로 권력을 컨트롤하게 될 것이다. 그것은 법률이나 시장과 연동하면서도 독립된 규율이 된다.

실제로 새로운 규율체계가 계속 만들어지고 있다. 그것은 일본의 경우 정보통신 관련 법제도의 재검토로부터 시작되었다. '통신과 방송의 융합'이라는 인터넷에 의한 미디어 통합의 흐름에 따른 관련 법제의 재검토가 진척되고 있으며, 정부나 정책단체에 의해 새로운 규율체계 제안이 연이어 이루어지고 있다는 것은 앞에서도 지적한 대로이다.[90] 여기서 간단하게 복습해 보고자 한다. '방송'은 전송 인프라(전파)에서 콘텐츠(방송제작)까지를 포괄한 수직적 통합형 서비스이지만, 종래의 방송사업이나 통신사업은 모두 수직적 통합형이다. 기존의 정보통신 관련 법체계도 거기에 맞추어 수직형으로 만들어

90) 通信・放送の總合的な法體系に關する研究會, 「通信・放送の總合的な法體系に關する研究會報告書」, 〈http://www.soumu.go.jp/joho_tsusin/policyreports/chousa/tsushin_houseikikaku/pdf/071206_4.pdf〉 2007. 12. 情報通信政策研究會, 「新しい情報通信政策に向けて〈第二次報告〉」, 2008. 6.

져 있다. 기존 미디어가 인터넷으로 통합을 받아들이고 그 수직형 법률을 모두 통합해서 인터넷의 계층성에 입각한 수평형 법체계로 재편한다는 것이 여러 제안에 공통된 핵심 부분이다. 현장 레벨에서는 이미 미디어 통합이 진척되고 있으며, 현장의 움직임에 발맞춰 수직형에서 수평형으로의 법체계 재편은 혁신이나 커뮤니케이션의 최대화를 촉진시켜 나간다. 분단될 '방송'의 저항이 예상되지만 법체계의 재편은 불가피한 실정이다.

통신과 방송의 융합에 있어 그 이상으로 흥미로운 사실은 이러한 법체계 재편에 맞추어 '정보기본권'[91]이 설정되려고 한다는 점이다. 웹 공간에서는 생산자(사업자)가 일방적으로 소비자에게 서비스를 제공하는 것이 아니다. 현 사회가 표현사회라고 불리며, 소비자가 능동적으로 정보를 발신하는, 또한 집합지성(集合知性)[92]라고 일컬어지듯이 소비자가 사회 전면에 참가하면서 우수한 서비스를 만들어

---

91) 정보기본권은 법학자 하야시 고이치로(林紘一郎)가 '정보기본권'(林紘一郎, 『情報メディア法』, 東京大學出版會, 2005)을 구몬 슌페이(公文俊平)가 '정보권'(公文俊平, 앞의 『文明の進化と情報化－IT革命の世界史的意味』)을 제창하였다. 하야시 고이치로는 '정보기본권'을 (A) 언론의 자유 (B) 개인 전속권과 공공복지와의 조화 (C) 정보 액세스권으로 구분하고, (A)에서는 ① 생각의 자유 ② 표현의 자유 ③ (표현)행동의 자유를, (B)에서는 ④ 명예 · 신용의 보호 ⑤ 사생활의 보호 · 공공권 ⑥ 저작권을, (C)에서는 ⑦ 알 권리와 정보공개 ⑧ 전 세계적 액세스 ⑨ 송신과 수신의 자유를 들고 있다. 또한 정보사회학자인 구몬 슌페이는 '정보권'을 ① 정보나 지식의 처리에 관련된 권리와 ② 그 과정에서 생성된 정보나 지식의 귀속에 관련된 권리 ③ 자기 자신에 관한 정보나 지식의 관리에 관련된 권리로 구분하고 거기에 (a) 적극적인 자유권과 (b) 소극적인 청구권을 덧붙였다. 즉 '정보권'은 (1a) 정보 자립권 (2a) 정보 귀속권 (3a) 자기정보 관리권 (1b) 정보 안전보장법 (2b) 정보 우선권 (3b) 정보 사생활권과 같이 여섯 개의 권리를 더하였다.

92) **역주_** 집단지성(集團知性, Collective Intelligence) : 다수의 개체들이 서로 협력하거나 경쟁을 통하여 얻게 된 지적 능력의 결과로 얻어진 집단적 능력을 일컫는 용어.

내는 사태가 발생하고 있다. 이제는 소비자(consumer)와 생산자(prosumer) 사이에 명확히 선을 긋기 어려우며, 소비자이기도 하고 생산자이기도 한 프로슈머(prosumer)[93)]라고 불리는 이용자를 생각해 볼 필요가 있다. 지금까지 이용자의 권리는 '소비자 보호'라는 관점에서 구성되어 왔지만, 그것만으로는 충분하지 않다.

이러한 실상에 입각하여 웹 공간의 모든 이용자를 위해, 다시 말해 모든 인간이 웹 공간을 이용한다는 것을 전제로 하여 기본적인 권리를 설정해 두어야 한다는 생각이 점차 고조되고 있다. 웹 공간의 등장으로 우리는 많은 가능성을 손에 넣게 되었지만, 아날로그 시대의 규칙과 관습, 한층 대두된 아키텍처 권력에 그 가능성이 압축당하는 사태를 상상해 볼 수 있다. 그 때문에 우리 이용자가 향유할 수 있는 권리를 명확히 한 것이 바로 '정보기본권'이다. 하야시 고이치로(林紘一郎)나 구몬 슌페이(公文俊平)는 상당히 이른 단계에서 정보기본권을 제안하였는데, 두 사람 모두 정보기본권은 정보사회에 있어서 마땅히 기본적인 인권의 일부가 되어야 하며, 이에 근거하여 다양한 규율을 백지 상태에서 다시 구성해 가야 한다고 말하고 있다.

## 정보기본권

'복제 용이화'가 불러온 여러 가지 문제들은 정보기본권을 생각할 때 적당한 재료가 된다. 웹 공간에 디지털 정보가 업로드되면 제약이 가해지지 않는 한, 무제한 그리고 무상으로 원본의 완전 복제가 가능하

---

93) **역주_** 프로슈머(prosumer) : 소비자이면서 생산활동에 참여하는 미래형 인간. 손으로 직접 만들고 창조성 지향성이 강한 소비자로, 부품을 사서 직접 조립하거나 목공 일과 공작을 스스로 하는 새로운 인간형. 미국의 미래학자 토플러(A. Toffler)가 『제3의 물결』이란 책에서 말한 것으로 producer+consumer의 합성어이다.

다. 음악, 영화, 소설 등의 '표현'은 예외없이 디지털 데이터화가 가능하며, 웹 공간에 업로드되는 순간 여기저기에서 복사를 하려고 달려든다. 저작권 대상은 '표현'이며, '표현'의 완전한 복제 용이화는 현행 저작권을 무효로 만들어 버리고 있다.

'복제 용이화'는 무질서한 복사 행위를 촉진시켜, 기득권을 가진 저작권 비즈니스 관계자에게 큰 손해를 입힌다. 그러나 한편으로는 수많은 이용자의 입장에서 본다면 복제 용이화야말로 정보화에 따라 얻을 수 있는 최대의 혜택 중 하나라고 말할 수 있다. 그러한 까닭에 대립하는 두 당사자 간에 정리를 꾀할 필요가 발생하였지만, 실제로는 아직 저작권 관계자의 권리가 중시되어 복제의 관리 · 제한을 골자로 한 저작권 강화 움직임이 한층 높아져 가고 있다.

이것과는 별도로 복제 용이화를 전제로 한 새로운 질서를 만들고자 하는 움직임이 앞서도 언급한 법체계 재편과 보조를 맞추어 등장하고 있다. 정보사회에서 살아가는 모든 사람에게 복제 용이화 혜택이 돌아가야 한다는 것은 당연하다. 그와 동시에 모든 사람이 정보나 지식 작성을 전제로 하여 스스로 작성한 정보나 지식을 다름 아닌 자신에게 귀속시킬 권리를 갖는다. 즉 모든 사람이 '복제 권리'와 '정보귀속권'이라는 상반된 권리를 갖게 된다.

정보기본권은 이러한 양의성 · 다의성을 전제로 해서 구성된다. 예를 들어 후자의 정보귀속권을 정보기본권의 일부로 규정한다면, 정보귀속권을 침해하지 않는 한 인정될 수 있다. 이는 물론 음악가나 소설가, 음악제작사나 출판사 등 종래의 저작권자뿐만 아니라 모든 이용자에게 적용되는 권리이다.

현재로서는 아직까지 표현에 있어서 아날로그 콘텐츠가 많지만, 앞으로 디지털화가 진행되어 간다면 언젠가 거의 모든 것이 디지털 콘텐츠로 될 것이다. 아날로그를 중심으로 한 '복제기술' 시대의 저작권으로는 디지털화한 '복제환경' 시대에는 이용자 간의 방대한 권리 조정을 원만히 진행시킬 수 없다. 저작권 비즈니스를 담당하는 기득권자와의 조정에 1세대 이상의 긴 시간이 필요할지 모르겠지만, 새로운 규율로의 이행은 단지 시간문제일 뿐이다.

복제 용이화와 마찬가지로 심각한 문제로 발전할 소지가 있는 것이 바로 자기 자신에 귀속하는 '자기정보 관리권'이다. 웹 공간에서는 자신을 '디지털 데이터로서 나'로 나타내어지는 것처럼 실존 레벨에서 보아도 자기정보 관리는 최대 관심사이다.

자기정보 관리권은 본인이 알지 못하는 곳에서 통용되는 개인정보를 부당하게 사용하지 못하게 하는 개인 사생활권에서 출발한 것으로, 자신에 대한 모든 정보를 본인이 컨트롤할 수 있는 권리이다. 여기에서 말하는 '자기정보'란 이미 설명한 '자기 관련 데이터'이지만, 더욱 구체적으로 살펴보면 개인정보 보호법 등이 대상으로 하는 ① '자신을 직접 나타내는 개인정보'에 부과해서 ② '자신을 간접적으로 나타내는 정보'나 ③ '자기가 공유하는 인간관계 정보' 등을 포함한다.

② '자신을 간접적으로 나타내는 정보'로는 컴퓨터에 내장된 정보를 들 수 있다. 노트북 이용자의 경우 브라우저에 '마음에 드는 리스트'를 보기만 해도 본인의 특징을 유추할 수 있으며, 그곳에 수용된 정보는 본인을 간접적으로 나타내는 정보가 된다. 네트워크에 접속해 있는 한, 이러한 정보는 평상시 유출될 위험이 있으며 유출된 후에도 데이터는 보존되어 계속 남게 된다. 제134회 아쿠타가와상[94]을 수상한 이토

---

94) **역주_** 아쿠타가와상(芥川賞) : 1927년 사망한 일본의 소설가 아쿠타가와 류노스케(芥川龍之介)의 문학적 업적을 기려 제정된 문학상으로, 정식 명칭은 '아쿠타가와 류노스케 상'. 『분게이슌주(文藝春秋)』를 창간한 기쿠치 간(菊池寛)이 1934년 나오키 산주고(直木三十五)의 사망을 계기로 1935년 나오키

야마 아키코(糸山秋子)의 『바다에서 기다리다(沖で待つ)』(2006)도 이러한 컴퓨터에 내장된 축적정보의 자기관리를 주제로 한 것이다.

또한 ③ '자기가 공유하는 인간관계 정보'에서는 SNS의 인간관계 정보를 예로 들 수 있다. 현 상황에서 믹시(mixi)나 그리(Gree)[95] 등 SNS 운영기업이 만일 도산한다면 참가자들이 만들어 왔던 인간관계 정보나 자기관계 정보는 거의 틀림없이 소멸되고 말 것이다. 이처럼 자기정보를 스스로 관리하기가 매우 어려운 상황에서 자기정보 관리권의 제정 의의는 크다고 볼 수 있다.

이와 같이 정보기본권은 스스로 작성한 콘텐츠가 자신에게 귀속하는 '정보귀속권'이나 자기 자신에게 귀속하는 정보를 관리하는 '자기정보 관리권' 외에 '표현의 자유'나 안전하게 안심하며 정보를 교환할 수 있는 '정보안전 보장권', 누구든 정보에 접근할 수 있는 '정보 액세스권' 등을 포함하여 구성되어 있다. 정보기본권은 의외로 이른 시기에 설정될지도 모른다.

---

상(直木賞)과 함께 제정하였다. 1년을 상 · 하반기로 나누어 1월과 7월 2회 시상하는데, 소설가에게 수여되는 신인상으로서는 일본에서 최고 권위를 인정받는다.

95) **역주_** GREE : 일본 SNS 원조로 Mixi보다 일찍 시작하였다. 이동통신사인 KDDI와 손잡고 모바일 SNS로 집중하면서 킬러 서비스로 낚시와 육성 게임이 성공, 일본의 3대 SNS인 Mixi 및 모바게 타운과 경쟁할 수 있는 위치에 서게 되었다. 주로 낚시, 애완동물 기르기 등 다양한 모바일용 무료게임을 제공하며 많은 사용자들을 유입하고 있다.

## 5. 원질서(原秩序, Original Order) : 그 안에 잠재된 데이터 행동

### 베키의 법칙[96]에 따르는 데이터베이스

우리는 '스크린'이라는 인터페이스로부터 웹 공간에 침입하고, '아키텍처'라고 불리는 플랫폼층에 도달하여 다채로운 활동을 시작한다. 그곳에서는 많은 애플리케이션이 활동을 컨트롤하고, 또한 그 컨트롤을 컨트롤하는 규율이 만들어지려고 하고 있다.

더욱이 웹 공간을 헤치고 들어가 보면 그곳은 데이터의 세계이다. 게시판에 댓글 기사와 같이 작은 기록들을 시작으로 거대한 데이터베이스에 이르기까지 그 크기는 다양하지만 데이터는 각 계층의 코드에 의해 컨트롤되면서 서로 연결을 갖고 존재한다. 코드와 데이터의 관계는 문법과 단어와의 관계와 유사하다.

최근 네트워크 연구에 의하면 웹 공간(인터넷)에 관한 많은 지표가 베키(거듭제곱)의 법칙을 따른다는 것이 명확해졌다.[97] 1993년에는

---

96) **역주_** 베키의 법칙(Becky's law) : 예를 들어 우리나라의 어휘 사용빈도를 보면(고려대학교 김홍규교수팀 연구) 사람 · 한국 · 하다 · 없다 · 그러나 등의 사용빈도가 가장 높다고 한다. 한국어 전체 30만 개 단어 중 상위 1000개의 단어만 알면 한국어의 75% 이상을 이해할 수 있고, 우리가 주로 사용하는 단어는 전체 어휘 중 0.3%에도 미치지 못한다는 것이다. 미국도 비슷해서 the, of, and, to의 사용빈도가 가장 높은데 흥미로운 것은 순위가 내려갈수록 사용빈도가 기하급수적으로 떨어진다는 점이다. the가 1000번 사용되었다면 of는 그 절반 정도이다. 이 원리를 언어학에서는 지프의 법칙이라고 한다. 지프는 자신의 저작 『인간 행동과 최소 노력의 법칙』에서 언어가 지프의 법칙을 만족하는 이유를 인간이 최소 노력으로 최대 효과를 얻으려는 특징이 있기 때문이라고 설명하였다. 우리가 일상 생활에서 사용하는 단어들 이면에도 빈도 수와 관련한 정교한 법칙이 존재한다는 것을 수학에서는 베키의 법칙이라고 부르며 일반적으로는 Power law라고 한다.

97) '베키의 법칙에 따르다'의 첫 출전은 丸田一, 「新しい地域發展論ーベキ法則下での地域の生き方」, 「CANフォーラムーアーカイヴ/メンバーズ・オピニオ」〈http://can.or.jp/modules/archives/index.php/articles/20030527-01/index.html〉,

경제물리학을 제창한 다카야스 히데키(高安秀樹)의 인터넷의 패킷[98] 유량(流量), 1997년에는 사토 신야(佐藤進也)의 웹서버(라우터[99])) 행동,[100] 1999년에는 구조물리학자인 알버트 라즐로 바라바시(Albert-La'szlo' Baraba'si) 등이 WWW 링크 수에 대해서,[101] 그것들의 분포가 베키의 법칙을 따른다는 사실을 발견하였다. 또한 최근에는 웹페이지의 인기 액세스 수[102]나 자기 자신이 검증한 인터넷의 백본[103] 구조[104]

---

2003. 5.

98) **역주_** 패킷(packet) : 네트워크를 통해 전송하기 쉽도록 자른 데이터의 전송단위. 본래는 소포를 뜻하는 용어로, 소화물을 뜻하는 패키지(package)와 덩어리를 뜻하는 버킷(bucket)의 합성어이다. 우체국에서는 화물을 적당한 덩어리로 나눠 행선지를 표시하는 꼬리표를 붙이는데, 이러한 방식을 데이터 통신에 접목한 것이다. 즉, 데이터 전송에서 송신 측과 수신 측에 의하여 하나의 단위로 취급되어 전송되는 집합체를 의미한다. 전자우편이나 HTML · GIF 등 어떤 종류의 파일에도 적용할 수 있다. 이때 분할된 각각의 패킷에는 별도의 번호가 붙여지고 목적지의 인터넷 주소가 기록되며, 에러 체크 데이터도 포함된다.

99) **역주_** 라우터(router) : 랜(LAN, 근거리 통신망)을 연결해 주는 장치. 정보에 담긴 수신처 주소를 읽고 가장 적절한 통신통로를 이용하여 다른 통신망으로 전송한다.

100) 사토 신야(NTT 광 네트워크 시스템연구소) 등은 웹서버의 행동이 베키의 법칙에 따르는 것을 도출할 뿐만 아니라 서버의 성장이나 활성도, 베키지수 관계 등 진일보한 분석을 하고 있다(佐藤進也 外, 「アクセス履歴を利用したWebサーバーの狀態の推定」, 1997). 유사한 연구로는 라우터 결합관계를 연구한 A.-L. Baraba'si and R. Albert, "Emergence of scaling in randam networks" (*Science* vol.286, 1999, pp.509~512)가 있다.

101) アルバート=ラズロ バラバシ, 青木薰 譯, 『新ネットワーク思考－世界のしくみを讀み解く』, NHK出版, 2002, 96~115쪽(Albert-La'szlo' Baraba'si, 2002, *Linked: The New Science of Networks*, Perseus Books Group).

102) 웹페이지들끼리 맺는 링크 구조나 서버 내의 웹페이지의 액세스 인기도(J. Nielsen, "Zipf Curves and Website Popularity," 〈http://www.useit.com/alertbox/zipf.html〉), 웹서버의 액세스 인기도(早川 · 福永 · 鈴木, 「ユーザーの利用履歴に基づくWWWサーバーの地圖型ディレクトリ」, 『情報處理學會硏究報告』 97-HI-7003, 1997, 17~24쪽).

등도 베키의 법칙을 따른다는 것이 확인되었다. 이처럼 하위층에서 상위층, 또 고정량과 변화량 어디를 보아도 웹 공간은 베키의 법칙을 따른다고 말할 수 있다.

베키의 법칙이란 어느 사물이나 형상이 '베키의 제곱분포'를 보여주는 것을 의미한다. 지금까지 우리는 많은 사물이나 현상이 '정규분포(가우스 분포)[105]'를 보여준다고 배웠다. 확실히 신장이나 체중은 평균과 분산으로 표시된 정규분포로 나타나며, 또한 전국 모의고사 결과도 일목요연하게 정규분포로 나타난다. 그러나 예를 들어 도시인구는 정규분포로 나타낼 수 없다. 2005년 국세조사인구에서 일본 국내 도시를 순서대로 열거해 보면, 도쿄 전 지역 848만 명, 요코하마 시 358만 명, 오사카 시 263만 명, 나고야 시 222만 명인데, 제1위 도시인 도쿄 전 지역 인구의 약 2분의 1이 제2위 도시인 요코하마 시 인구이고, 마찬가지로 약 3분의 1이 제3위 도시인 오사카 시 인구,

---

103) **역주_** 백본(backbone) : 자신에게 연결되어 있는 소형 회선들로부터 데이터를 모아 빠르게 전송할 수 있는 대규모 전송회선. 기간(基幹)으로 번역되며, 랜에서 광역통신망(WAN)으로 연결하기 위한 하나의 회선 또는 여러 회선의 모음을 말한다. 또는 빌딩 간의 연결처럼 랜 안에서 거리를 효율적으로 늘리기 위한 회선을 뜻하기도 한다. 인터넷이나 다른 광역통신망에서 장거리 접속을 위해 연결되어 있는 근거리 및 지역망 선로들의 모음을 말하기도 한다. 이때 각 접속점들은 네트워크 노드 또는 전송 데이터 교환 스위치라고 부른다.

104) 백본 NOC 결합관계 등이 베키의 법칙에 따르는 것을 알 수 있다(丸田一, 「べキ指數を用いたインターネットバックボーンのネットワーク構造分布」, 『GLOCOM Review』 vol. 8, no. 4, 2003).

105) **역주_** 정규분포(가우스 분포) : 도수분포곡선이 평균값을 중앙으로 해서 좌우대칭인 종 모양을 이루는 것으로 신장(身長)의 분포, 지능의 분포 등 그 예는 많다. K. F. 가우스가 측정오차 분포에서 그 중요성을 강조하였기 때문에 이것을 가우스 분포 · 오차분포라고도 하며, 그 곡선을 가우스 곡선 또는 오차곡선이라고 한다. 또한 A. J. 케틀레가 통계에 이용하였으므로 케틀레 곡선이라고도 한다.

약 4분의 1이 제4위 도시인 나고야 시 인구이다. 이는 예로부터 '지프의 법칙(순위 → 규모 법칙)[106]'으로 알려져 있다. 지프의 법칙은 최근에 들어와 베키의 법칙의 또 다른 변형임이 증명되었다.[107] 도시인구 외에도 개인소득, 기업 매상이익, 영어단어 등에 대한 분포도 정규분포가 아닌 일반적으로 베키의 제곱분포를 이용해 널리 쓰이고 있다. 그 후 활발한 네트워크 연구에 의해, 사회 네트워크의 대부분이 베키의 제곱분포를 보인다는 것이 알려지면서 다방면에 충격을 주고 있다.

베키의 법칙과 관련된 특징을 정리하면 다음과 같다.

첫 번째 특징은 '불평등성'이다. 예를 들어 소득분포가 베키의 법칙에 따른다는 것은 대다수 사람들이 적은 소득인 반면, 소수의 부자들이 과반 이상의 소득을 차지한다는 상태를 보여준다. 어떤 네트워크에서 링크 분포가 베키의 법칙에 따른다고 하면, 대다수의 노드(node)[108]에는 극히 소수의 링크밖에 연결되어 있지 않는 반면, '커넥터(connector : 접속기)'나 '허브(hub)'[109]라고 불리는 극히 소수의 노브에 많은 링크

---

106) **역주_** 지프의 법칙 : 조지 킹슬리 지프(1902~1950)의 이름을 딴 것으로, 예를 들어 영어에서 가장 많이 쓰이는 'the'라는 단어가 그 다음으로 많이 쓰이는 10개의 단어보다 10배나 많이 쓰이며, 그 다음으로 많이 쓰이는 100개의 단어보다는 100배나 더 많이 쓰이며, 그 다음으로 많이 쓰이는 1000개의 단어보다 1000배나 더 많이 쓰인다는 사실을 알아냈다. 뿐만 아니라 지프의 법칙을 소프트웨어, 청량음료, 자동차, 사탕이나 웹사이트 등에 적용했을 때 그 결과가 동일하다는 사실도 밝혀졌다.

107) 2000년 제녹스 파로알토(Xerox Palo Alto) 연구센터의 애더믹(Lada A. Adamic)은 지프의 법칙이 베키의 법칙을 확률밀도함수로 하는 누적확률분포함수로 해석할 수 있다는 것을 나타냈다(Lada A. Adamic, "Zipf, Power-laws, and Pareto—a ranking tutorial," Xerox Palo Alto Reseach Center, 〈http://www.hpl. hp.com/reseach/idll/papers/ranling/ranking.html〉). 公文俊平, 「新ネットワーク理論と地域情報化」, 2003.

108) **역주_** '컴퓨터' 통신망의 분기점 · 결절점(結節點) 또는 단말장치의 접속점.

109) **역주_** 컴퓨터들을 랜에 접속시키는 네트워크 장치.

[그림 15] 정규분포와 베키의 제곱분포

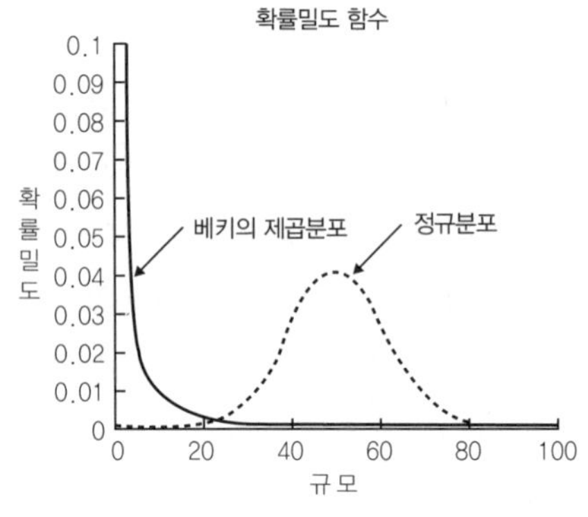


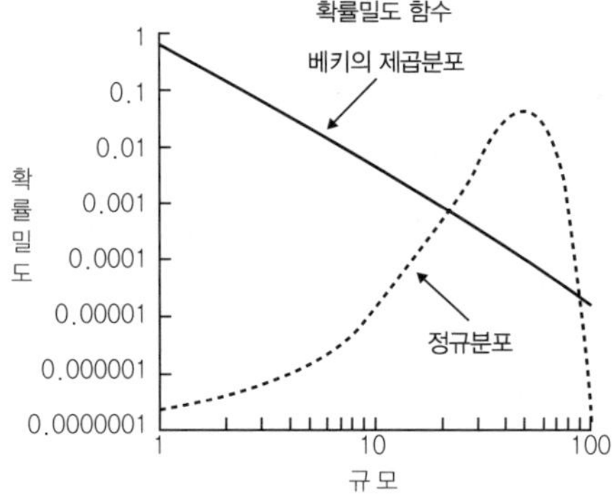


가 연결되어 있는 상태를 말한다. 즉 베키의 법칙은 소수의 부자나 허브로의 집중을 만들어 내어, 허브가 압도적인 대다수를 점유하는 불평등한 상황을 의미한다.

두 번째 특징은 '스케일 프리성' 혹은 프랙털[110][자기 흡사 혹은 서로 닮음(自己相似)]성이다. '위에는 위가, 아래에는 아래가 있는 관계'는 어디에나 똑같이 나타난다는 점이나, 부분의 성격이 전체의 성격과

110) **역주_** 프랙털(fractals) : 수학의 프랙털 차원 분열 도형. 자기상사(自己相似) 구조를 갖는 도형. 불규칙하고 복잡한 자연계 형상(이를테면 해안선 모양 등)을 미리 정해 놓은 다각형과 랜덤 함수를 써서 표현하는 것.

일치하는 것을 나타낸다. 노브가 가진 링크 수가 베키의 제곱분포를 보일 때, 링크 수와 노브의 순위관계는 양대수 그래프 상에서 마이너스로 기울어지는 직선으로 나타낼 수 있다. 이것은 어느 순위대에서나 노브끼리의 상하관계가 변하지 않거나 또는 링크 수와 순위의 관계성이 어느 순위대나 전체와 일치한다는 것을 보여준다.

세 번째 특징은 '무한대 분산'이다. 어떤 집합을 통계적으로 나타낼 때 보통 평균을 중심 척도로 하고 분산을 흩어짐의 척도로 이용한다. 다만 이것은 정규분포 등의 종 모양(釣鐘型) 분포를 전제로 한 것이다. 그러나 [그림 15]를 보면 명확히 알 수 있듯이 베키의 제곱분포에는 중심이 없으며, 그 결과 당연히 중심 주변에 분포가 편중하는 일이 없어 흩어짐은 무한대가 된다. 일반적으로 무한대 분산은 발산을 의미하며, 정상 상태에서 집합(모임)은 일어나지 않는다. 그러나 베키의 제곱분포를 가진 현실 웹페이지나 라우터 집합은 정상 상태에 있는 것이 틀림없다. 그렇다면 어째서 이런 일이 일어나는가 하면 바로 베키의 법칙이 샘플 수를 증가시키면 증가시킬수록 분산 무한대라는 상태로 수습되는 불가사의한 성격을 갖기 때문이다.

다카야스는 이것을 '제4의 정상 상태'라고 부른다.[111] 일반적으로 계(系)[112] 속에서 출력과 입력이 서로 균형 잡힌 상태를 정상 상태라고 부르는데, 이는 프리고진(Ilya Prigogine)[113] 등이 산출한 제3의 정상

---

111) 高安秀樹, 「1 複雜系のフラクタルゆらぎ」, 『ゆらぎの科學8』, 森本出版, 1998, 23~24쪽.

112) **역주_** system. 물리학적 계란 힘이 미치는 영향범위, 즉 힘의 작용범위를 말한다.

113) **역주_** 일리아 프리고진(Ilya Prigogine, 1917~2003) : 벨기에의 물리학자 · 화학자. 비가역 과정의 열역학을 체계화하고, 산일구조(散逸構造) 개념을 제출하여 거기서부터의 요동을 통한 질서 형성을 연구하는 등, 비평형개방계의 물리학 · 화학을 일관적으로 추구하였다. 주요 저서로는 『자연과의 대화

상태(비평형 개방계)도 마찬가지이다. 비평형 개방계는 외부로부터 역학 에너지를 받아들이면 열 에너지 등 다른 형태로 바꾸어 방출함으로써 균형을 잡는다. 그러나 베키의 제곱분포에서 분산 무한대의 계(系, system)일 경우는 아무리 에너지를 입력해도 무한히 분산되어 계로부터의 출력 없이도 정상 상태가 된다. 끊임없이 계로의 주입이 이루어지고 그것이 점점 응축을 거듭해 가는 것이다.

이는 베키의 법칙이 발생한 이유와 관계가 깊다. 즉 베키의 법칙이 생성되는 조건으로 ① 언제나 입력이 있을 것 ② 그것을 출력하는 일 없이 내부에서 응축을 거듭해 일시적인 정상 상태를 만들 것과 같이 정리할 수 있다. 바라바시에 의하면, 노브가 증가하거나 혹은 링크 수가 늘어나는 네트워크의 '성장'과 링크의 연결방식이 무작위가 아닌 강한 노드에 링크하는 등 어떤 한 경향을 가진 '우선적 선택'이 두 가지 보일 때, 네트워크 상에 베키의 제곱분포가 나타난다고 말하고 있으며, 다카야스도 거의 같은 조건을 지적하고 있다. 이들 조건은 말하자면 '성장하는 자율 네트워크'이다.

## 불평등성과 스케일 프리성

확실히 웹 공간(인터넷)은 급성장을 이룩한 자율적 네트워크이며, 웹 공간이 베키의 법칙을 따르는 것은 당연하다면 당연하다. 이제까지 살펴본 것처럼 웹 공간에서 우리의 활동은 디지털 데이터가 대체하고 있으며, 이들 데이터끼리는 상호 링크하며 네트워크를 형성하고 있다. 데이터로서 우리의 활동은 간접적으로 이러한 베키의 법칙을 따르고 있는 것이다.

---

*Dialogues with Nature*』(1979), 『존재로부터 생성으로』(1980), 『혼돈으로부터의 질서』(1984) 등이 있다.

그 때문에 웹 공간에서 활동할 때에는 특히 '평균값'이나 '분산'과 같은 정규분포적인 사회관에서 오는 편향된 시점을 버리고, 베키의 제곱분포적인 시점으로 사회를 다시 바라볼 필요가 있다. 그 점에서 비즈니스 분야는 재빠르게 베키의 법칙의 시점을 받아들이고 있다. 비즈니스 분야에서는 '80대 20의 법칙'이라는 것이 있다. 즉 집단 내에서 20%의 소수자가 전체 80%의 성과를 올리는 데 관련되어 있다는 사실을 일찍부터 많은 비즈니스맨들은 알고 있었다. 실제로 지프 지수 1의 '순위−규모 곡선'에서는 참가자가 약 2,000이 못 되는데, 상위 20%의 누적 규모는 전체 약 80%를 차지하는 것을 확인할 수 있다.

또한 웹 비즈니스 분야에서는 '롱테일 이론(Long Tail theory)'[114]이

---

114) **역주_** 롱테일 이론(Long Tail theory) : '결과물의 80%는 조직의 20%에 의하여 생산된다'라고 하는 파레토 법칙에 배치하는 것으로, 80%의 '사소한 다수'가 20%의 '핵심 소수'보다 뛰어난 가치를 창출한다는 이론이다. 파레토 법칙은 20%의 상품이 총 매출의 80%를 창출하고, 20%의 충성스런 고객들이 총 매출의 80%를 차지한다는 식으로 '결과물의 80%는 조직의 20%에 의하여 생산된다'는 이론이다. 이 같은 '80 대 20 법칙'은 비즈니스 분야에서 황금률로 받아들여져 마케팅의 기본 토대가 되었다. 인기상품을 고객의 눈에 잘 띄는 곳에 진열하여 판매하거나 소수의 우수고객 또는 우량고객을 우대하는 등의 마케팅 기법은 모두 이 이론에 근거한다. 롱테일 법칙은 파레토 법칙과는 거꾸로 80%의 '사소한 다수'가 20%의 '핵심 소수'보다 뛰어난 가치를 창출한다는 이론으로 이 때문에 '역(逆) 파레토 법칙'이라고도 한다. 이 용어는 2004년 10월 미국의 인터넷 비즈니스 관련 잡지 『와이어드 *Wired*』의 편집장 크리스 앤더슨(Chris Anderson)이 처음 사용하였다. 앤더슨에 따르면, 어떤 기업이나 상점이 판매하는 상품을 많이 팔리는 순서대로 가로축에 늘어놓고 각각의 판매량을 세로축에 표시하여 선으로 연결해 보면, 많이 팔리는 상품들을 연결한 선은 급경사를 이루며 짧게 이어지지만 적게 팔리는 상품들을 연결한 선은 마치 공룡의 '긴 꼬리(long tail)'처럼 낮지만 길게 이어지며 이 꼬리 부분에 해당하는 상품들의 총 판매량이 많이 팔리는 인기상품의 총 판매량을 압도한다는 것이다. 이는 인터넷 발달에 따른 현상으로 분석된다. 인터넷 상에서는 예를 들면, 오프라인 서점에서는 서가에 비치되지도 않는 책들까지 모두 소개할 수 있는 등

라는 것이 알려져 있다. 롱테일이란 공룡의 긴 꼬리를 의미하는 말로, 베키의 제곱분포 곡선 모양을 가리킨다. 다만 이것은 확률밀도 분포곡선이 아니라 순위-규모 곡선이며, 순위의 하위 쪽에 해당하는 폭 부분을 꼬리, 순위의 상위 쪽을 머리라고 부른다.

롱테일 이론은 네트 소매점인 아마존(Amazon.com)의 비즈니스 모델로 설명하는 경우가 많다. 종래의 소매점에서는 매장 면적이나 재고 제한 때문에 잘 팔리는 상품밖에 진열할 수 없었다. 다시 말해 머리만을 판매대상으로 한 것이다. 그러나 아마존에서는 웹 공간을 활용하기 때문에 매장 면적에 대한 제한 등이 거의 없으며, 이제까지 팔리지 않던 상품을 히트상품과 마찬가지로 판매대상으로 삼을 수 있게 되었다. 꼬리에 해당하는 안 팔리는 상품들의 매출액을 모아보면 머리의 히트상품의 매출액에 거의 필적하여, 꼬리 부분에야말로 새로운 비즈니스 찬스가 있다는 것이다. 이와 같이 꼬리 부분을 집적한 새로운 서비스를 '애그리게이터(aggregator)'[115]라고 부르고 있다.[116]

동일한 분포를 한데 합쳐도 원래와 같은 분포가 되는 것을 '안전분포'라고 말한다. 안전분포는 정규분포와 베키의 제곱분포 두 개밖에

---

전시공간의 제약을 받지 않는다. 이에 따라 전시 비용이나 물류 비용이 매우 저렴해져 유통구조가 혁신되었으며, 소비자들은 검색을 통하여 자신이 원하는 상품정보를 찾을 뿐 아니라 다른 소비자들과 소통하여 제품에 대한 다양한 정보를 공유할 수 있게 됨으로써 선택의 폭이 크게 확대되었다. 이러한 조건들이 결합되어 종전에는 비용대비 저효율로 소비자의 눈에 띌 기회조차 갖지 못하여 외면 당하던 제품들이 전체적으로는 인기상품을 압도하는 결과를 낳아 새로운 비즈니스 모델로 떠오르게 되었다.

115) **역주_** 애그리게이터(aggregator) : 여러 회사의 상품이나 서비스에 대한 정보를 모아 하나의 웹사이트에서 제공하는 인터넷 회사 · 사이트. 혹은 미디어 및 위치기반 서비스를 통합하여 제공하는 기능 통합자.

116) クリス アンダソーン, 篠森ゆりこ 譯, 『ロングテール―「賣れない商品」を寶の山に變える新戰略』, 早川書房, 2006.

없다. 그리고 중력의 제한을 받은 신장이나 체중의 분포, 점수 득점의 범위를 설정한 수능시험처럼, 정규분포는 어떤 종류의 제약이 거듭된 극히 예외적인 경우라고 일컫는다. 물리적 제약을 받지 않는 웹 공간에서는 베키의 제곱분포가 나타나는 경향이 뚜렷하다. 최근 웹 공간에서는 '평판 게임'이라고 해서 평판이나 인기가 중시되는 경향이 강한데, 평판이나 인기 분포도 역시 베키의 법칙에 따르고 있다. 어쨌든 웹 공간에서의 활동이 본격화되기 전에 우리는 아직 익숙지 않은 베키의 제곱분포적인 세계를 알아볼 필요가 있다.

그러나 거기에는 확실히 뿌리 깊은 심리적 저항이 엿보인다. 왜냐하면 베키의 법칙에 나타나는 '불평등성'에 관심이 집중되어 있기 때문이다. P2P를 앞장서서 주도하고, 소셜(social) 소프트웨어란 이름을 붙인 장본인이기도 한 클레이 셔키(Clay Shirky)는 블로그 세계를 예를 들어, 예컨대 거기에는 베키의 법칙이 보이지만 참가의 자유가 확보되어 있다는 점이나, 유명 스타의 하루하루 활동하는 모습을 올리는 점, 아니면 반대로 누군가가 의도적으로 유명 스타를 만들어 내지 않는다는 점을 들어 불평등하기는 하지만 결코 불공정하지는 않다고 말한다.[117] 또한 구몬은 베키의 제곱분포가 '가장 보편적인 분포로, 분포들 중에서 단지 정규분포만 보려고 하는 경향은 근대적 평등주의자 내지 자유주의자의 지적인 편견이라고까지 할 수 있을지도 모른다'라고 말하고 있다.[118] 확실히 불평등한 분포가 정상 상태라 할지라도 선두 이하의 순위가 계속 교체되고, 누구든 선두가 될 가능성만 있다면 공정한 상태라고 말할 수 있을 것이다.

---

117) Clay Shirky, "Power Laws, Weblogs, and Inequality," 2004〈http://akgul.bilkent.edu.tr/extreme-democracy/Chapter%20Three-Shirky.pdf〉.

118) 公文俊平, 『情報社會學序說－ラストモダンの時代を生きる』, NTT出版, 2004, 260쪽.

### 중립적(neutral)인 사고를 위해

베키의 법칙을 이해하기 위해서는 '불평등성'만 알아서는 안 되며 동시에 '스케일 프리성'(자기 흡사 혹은 서로 닮음성)에도 주목하여 지적 편견을 중립적으로 돌리는 것이 중요하다. 웹 공간의 검토와는 상관없지만, 마지막으로 베키의 법칙을 둘러싼 하나의 사고훈련으로서 지역재생 전략에로의 스케일 프리성 응용을 생각해 보고자 한다.

지역이 어떤 위치를 차지한다는 것은 그 위치에 입각한 분배(수요)가 수용된다는 것을 의미한다. 인구가 증가하여 순위가 올라가면, 세금은 물론 내방객도 증가하여 보다 많은 분배가 수용된다는 것이 종래의 성장 발상이었다. 실제로 1990년대까지 지역자치단체의 장기 계획들은 예외 없이 상당히 높은 인구 목표를 설정하였다. 그러나 예를 들어 허브 지역은, 중계 기능을 주변지역에 제공하거나 거주자가 아닌 통근 · 통학자를 위한 여분의 행정서비스를 준비하려면 그러한 높은 위치에 걸맞는 분배(수요)와 공헌(공급)이 동시에 요구된다. 만약 가능한 능력을 넘어서는 위치를 부여받게 된다 해도 이내 자원이나 처리 능력이 부족하여 수급관계는 지속되지 않는다.

이처럼 안정적인 지위를 결정하는 것은 결국 지역이 가지는 본래의 수용 능력이라고 말할 수 있다. 이것은 자연풍화 조건은 물론이고 사회조건 등을 포함한 넓은 의미에서의 지역 내 자원을 가리킨다. 또한 자원을 결합시켜 수요 관계를 유지할 기구나 조직도 필요하다.

여기에서 당연히 지역이 가져야 할 점은 외향적 관심이 아니라 내향적 관심이다. 특히 잠재적인 자원이나 능력을 알지 않으면 안 된다. 그러나 이제까지 줄곧 지역 외로부터 자원을 투입해 온 지역에서는 내적 자원을 충분히 이해하지 못했다. 지역자원 중에서도 예를 들어 물 순환계나 계승문화자원(유산)에 대한 이해와 관심 부족은 상징적이다. 지역자치단체의 시스템 개발 등 새롭게 생겨난 수요에 대해서도 지역 내의 자원을 조합하여 공급하려고 하는 발상이 생기기 어렵다. 그 때문에 중앙에 의존한다는 사실을 의식하지 못한 채, 아무런 자각도 없이 중앙에 소재한 기업에 발주를 하고, 고용이나 소득은 지역 밖으로 유출된 결과 인재를 기를 기회까지 빼앗겨 버리는 부채의 늪에 빠지게 된다. 여기에서 중요한 점은 바로 지역의 실천이다. 이것은 자신이 사는 지역에 잠재된 자원이나 능력을 이해하고 발굴 · 육성하는, 우선 자급자족을 목표로 삼고, 지역 내에서 가능한 한 지속적인 기구를 만드는 것이다. 이렇게 하면 정말로 할 수 없는 것만을 지역 외에 의뢰하게 되므로, 의존적이었던 타 지역과의 관계도 보완성 원리를 기초로 한 관계로 재구축될 것이다……. 나는 이것을 '각자 부담주의(自前主義)'라고 불러 왔다.

이와 같이 생각하면 불평등한 상태화(常態化)를 전제하면서도 지역은 상대적인 지위가 아닌 지역 내부에 잠자고 있는 자원과 능력에 관심을 돌려, 그것들을 기초 자금으로 해서 지속적인 발전 기구를 스스로의 힘으로 만드는 것이 중요하다는 결론에 이르게 된다. 이러한 지역론은 확실히 종전 방법과 다르지만, 포스트 근대화론으로서 서로 다른 뿌리를 갖는 쓰루미 가쓰코(鶴見和子) 등이 지적한 '내발적 발전론(內發的發展論)'과 닮은 것은 우연이 아닐 것이다.[119]

---

119) 쓰루미(鶴見) 등은 내발적 발전론을 "서구를 모델로 하는 근대화론이 초래한 다양한 폐해를 고치는, 혹은 예방하기 위한 사회변화의 과정"으로 정의하고, "근대화론이 초래한 폐해"로서 환경문제와 지역 간 (소득)격차 등을 들었다. 그리고 근대화론의 폐해에 직면한 지역 사람들이 근대화론이 사상(捨象 현상의 특성이나 공통성 이외의 요소를 버림 _역주)해 온 지역 스스로의 역사, 문화, 생태계 등을 활용하는 것으로 지역의 존립 기반을 회복하는 것이 중요하다고 말한다. 또한 지역 간 격차는 시정할 뿐만 아니라 가치관의 다양성을 인정하고, 격차를 개성으로서 적극적으로 인정해 나가려 생각한다(鶴見和子, 『內發的發展論の展開』, 筑摩書房, 1996).

# 제6장 지역의 로맨티시즘

웹 공간과 현실공간은 같은 활동공간이면서 수비범위가 다르다. 웹 공간은 다양한 공간을 받아들여 나란히 배치하는 대신, '보이지 않는 존재'는 전혀 허용하지 않는다. 한편 예상 밖으로 패배한 존재론적 공간을 받아들이는 것이 현실공간이다. 이 두 공간의 경계 부분에서는 시간 차를 두고 과거와 서로 이웃이 되는 듯한, 또는 허공을 향해 머리를 숙여 절을 하는 듯한 이상한 애플리케이션도 사용되고 있다.

우리는 보완성을 갖는 두 개의 서로 다른 발판을 수중에 넣었다. 그러나 현실에서는 현실공간과 웹 공간의 일체화와 현실공간의 웹 공간화가 급속히 진행되고 있다. 두 공간의 중첩은 날로 증대되고 커져 가고 있다. 현실공간이 본래 가지고 있던 특성은 희박해지고 동시에 인터페이스가 개입되고 다원적인 웹 공간의 특성이 모양을 드러낸다. 이 '중첩'에 대한 강한 지적 관심은 에드워드 소자(Edward Soja)가 지적한 '제3공간'이 전형적이다.[1)]

---

1) 소자(Edward Soja)가 말하는 '제3공간'의 정의는 여기서 말하는 '중첩' 부분과 다르지만 "모든 것이 '제3공간'에 모인다. 즉, 주관성과 객관성, 추상과 구체성, 현실과 상상, 알 수 있는 것과 상상할 수 없는 것, 반복과 차이, 구조와 주체적 행위, 정신과 신체, 의식과 무의식, 전문분화와 학제, 일상생활과 끝없는 역사"라고 기술한 것처럼 상당히 넓은 범위에서의 제3항으로서 '제3공간'을 규정하였다. 오히려 '제1공간'과 '제2공간'이 명확히 구분되어

그러나 아무리 웹 공간화가 진행되더라도 침식되지 않는 부분이 남는다. 두 공간이 섞이지 않는 '잔역(殘域)'이 있는 것이다. 마지막 장은 '중첩'이 아닌 이 '나머지 부분'에 주목한다.

## 1. 돌아갈 곳이 없는 현대

### 실향증(失鄕症)

지역은 '공통의 공간'과 '자리'를 잃고 장소로서 기능하지 못하게 되었다. 지역 속에 존재하였던 생활공간 · 소비공간 · 정치공간 등 이질적인 공간을 병치 · 통합할 수 없게 되었으며, 지역에는 제멋대로 만들어진 이론과 그럴 듯한 방법으로 사물이 각 공간에 배치되게 된다. 지역에서 보면 사물의 배치가 무질서해진 것은 당연하다. 또한 하나의 공간을 보더라도 공간 전부를 특정 지역 안에 묶어두기가 곤란해졌다. 이것이 '비장소성'의 정체이다.

소비공간을 예로 들면, 가공식품에서 백색 가전제품에 이르기까지 어떤 상품이든 최전선에 있는 슈퍼마켓 매장을 백그라운드로 해서 세계로 뻗어나가고 있다. 또 소비자는 값싸고 질 좋은 상품과 서비스를 간단하게 지역 밖에서 구입한다. 소비자 입장에서는 원료나 부품조달, 가공조립, 운반배송의 경로도 지역에서 크게 일탈되어 있어서, 소비자가 아무리 상상력을 발휘해도 물건, 돈, 사람의 움직임의 전모를 파악하기란 불가능하다. 소비공간에 한정하지 않고, 지역에서 여러 공간이 분리되는 현상이 지역을 '혼재향(헤테로토피아)'으로 바꾸어

---

있어서 사상(捨象)되어 버린 제3항을 나타내고 있으며 그 점에서 '제3공간'을, 현실공간과 웹 공간의 '중첩'이라고 취급할 수밖에 없다. 그런데 소자가 이 광범위한 '제3공간'을 보르헤스의 '알렙'에 비유하고 있는 것은 참으로 흥미롭다(エドワード W. ソジャ, 加藤政洋 譯, 『第三空間－ポストモダンの空間論的轉回』, 青土社, 2005).

놓고, 나아가 지역을 한정적인 활동공간으로 만들었다. 단, 혼재향은 우리가 일상 생활에서 오히려 기꺼이 선호한 결과임에 틀림이 없다. 우리는 혼재향에서 그럭저럭 쾌적하게 생활하고 있다.

웹 공간도 또한 혼재향이다. 웹 공간에서 우리의 발판을 애플리케이션이 제공해 주는데, 각각의 공간을 경우에 따라 다른 이름, 다른 인격으로 동시에 이용한다. 애플리케이션은 통합되는 일 없이 클라이언트 측의 인터페이스(OS) 위에서 비로소 병치된다. 이처럼 웹 공간은 목적이나 기능을 달리하는 수많은 애플리케이션이 혼재하는 다원적 공간이다.

지역도 웹 공간도 혼재향이 되어, 활동공간 전체에서 다원적 공간화가 진행되고 있다. 이것은 우리가 선호한 결과와 다르지 않지만, 그 대가로 우리는 불분명한 정체로부터 막연한 불안을 느끼고 있다. 혼재향이 초래한 이러한 불안의 정체는 도대체 무엇일까.

앤소니 기든스[2]의 말을 빌리자면, 근대사회는 '시공간의 분단'을 가능하게 한 '탈일체형'으로 특징지을 수 있다. 전근대사회에서는 직접적인 상호관계에 의해서 지배되었지만, 근대에는 사회관계를 시간적 · 공간적으로 분리하고(탈일체형), 시공간의 무한한 확장 속에서 사회관계의 재구축(재일체형)을 지향한다.[3] 그러나 거기에는 자기동일성이나 계승성을 담보하기 어려운 상황이 되어 자신의 아이덴티티를 둘러싸고 큰 혼란이 일어난다. 공시적으로 보면 자신은 이미 재귀적으로밖에 존재할 수 없으며, 통시적으로 보면 각기 다른 입장에

---

2) 역주_ 앤소니 기든스Anthony Giddens, 1938~ ) : 영국의 사회학자. 구조화이론, 재귀적 근대화론을 제창하여 현대 사회학에 큰 영향을 미쳤다. 또한 영국 블레어 정권의 브레인으로 '제3의 길'을 제창하기도 하였다.

3) アンソニー ギデンズ, 앞의 『近代とはいかなる時代か?ーモダンニティの歸結』, 31~44쪽.

따라 자신이 분단되어 연속성에 대한 확신을 갖지 못한다. '재일체형'의 영락한 끝이 혼재향이라면, 이 막연한 불안은 자기를 둘러싼 '존재론적 불안'[4]이라고 할 수 있겠다.

혼재향에 살고 있는 우리는 공시적으로 보면 '공통의 이름'이나 '공통의 말'을 잃어 버리는 실어증(aphasia)과 유사하며, '공통의 공간'을 잃고 있다. 또한 통시적으로 보면 돌아가야 할 장소를 잃고 '고향 상실'이라는 사태에 빠져 있다. 시간적으로도 공간적으로도 장소를 잃은 우리는 '실향증(아토피아, atopia)'을 앓는다. 아토피아[5]는 그 자리에 어울리지 않음, 요령부득, 정체를 알 수 없음이라는 뜻을 가진 그리스어인데, 부정의 접두어 a와 장소 topia를 짜맞추어 원래는 '있어야 할 장소에 없다=정상이 아닌 상태'를 나타낸다. 아토피성 피부염이라고 할 때의 '아토피'도 이 같은 아토피아에서 유래한 것으로, 요령부득의 병이라는 뜻이 있다.

### 근대인의 고향 부정과 현대인의 고향 망각

'고향 상실(displacement)'은 근대사회에서 폭넓게 볼 수 있는 특징이다. 고향을 버리고 도시의 삶을 지향한 근대인은 쉽게 고향으로 돌아갈 수 없으며, 또한 버려진 고향도 그동안 크게 변질되어 돌아갈 장소로 남아 있지 않게 되었다. 근대사회는 철저한 미래지향의 사회이며, 고정적인 사회관계를 항상 해체, 재편하는 변화를 지향해 왔다.

미래를 꿈꾸는 근대인은 '여기'에서 '저기'로, 지금 자신이 머물러 있는 장소(여기)를 버리고 다른 장소(저기)를 찾으러 간다. 근대의

---

4) 위의 책, 116~126쪽.

5) **역주_** 아토피아는 사유지 경계선이 없는 사회. 헬무트 빌케의 책 제목에서 유래한 말이다. 빌 맥키벤 지음, 진우기 옮김, 『자연의 종말』, 양문, 2005, 286쪽.

망향시인을 대표하는 하디[6]든 이시카와 다쿠보쿠(石川啄木)[7]든 사토 하루오(佐藤春生)[8]든 그들 모두에게 그것은 '시골에서 도시로', 로렌스[9]에게는 '하류계급에서 중류계급으로'라는 뜻으로 해석될 것이다.

토마스 하디(Thomas Hardy)의 『귀향』[10]은 근대의 절정기 빅토리아 왕조시대에 발표된 소설(1878)로, 도시를 끊임없이 동경하던 여성 유스테이샤와 도시생활에 지쳐 귀향한 남성 클림이라는 역설적인 인물구성으로 만들어진 이야기이다. 유스테이샤는 대령으로 퇴역한 아버지와 시골 에그돈 히드에서 살고 있는 아름다운 소녀이다. 그러나 유스테이샤는 와일디브라는 남자와 불미스러운 관계 때문에 마을

---

6) **역주_** 토마스 하디(Thomas Hardy OM, 1840~1928) : 영국의 작가 · 시인. 도시 출신 지방주의 소설가로 대부분의 작품이 영국 남서부 지역의 가공의 시골 '웨식스'를 배경으로 씌어졌다. 작품으로는 『귀향 *The Return of the Native*』(1878), 『캐스터브리지의 시장 *The Mayor of Casterbridge*』(1886), 『테스 *Tess of the D'Urbervilles*』(1891), 『미천한 사람 주드 *Jude the Obscure*』(1895) 등이 있다. 현대에 와서는 자연주의의 고전으로서 재평가받으며 세계 어디에서나 애독되고 있다. 특히 하디의 마지막 작품인 『미천한 사람 주드』는 고전영문학의 교과서로 불릴 만큼 유명하다.

7) **역주_** 이시카와 다쿠보쿠(石川啄木, 1886~1912) : 메이지 시대의 가인(歌人) · 시인 · 평론가. 본명은 이시카와 하지메(石川一). 시인보다는 가인으로 더 유명하며 교과서 등에도 그의 작품이 실려 있다. 이시카와의 시(詩) 세계는 노래(歌)보다 한층 연극적이고 회화적이다. 또한 단편영화 같은 느낌이 있다.

8) **역주_** 사토 하루오(佐藤春夫, 1892~1964) : 일본의 소설가 · 시인. 타고난 문인 기질에 서구적 감성을 절묘하게 합친 감흥을 자유롭게 키워내어 풍부한 문학세계를 펼쳐 근대 일본문학에서 중요한 위치를 차지하고 있다.

9) **역주_** D. H. 로렌스(David Herbert Lawrence, 1885~1930) : 영국의 소설가, 시인 겸 비평가로서 20세기 영국 문단을 대표한다. 1925년의 『채털리 부인의 사랑』은 그의 성철학(性哲學)을 펼친 작품이며 외설 시비로 오랜 재판을 거쳐 미국에서는 1959년, 영국에서는 1960년에야 비로소 완본 출판이 허용되었다. 이 밖에도 많은 중편 및 단편 소설, 시집, 여행기, 평론집, 서간집 등이 있다.

10) ハーディ, 大澤衛 譯, 『歸鄉』 上 · 下, 新潮社, 1954.

사람들 사이에선 평판이 좋지 않았다. 그때 파리에 가서 보석상이 된 클림이 귀향한다. 서로에게 끌린 두 사람은 클림 어머니의 반대에도 불구하고 결혼한다. 클림은 교육자로 고향에 봉사하며 살겠다고 결심하지만, 유스테이샤는 언젠가 마을을 빠져나가겠다는 생각을 하며 산다. 그 후 클림의 눈에 이상이 생겨 도시로 나갈 수 없다는 사실이 분명해지자, 유스테이샤는 와일디브와 예전의 연인관계로 돌아간다. 그런 상황은 클림의 어머니를 죽음으로 내몰았고, 그녀 또한 와일디브와 사랑의 도피에 실패, 두 사람 모두 익사한다. 클림의 귀향은 유스테이샤나 클림의 어머니, 와일디브의 운명을 바꾸어놓았으며, 클림 자신도 고통스러운 삶을 살아가게 된다.

이처럼 『귀향』은 결코 고향으로 돌아가는 것이 용납되지 않는 근대인의 비극적인 이야기이다.[11] 고향 에그던은 '바다가 변하고 산천초목이 변하고 마을이 변하고 사람이 변한다 해도 오직 에그던 히드(황야)는 그대로 남아 있다'라고 하는 '웅혼장대(雄渾壯大)하고 만고불변하여 공포감을 주는 것, 시간으로부터 격절된 절대자로서의 자연'[12]이다. 하디는 근대인을 에그던으로 귀향시킴으로써 일대 비극을 연출하고자 했다. '에그던 히드'는 변화하는 근대인이 근접하는 것도 허용되지 않는 장소이다.

무로 사이세이(室生犀星)[13]의 '고향은 멀리서 그리워하는 것'(「小景

---

11) 川邊武芳, 『失われた〈故郷〉－D・H・ロレンスとトマス・ハーディの研究』, 英寶社, 2001.

12) 瀧勝也, 「第4章　歸鄉－エグドンの自然と愛憎」, 內多好毅 監修, 『イギリス文學評論 I』, 創元社, 1986, 141쪽.

13) **역주_** 무로 사이세이(室生犀星, 1889~1962) : 이시카와 현(石川縣) 가나자와시(金澤市) 출생. 시인 · 소설가. 사생아로 태어나 불행한 어린 시절을 보냈다. 시집인 『抒情小曲集』에 수록된 「小景異情」 제2장 중의 "고향은 멀리서 그리워하는 것 / 그리고 슬프게 노래하는 것(ふるさとは遠きにありて思ふもの/そ

異情 · 제2장」)[14]은 유명한 시구의 일절인데, 다음과 같이 계속된다.

고향은 멀리서 그리워하는 것
그리고 슬프게 노래하는 것
설령
보잘것없이 찌부러져 타향에서 거지가 될지라도
돌아갈 곳은 없다……

'돌아갈 곳은 없다'라는 말에 표현되어 있듯이 사이세이에게 고향이란 멀리 있어 그리워하는 것이고, 결코 돌아가야 할 장소는 아니었다.[15] 실제로 사이세이는 시인으로 유명해진 후에도 고향인 가나자와(金澤)로 거의 돌아가지 않았다.

근대인은 고향을 버리고 난 후 오기를 부리면서까지도 고향으로 돌아가지 않는다. 고향을 부정하고 퇴로를 차단하고 후퇴 없는 전진만을 관철시키고자 한다. 근대인에게 있어서, 고향이란 언젠가는 '돌아가야 할 장소'로 자리매김되어 귀향은 은퇴를 의미하였다. 고향을

---

して悲しくうたふもの)"이라는 시구가 유명하다. 「小景異情」는 6장으로 되어 있다.

14) "고향은 멀리서 그리워하는 것 / 그리고 슬프게 노래하는 것 / 설령 / 보잘것없이 찌부러져 타향에서 거지가 될지라도 / 돌아갈 곳은 없다 / 해질 무렵 도시에서 / 고향을 생각하며 눈물짓는다 / 그러한 마음으로 / 먼 고향으로 돌아가고 싶구나 / 먼 고향으로 돌아가고 싶구나(ふるさとは遠きにありて思ふもの / そして悲しくうたふもの / よしや / うらぶれて異土の乞食となるとても / 歸るところにあるまじや / ひとり都のゆふぐれに / ふるさとおもひ漏ぐむ / そのこころもて / 遠きみやこにかへらばや / 遠きみやこにかへらばや)"(室生犀星, 「小景異情 · その二」, 『抒情小曲集 · 愛の詩集』).

15) 「小景異情(제2장)」에서는 복수의 해석이 가능하다. "歸るところにあるまじや"에 관해서 'まじ'는 부정적인 추량으로서 '~은 않을 것이다'라는 뜻이지만 한편으로 'や'를 강조의 뜻으로 보아 '절대로 돌아가지 않을 것이다'라고 해석할 수도 있다. 다른 한편으로는 'や'를 반어로 보고 '돌아갈 것이다'라고도 해석할 수 있다. 여기서는 전자의 해석을 수용했다.

버리고 도시에서 살아가는 근대인에게는 고향이 그리움의 대상으로 더해져 갈 뿐이다.

현대인도 전진하는 자세는 생각했던 만큼 바뀌지 않는 것일지도 모른다. 그러나 현대인은 실향자로서, 그것도 젊은 세대라면 태어나면서부터 실향자가 되어 처음부터 돌아간다는 발상 따위는 하지 않는다. 애당초 비장소성에 의해 '돌아가야 할 장소'를 잃어 버렸다. 근대인이 '귀향'을 부정한 것과는 대조적으로 현대인은 '귀향'을 망각하고 있다. 예를 들면, 지방 출신자의 '유턴'도 '돌아가다'라는 뜻이 아니라 진취적인 선택지의 하나로서 출신 지방으로 '가다'라는 뜻으로, '돌아가다(귀향)'라는 행위가 망각되었다.

## 기억하는 고향

고향을 망각하는 가운데 지역은 현대인이 '돌아가야 할 장소(고향)'에 적합한 필연성을 상실한다. 이렇게 해서 지역은 역사에 대한 책임을 면피하는 한편, 현대인이 '야영하는 장소' 혹은 '불시착하는 장소'로 영합해 나가고 있다. 거기에는 사회자산을 계승하고 전통관습을 묵수하는 의미가 사라져, 부동불변의 에그던 히드도 필요 없다. 세분화해서 고도화되어 가는 수많은 전문 공간과 접속하고 적응하는 것에 소홀히 하지 않는 것을 가장 우선시하며, 지역은 웹 공간과 다름없는 고차원의 시뮬라크르16) 환경을 지향한다. 그렇지만 '공통의 공간'에

---

16) **역주_** 시뮬라크르(simulacre) : 후기구조주의의 대표적인 철학자 프랑스의 들뢰즈(Gilles Deleuze)가 확립한 철학 개념. 공간 위주의 사유와 합리적이고 법칙적인 사유를 지향하는 20세기 중엽의 구조주의 틀을 이어받으면서도 후기구조주의를 이전의 구조주의와 구분하는 데 핵심 역할을 한 중요한 개념 가운데 하나이다. 들뢰즈는 역사적인 큰 사건이 아니라 우주에서 일어나는 모든 사건, 즉 순간적이고 지속성과 자기 동일성이 없으면서도 인간의 삶에 변화와 의미를 줄 수 있는 각각의 사건을 시뮬라크르라고

한정해도 기능 부전에 빠진 지역에 더 나은 고차원의 기능이 갖추어지는 것은 생각하기 어렵고, 지역은 더욱 더 방치된다.

사람은 태어나서 자란 지역(토지)에서 말을 배우고 식사법과 인사 같은 예의를 체득하고 자아를 형성해서 행동양식과 넓은 세상과 대치하는 방법을 획득한다. 만일 그 토지를 떠난 후라 해도 본인에게 힘든 일이 생긴다거나 방황하게 될 때 고향이라는 원점으로 돌아가서 자신을 확인하려고 한다. 고향은 자기 자신의 뿌리이며 평생에 걸쳐 마음을 의지할 곳으로서 무슨 일이 생기면 '돌아갈 장소'가 된다.

조지 오웰(George Orwell)[17]은 『1984년』에서 디스토피아(절망향)[18]를 그렸지만, 실생활에서는 고향에 대한 생각이 각별했다. 오웰은 고향에 대한 애착심(patriotism)을 '자신은 세상에서 가장 좋은 것이라고 믿지만 다른 사람에게까지 강요할 생각은 없다. 특정 지역과 특정 생활양식에 대한 헌신'이라고 말하였다.[19] 파토리오티즘은 한마

---

규정하고 커다란 가치를 부여하였다.

17) **역주_** 조지 오웰(George Orwell, 1903~1950) : 영국의 작가, 저널리스트. 출생지는 영국 식민지시대의 인도. 전체주의적인 디스토피아의 세계를 그려낸 소설『1984년』의 작자로 알려져 있다. 20세기 영국문화에 지대한 영향을 끼친 작가로서 사상 · 문학 · 음악 등 다양한 분야에 걸쳐 지금도 서구사회에 다대한 영향을 주고 있다.

18) **역주_** 디스토피아(dystopia) : 역(逆)유토피아라고도 한다. 가공의 이상향, 즉 현실에는 '어디에도 존재하지 않는 나라'를 묘사하는 유토피아와는 반대로, 가장 부정적인 암흑세계의 픽션을 그려냄으로써 현실을 날카롭게 비판하는 문학작품 및 사상을 가리킨다. 세계 3대 대표작으로 알려진 오웰의『1984년』(1949) 등이 있다. 이러한 디스토피아는 현대사회 속에 존재하는 위험한 경향을 미래사회로 확대 투영함으로써 현대인이 무의식중에 받아들이고 있는 위험을 명확히 지적하는 데에 매우 유효한 방법이다. 비전 있는 사회를 유토피아 '이상향', 또 유토피아의 반의어로 '절망향(絶望鄕)'이라고도 말하듯이 미래를 진지하게 논하려면 유토피아와 디스토피아 쌍방의 시점에서 언급해야 한다.

19) ジョージ オーウェル, 鮎澤乗光 ほか 譯,「ナショナリズム覺え書(Notes on Nationalism)」,

디로 말하면 '장소를 향한 사랑'이며 태어나서 자란 장소에 대한 연민이다. 그것은 장소와 하나가 된 친밀감과 연민을 느끼는 사람들에게서 볼 수 있는 보편적인 사랑이며, 그런 까닭으로 파토리오티즘은 감미로워서 과도한 애정과 헌신을 만들어 내기 쉽고 때로는 내셔널리즘에 이용당해 왔다.[20]

그러나 현재의 고향은 태어나서 자란 지역은 아니다. 어디까지나 그 사람의 기억으로 겨우 남아 있다. 고향이라고 하면 어머니의 얼굴, 식탁, 통학로, 친구집, 초등학교 교정, 하늘색, 물향기, 말, 늘 꿈꾸던 소망 같은 '내면에 깃든 정경'이며, 태어나 자란 모라토리엄기의 신체화된 기억이 고향의 실체이다.

이처럼 고향은 지역(장소)에서 유리되어, 기억(시간)으로 구성되어 있다. 고향은 본래 착지해야 할 현실의 장소를 잃고 어쩔 수 없이 기억 속을 떠돌고 있다. 전근대사회에서는 시간으로 천체의 위치를 파악한 것처럼 '언제'는 '어디'와 깊게 관련되어 있고, 또한 기억이 반드시 장소와 관련되어 있는 것처럼 시간과 공간이 혼연일체가 되어 있었다. 고향도 개인의 기억뿐만이 아니라 지역이라는 현실공간 속에서 발견할 수 있었지만, 지금의 고향은 기억으로만 존재하는 것이 되었다.

### 기록의 고향

그리고 '기억하는 고향'도 두 가지 이유에서 매우 불안한 존재이다. 하나는 기억 그 자체가 애매하다는 점이다. 래리 스콰이어(Larry R.

---

『オーウェルTY著書集III 1943-1945』, 平凡社, 1970, 346쪽(初出『ポレミック』第1號, 1945.10).

20) マウリツィオ ヴィローリ, 佐藤瑠威・佐藤眞喜子 譯, 『パトリオティズムとナショナリズム－自由を守る祖國愛』, 日本經濟評論社, 2007, 283~322쪽.

Squire)[21]의 분류[22]에 따르면 기억에는 의식적으로 기억해 내는 '진술 기억'과 전승 기능처럼 의식하지 않아도 기억되는 '비(非)진술 기억'이 있다. 고향의 기억은 진술 기억 중에서도 '에피소드 기억(Episodic Memory)'에 해당한다. 진술 기억은 에피소드 기억과 의미 기억으로 구성되는데, 이 두 개는 세트를 이룬다. 의미 기억이 가족의 이름 같은 개인적인 사실이나 말의 의미 등 사회적으로 공유하는 지식의 기억인 데 반해, 에피소드 기억은 처음 만났을 때 그녀와 나눈 이야기 같은 자전적인 사건이나 대지진 같은 사회적인 사건을 가리키는 기억이다.[23]

이처럼 에피소드 기억은 '사건'을 통해 얻은 기억으로서, 예를 들어 유아기의 에피소드 기억이라고 하면 자기가 체험한 것에 준하는 것뿐만 아니라 부모, 친척, 과거에 친했던 사람들에게서 여러 번 들은 에피소드로 구성된 것이 많다. 에피소드 기억은 고정적이지 않으며 새로운 정보가 외부에서 들어올 때마다 종래의 기억에 업그레이드되어, 물론 망각도 진행되면서 기억 전체가 바뀌어 간다. 그때 타인에게서 전해들은 정보일지라도 마치 자신이 경험한 것으로 바뀌

---

21) **역주_** 래리 스콰이어(Larry R. Squire, 1941~ ) : 캘리포니아 대학(샌디에이고) 정신의학과 교수. 기억의 신경병학적 기초를 이룬 중요한 전문가이다.

22) 진술기억(declarative memory)/비(非)진술기억(nonclarative memory)은 선언적 기억/비(非)선언적 기억이라고 번역될 수도 있다(Larry R. Squire, 1992, "Declarative andNonclarative Memory: Multiple Brain Systems Supporting Learning and Memory," *Journal of Cognitive Neuroscience*, Summer 1992, vol.4, no.3, pp.232~243).

23) 위에서 서술한 것 이외의 기억의 분류에 대해서는 이하의 자료를 참조했다. 「記憶の分類」, 『腦の世界』, 京都大學靈長類硏究行動發言分野 Webpage (www.pri.kyoto-u.ac.jp/brain/index.html) 2006. 保阪和志, 『世界を肯定する哲學』, ちくま新書, 2001 ; David W. Loring and Kimford J. Meador, *Ins Dictionary of Neuropsycboligy*, Oxford University Press, USA, 1999.

기도 하고, 또 한편에서는 자신의 경험도 객관화된 정보로 당시 전체 스토리의 일부분으로 기억되기도 한다. 이와 같이 '에피소드 기억'은 항상 편집이 이루어지고 있다. 이 경우 그때그때마다 아전인수식의 편집이 이루어지기도 하고, 아무런 자각 없이 시나리오를 날조하는 케이스도 있다. 즉 '에피소드 기억'은 과거의 사건을 바탕으로 한 것이라고 하더라도 현시점에서 소원하는 생각이 반영되어 버리게 된다.

이렇게 생각하면 '기억하는 고향'은 모라토리엄기에 일어난 사건을 경험 요소로 하면서도, 현시점에서 가장 바라는 마음에 바탕을 두고 기억을 재구성한 '자기 이야기'에 지나지 않는다고 할 수 있다.

또 하나의 이유는 기억하는 고향에 웹 공간이 스며들어 오는 것이다. '토끼 쫓던 그 산'으로 시작하는 '고향'(岡野貞一 作曲, 高野辰之 作詞)(歌詞[24])의 정경과 내 고향은 크게 차이가 있다. 산토끼를 쫓던 경험도 없고, 삼면이 콘크리트로 둘러싸인 시냇물과 용수로 안에서 새끼 붕어는 살아갈 수 없었을 것이다. 그 대신에 베드타운(Bed Town)[25]화가 진행되는 무사시노다이치(武藏野台地)[26]의 경치와 자신을 키워준

---

24) (1절) 兔追いしかの山 小鮒釣りしかの川 夢は今もめぐりて 忘れがたき故鄉(ふるさと)
(2절) 如何(いか)にいます父母(ちちはは)恙(つつが)なしや友がき 雨に風につけても思ひいづる故鄉
(3절) こころざしをはたして いつの日に歸らん 山はあおき故鄉 水は淸き故鄉
(岡野貞一 作曲, 高野辰之 作詞, 1914, 「故鄉」, 尋常小學唱歌)

25) **역주_** 'bed+town' : 대도시 주변에 위치한 주택도시. 주민의 대부분이 대도시로 통근하여 밤이 되어야 돌아오는 곳을 가리킨다.

26) **역주_** 무사시노다이치(武藏野台地) : 간토(關東) 히라노(平野) 서부를 흐르는 아라카와(荒川)와 다마카와(多摩川) 사이에서 좁아진 지역에 펼쳐지는 주위보다 좀 높고 평평한 땅을 말한다. 범위는 도쿄 도(東京都)를 중심으로 서쪽 반과 북쪽 다마(多摩) 지역 및 서쪽 다마 지역 일부를 가리킨다. 그리고 사이타마 현(埼玉縣) 남부의 도코로자와 시(所澤市)와 사야마 시(狹山市)

많은 사람의 얼굴 등에 대한 기억으로 내 고향은 구성되어 있다. '고향'이 발표된 다이쇼(大正) 시대와 내가 모라토리엄기를 보낸 쇼와(昭和) 40년대는 사회환경이 크게 다르지만, 장소와의 관계 속에서 생각해서 보더라도, 모라토리엄기에 경험했던 이미지가 고향의 형태를 만들고 있는 것에는 변함이 없다.

그런데 현재, '고향'이라는 세계에 눈사태처럼 웹 공간의 이질적인 경험들이 비집고 들어오고 있다. 갓 태어난 아기는 현실공간에서 가족을 중심으로 많은 사람들의 보살핌을 받으며 성장해 가는데, 비디오나 디지털카메라에 수록된 웹 공간에 업로드되는 등 장차 아기는 본인의 자각 여부와 관계없이 태어난 직후부터 웹 공간과 현실공간 사이를 살아가지 않으면 안 된다. 아동기가 되면 인터넷을 접하게 되고 바로 웹 공간에서 능동적으로 커뮤니케이션이나 편집을 즐길 것이다. 그들이 경험한 기억에는 토끼나 새끼 붕어 대신 친밀하고 익숙한 휴대전화 화면이나 게임 장면, 그리고 경우에 따라서는 인터넷을 접속하면서 받은 비방이나 중상모략 같은 왕따의 체험 공포가 주입되어 있을 것이다. 그리고 거기에는 타인도 자신도 기록(디지털 데이터)으로서 인식된다.

이처럼 '기억하는 고향'은 우리가 상상할 수 없는 새로운 이미지로 재편될 뿐만 아니라 '기록하는 고향'으로 재편될 가능성이 있다.

### 귀향이란

현실 장소를 떠난 고향은 간신히 기억 속에 머물러 기록으로서 연명해 나갈 가능성도 생겼다. 이들 기억이나 기록은 모라토리엄기에

---

등의 지역도 포함되며, 가와고에 시(川越市)는 무사시노다이치 북단에 위치한다.

[그림 16] 현대인에게 요구되는 세 가지 장소

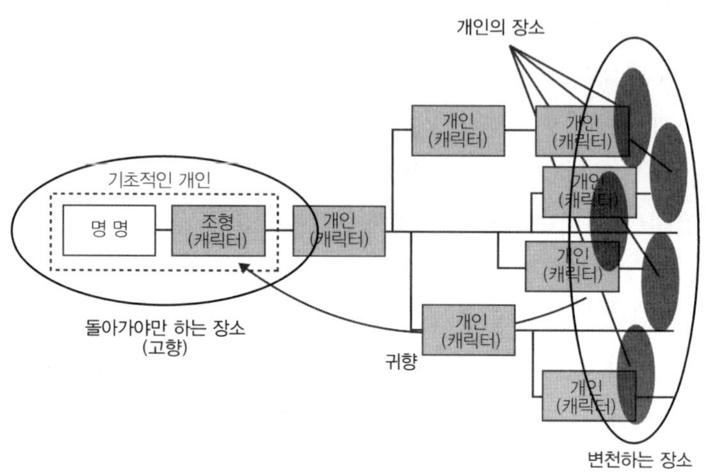


일어났던 사건이 기본이 된다. 이것을 제5장에서 설명한 '나'의 계보([그림 9]) 속에서 찾으려고 한다면 계보의 스타트 부분에 있는 '기조적인 개인'에 해당한다. 이름이 붙여지고 비로소 '개인'이 형성되기까지 원초적인 '나'를 말하며 '자아'='개인'이 될 때까지 겪는 일련의 경험이다. 그 후 '나'는 '개인'의 수를 늘려 가고 복수의 '개인'을 컨트롤하도록 강요받게 되지만, 항상 '기조적인 개인'은 참조하고 준거해야 할 위치에 놓이게 된다.

근대사회에서는 '자아'='개인'을 강요당해 왔다. 그것이 현재는 '자아'≠'개인'이며, 우리는 복수의 '개인'을 구분해서 사용하게 되었다. 그리고 복수의 '개인'을 통괄하고 상황에 따라 능숙하게 '개인'을 바꾸기 위해 새로운 기능을 가진 '장소'를 필요로 한다.

여기에서 우리들은 서로 다른 세 개의 '장소'를 필요로 하게 된 것을 알 수 있다([그림 16]). 행복했던 '자아'='개인'의 시대에는 어느 것도 쓸모없는 것뿐이다.

첫째는 '개인'이 살아가는 장소이다. 다른 말로 바꾸면 '개인' 한사람 한사람의 '주거공간'이다. '개인'은 저마다 각자 활동할 장소의 범위를 가지고 있고, 각각의 장소는 어느 정도 독립되어 있다. 둘 이상의 '개인'을 통괄하는 자아는 '개인'의 수만큼 장소를 가지고 있다.

두 번째는 그런 복수의 '개인'을 통솔하는 '변천하는 장소'이다. 이것은 '개인' 각각의 장소와는 다르고, 복수의 '개인'을 능숙하게 바뀌게 해서 해리되기 쉬운 '자아'를 소생시키는 장소이다. '자아'≠'개인'의 시대에 단적으로 자아를 나타내는 새로운 장소가 된다.

그리고 세 번째가 '돌아가야만 하는 장소'이다. 현대인은 귀향을 망각하고 있다. 귀향이라는 행위는 단순히 태어나서 자란 지역(토지)으로 돌아가는 것은 아니다. 고향이 '기억하는 고향'으로 변질된 지금, 귀향은 그 기억을 거슬러 올라가거나 경우에 따라서는 기록을 참조하여 자기 이야기를 재편성하는 것이다. 바꾸어 말해 '기조적인 개인'에 초점을 맞추면서 복수의 '개인'을 총합시켜 가는 것이다. 이처럼 '돌아가야만 하는 장소'라는 것은 '기조적인 개인'이라고 말해도 될 것이다. 그곳은 처음 '개인'을 만들어준 장소이고 그 후 장소를 바꾸고 늘려갈 때마다 항상 참조하는 장소의 근원적인 형태, 자기의 원형이다. 그 점에서 '귀향'은 '환향(還鄕)'이라고 하는 편이 좋을지 모르겠지만, 어쨌든 이렇게 해서 망각했던 고향이 되살아난다.

그런데 여기에서 말하는 '개인'은 니시다(西田)의 장소론에 비추어 보면, 초월적 술어면(述語面)에서의 '구체적인 일반자'라고 말할 수 있겠다. 그리고 '변천하는 장소'는 원심적 확산력을 갖는 술어면을 통일하는 '술어적 세계의 장소'를 의미한다. 단, 니시다의 장소론은 구체적인 일반자가 다음의 구체적 일반자에 포섭된다고 말하는 것처럼 판단 형식(s는 p다)을 채용한 것으로, 구체적 일반자가 종렬 방향으로 병치되고([그림 6] 왼쪽 그림의 세로 방향), 이와 같은 전후관계를 이어주는 것을 자기한정(自己限定)이라고 설명한다. 그러나 여기에서는 '개인'끼리는 포섭관계를 갖지 않는 경우가 대부분이며, 그 점에 대한 설명은 불충분하다. 한편 '돌아가야만 하는 장소'는 술어로 주어가 되지 못하는 서술적 통일의 끝이 되는 '절대무(絶對無)의 장소(場所)' 완전한 무(無)가 될 것이다.

하이데거는 『'휴머니즘'에 대해서』에서, 근대의 '고향 상실(Heimat Loss)'을 존재자가 존재로부터 버림을 받아 발생하는 존재 망각, 존재 포기의 징후라고 지적하였다.[27] '고향 상실'이 의미하는 고향이란 횔덜린(Friedrich Hölderlin)[28]의 비가(悲歌) 속의 『고향』에서 엿볼 수 있는 '근원에 가까이 있는 것'이라고 설명된다. '귀향'은 '근원에 가까이 있는 것'으로 귀환을 의미하며 근원에 익숙해지고 친숙해지는 것이다.

이와 같은 근원이란 '기조적인 개인'이 되기 전 탄생의 순간이며, 혹은 '에그던 히드'이다. '당신이 찾고 있는 것, 그것은 가까운 곳에 있고, 이미 당신과 만났다'[29]라고 횔덜린이 말한 것처럼, 고향은 여행자였던 귀향자를 그렇게 맞이해 준다. 즉 '귀향'이라는 행위가 있어서

---

27) M. ハイデッガー, 渡邊二郎 譯, 『「ヒューマニズム」について―パリのジャン・ボーフレに宛てた書簡』, ちくま學藝文庫, 1997, 75~80쪽.

28) **역주_** 요한 크리스티안 프리드리히 횔덜린(Johann Christian Friedrich Hölderlin, 1770~1843) : 독일의 시인 · 사상가. 넥카 강변의 라우펜에서 출생하였으며 튀빙엔 대학에서 신학과 철학을 공부하였다. 재학 당시 철학자 헤겔 · 셸링 등에게 철학을 배웠다. 고대 그리스를 동경하여 낭만적 · 종교적인 이상주의를 노래한 그의 시는 오늘날 높은 평가를 받고 있다. 또한 니체, 하이데거 등과 같은 사상가에게도 강한 영향을 주었다. 작품으로는 서간체 소설 『히페리온』, 미완성 비극 『엠페도클레스』, 시 「하이델베르크」, 「라인강」, 「다도해」, 「빵과 포도주」 등이 있다.

29) ヘルダーリン, 川村二郎 譯, 「歸鄕―近親者へ」(『ヘルダーリン詩集』, 岩波書店, 2002)에서는 "찾으려고 하는 것은 가까이에 있다. 이제는 만나러 가자"라고 되어 있다.

비로소 고향은 근원에 가까이 다가갈 수 있는 곳이 되며 고향이 될 수 있는 것이다.[30)]

일찍이 지칠 대로 지친 근대인은 '망향' 즉, 고향을 그리워하는 것으로 조금은 자기를 회복하고 또 극단적으로 편향된 미래지향적 사고를 개선시켰을 것이다. '땅에서 태어나서 땅으로 돌아간다'라고 말하듯이, 근대인에게 '고향'이란 인생의 기점과 종점을 의미하였다. 특히, 전진만 해야 하는 근대인에게는 인생을 '끝마칠' 장소가 준비되어 있으며 언젠가 '귀향'한다는 확신이, 그것이 설령 패배를 의미한다 하더라도 막연하지만 불안 해소로 이어졌다.

현대인에게도 '귀향'은 막연한 불안을 해소해 준다. 그러나 현대인의 불안은 근대인과는 달리 '자아'≠'개인'이 초래하는 불안정으로 기인되며, 불안의 해소도 근대인과는 다른 형태로 실현된다. 다시 반복하지만, 현대인에게의 '귀향'이란 '기조적인 개인'을 참조하고 복수의 '개인'을 총합해 나가는 것으로 인생의 마지막이 아니라, 삶의 도중에서 몇 번이나 거듭되는 '귀향'이 이루어지는 것이다.

## 2. 향토(鄕土)로

### 동위에 의한 유사귀향

혼재향(헤테로토피아)의 출구는 아무래도 '돌아가야만 하는 장소'와 '변천하는 장소'의 장소 재편에 있는 것 같다. 그러나 현상은 지역(현실공간)도 웹 공간도 아직 그 요청에 응하고 있다고는 말할 수 없다. 현대인의 막연한 불안은 이러한 장소의 부재에서 생겨난다. 그래서 우선 새롭게 요청된 두 개의 장소 가운데 웹 공간의 역할을 확인한

30) M. ハイデッガー, 濱田恂子 譯, 「ヘルダーリン詩作の解明」, 『ハイデッガー全集 第四巻』, 創文社, 1997, 34쪽.

다음, 마지막에 역시 장소로서 지역이 살아남을 가능성을 찾아보겠다.

'돌아가야만 하는 장소(고향)'는 지금은 모라토리엄기의 사건에 대한 기억으로 구성되어 있다. 그리고 그렇게 '기억하는 고향'은 그때그때의 소망을 담아 기억을 바꾸어 기록하는 자기 체험담이라는 성격을 띤다. 그런데 웹 공간은 고향으로 참조할 만한 '기억'을 '기록(디지털 데이터)'으로 제시한다. 그것은 유아기 때 부모가 기록한 비디오 데이터이고, 유아기 때 본인이 써놓은 일기는 텍스트 데이터이며 혹은 아동기 때 친구와 처음으로 주고받은 이메일 이력일지도 모른다. 기록은 기억과 달리 훨씬 정확하고 상세하며 양이 굉장하여 사건의 재현성이 높다. 앞으로 라이프 로그[31)]화가 전전되어 간다면 자기 이야기를 만드는 방법이 더욱 크게 변화해 갈 것이다.

거듭 말해 왔듯이 웹 공간은 동위공간이다. '동위'의 작용은 시간의 간격을 소멸시키고 '통시성'을 만들어 낸다. '기록하는 고향'도 예외는 아니어서 그 시점마다 '나'라는 존재가 원초의 '기조적인 개인'과 동위하는 것으로 시점이 다른 두 사람은 같은 자리를 차지하고 당시의 "아우라"가 유사하게 재현된다. 이렇게 우리는 웹 공간을 기반으로 하여 '기조적인 개인'과 동위라는 새로운 '귀향'을 손에 넣으려 하고 있다. 지역이 '돌아가야만 하는 장소'로서 역할을 완수할 수 없게 된 상황에서 웹 공간의 동위는 확실한 귀향의 수단이 될 것이다.

한편 '변천하는 장소'는 어떤가. 제5장에서 살펴본 것처럼 '변천하는 장소'란 참여적 관찰자, 혹은 복수의 '개인'을 포함하는 '자아'를 위한 장소이고 복수의 캐릭터를 지탱하는 플레이어로서의 장소이다. 이질적인 '개인'을 하나로 통합해 두는 '공통의 공간'을 갖고 필요에 입각하

---

31) **역주_** 라이프 로그 : 인간의 행동을 디지털 데이터로서 기록(로그)하는 것. '누가, 언제, 어디서'라는 정보를 휴대전화라면 손쉽게 취득할 수 있다.

여 '개인'의 데이터베이스를 오가며, 전개할 수 있도록 시뮬레이션을 실행하여야 한다. 이 활동은 현재 OS(Operating System)에 전형적으로 나타나고 있다. OS는 통합환경이라는 '공통의 공간'을 가질 뿐 아니라, 쉬운 유저 인터페이스[32]나 하드웨어와 소프트웨어 간의 교환 및 수단(resource)을 관리하는 카넬[33] 등을 갖추어 복수의 애플리케이션을 병행하거나 혹은 제휴시켜 동작하게 하는 것을 가능하게 한다.

웹 공간에서의 '개인'은 각각 애플리케이션이라는 장소에 머문다. 보통은 복수의 애플리케이션을 하나의 이름으로 취급하지만, 각각을 다른 이름과 다른 인격으로 활용하는 것도 충분히 가능하다. 복수의 '개인'을 단속하고 능숙하게 옮겨 가 '변천하는 장소'의 기능이라는 면에서 지금 OS보다 뛰어난 것은 보이지 않는다. 몇 가지 일을 겸직하고 있는 나 자신도 모든 일은 어디서든 TUMI[34]제 가방에 넣어 들고다니는 Windows on Let's note로 처리하고, PC가 유일하게 변천할 수 있는 장소가 되고 있다.

## 돌아가야만 하는 장소

앞으로 '기록하는 고향'이 침투한다 해도 고향은 아직 기억 속에 있다. 지역이 기억을 뒷받침해 주는 현실 속의 '장소'를 제공할 수 있다면, 참조해야 할 자기 이야기의 진정성은 높아지고 또한 체험담의

---

32) **역주_** 유저 인터페이스(user interface : 컴퓨터 등의 기계 쪽이 사용자에 대하여 공동영역으로서 준비하고 있는 하드웨어, 소프트웨어의 총칭.

33) **역주_** 카넬(kernel) : 컴퓨터의 오퍼레이팅 시스템의 기본 기능을 실행하는 소프트웨어. 일반적으로 오퍼레이팅 시스템의 중핵적인 역할을 담당한다.

34) **역주_** 미국 뉴저지 주 사우드 프랜필드에 거점을 둔 가방 제조 판매 메이커. 1975년 찰리 클리포드에 의해 설립되었으며 2004년부터 영국의 Doughty Hanson & Co.사 산하로 되었다. 여행, 비즈니스를 비롯한 라이프스타일 브랜드로 세계적으로 유명하다.

[그림 17] 정보사회의 고향

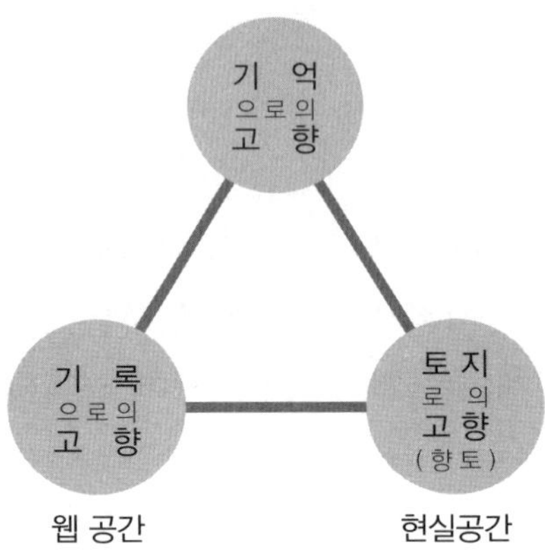


원동력도 증가한다([그림 17]).

다시 '기억하는 고향'과 현실 속의 지역을 비교해 보면, 양자는 해리되어 있을 정도가 아니라 아예 관련성이라든가 흔적도 발견하기 어렵다. 내 고향(태어나 자란 곳)은 우라와 시(浦和市 : 현재의 사이타마 현 사이타마 시 우라와 구)인데 '기억하는 고향'의 흔적은 지역에서 사라졌다. 교외의 한 작은 육도시로 번영했던 우라와 중심부에 아담하고 좋은 주택지였던 우리 집 주변에는 10여 층 높이의 고층아파트가 몇 동씩 늘어서 버렸고, 집 앞마당에 서면 불과 몇 미터 앞의 이웃집은 지상 13층 높이의 40미터에 이르는 콘크리트 외벽으로 무장되어 절벽처럼 우뚝 서 있다. '돌아가야만 하는 장소'로서의 역할을 포기한 우라와에게 '귀향'이란 적합하지 않다. 그렇기 때문에 우라와는 고향으로서 충분하지 않다.

이러한 기억과 장소의 단절을 해소하는 것이 지역에서 고향을 재생시키는 것이다. 이를 위해서는 공간설계 중심의 지역사회 활성화에 '로컬 컬러 만들기'라는 사고방식을 도입하는 것을 생각해 볼 수 있다. 향토란 '기억 속에 있는 고향'이 아니라, 어디까지나 현실공간으로 나타나는 '토지를 의미하는 고향'인 것이다.

무엇보다도 우선 아이들을 주목하는 것이 중요하다. '기억 속에 있는 고향'은 아이들이 태어나서 자라는 모라토리엄기(기조적인 개인의 형성기)에 발생하는 사건으로 구성되어 있다. 그 무렵 아이들의 행동은 아주 좁은 범위로 한정되어, 하나의 지역이라기보다는 초등학교 정도의 협소한 구역에서 거의 이루어진다. 이렇게 한정된 공간에서 만들어진 사건이 고향의 기억을 만드는데 그 과정을 반대로 역이용하여 지역사회 활성화에 이용해 가는 것이다.

아이들의 기억을 구성하게 될 많은 일상적인 사건. 그 사건을 뒷받침하는 지역의 도로나 시설, 경관, 주택 등의 디자인이나 멘테넌스를, 그곳에 사는 모든 아이들의 고향으로 자리매김될 것을 전제로 하여 재구성할 필요가 있다. 그때 중요한 것은 아이들의 경험을 뒷받침해 주는 것뿐만 아니라 그 장소에 아이들의 경험이 착지하도록 아이들과 장소의 쌍방향성을 고려하는 것이다. 안전성과 기능성을 중시한 아동공원은 아이들에게 하나의 기능으로서 놀이를 충족시켜 줄지도 모르지만, 아이들의 창의적인 사고를 기르기 어려우며 또한 자기의 놀이경험을 흔적으로 남기기 어렵다. 거기에 비하면 울타리가 없는 개울가 같은 공간 등은 위험은 동반하지만 개울에 빠진 경험이 뒷날 계속 구전되듯이 놀이 경험이 확실하게 착지되는 공간이다. 그러한 장소가 고향의 공간 실상이 되어, 어른이 되어서도 기억을 뒷받침해 주는 장소로 항상 참조의 대상이 된다.

그리고 참조할 만한 진정성을 확보하기 위하여, 현실공간이라는 고유의 공간성을 한껏 이용하는 것이 중요하며 거기에는 꼭 신체성에 의존할 필요가 있다. 정말로 진정성을 공간에서 찾으려 한다면, 예견적 · 일방적인 디자인을 할 것이 아니라, '건축가 없는 건축'[35]과 같이 공간 형성이 자연발생적으로 발전해 가는 구조 쪽이 훨씬 뛰어나다. 거기에는 부분에서도 전체를 구성하는 여러 가지 구조가 읽혀지며, 환경과 풍토에 근거하기 때문에 지속성도 있다. 무엇보다도 그곳은 주거공간으로서 사회적인 측면의 생활경험, 관습, 제도, 환경적인 측변의 기후풍토가 편집되는 일 없이 착지된다.

'건축가 없는 건축'을 그대로 현대사회에서 구현할 수는 없지만, 현대건축은 인공 지반과 '건축가 없는 건축' 사이에서 혹은 인공 지반과 '에그던 히드' 사이에서 공간 구성의 수법을 찾아낼 필요가 있을 것이다. 경험을 더욱 첨예화시킨 '의식이 착지하는' 공간 형성에 대한 시도는 제2장에서 살펴본 것과 같이 이미 아라카와와 긴즈의 덴메이한 텐지 프로젝트에서 시작되었다. 그것은 신체성을 구사하여 '기하학-운동 공간'으로 '의식이 착지하는' 것을 노린 것이다. 지역은 여기에 지속적으로 각각의 일상적인 지역공간에서 이루어진 아이들의 경험을 '랜딩 사이트'로 창출해 내지 않으면 안 된다.

### 변천하는 장소

'변천하는 장소'에 있어서 변천하는 것은 물론 한사람 한사람이 껴안고 있는 복수의 '개인'이다. 그곳은 참여적 관찰자로서의 '자아'가 거주하는 장소이다. '개인'을 원활하게 바뀌게 하려면 많은 기능이

---

35) 르도흐스키는 '건축가 없는 건축'을 풍토적(vernacular), 무명의(anonymous), 자연발생적(spontaneous), 토착적(indigenous), 전원적(rural) 등으로 표현하였다(B. ルドスキー, 渡邊武信 譯, 『建築家なしの建築』 SD選書184, 鹿島出版會, 1984).

**역주_** 르도흐스키(Bernard Rudofsky, 1905~1988) : 미국의 건축가 · 수필가. 비엔나 출신. 세계 각지에서의 견문을 토대로 건축, 인체, 의복, 도시생활 등을 테마로 저작 활동을 전개하였다. 『建築家なしの建築』은 1964년에 개최된 동명의 전람회를 바탕으로 세계 각지의 풍토적인 건축을 소개했다.

필요하다. 유감스럽게도 지역은 단독으로 '변천하는 장소'가 될 수 없다. 그건 고사하고 개인을 통솔하는 가장 기본적인 기능인 '공통의 공간'도 계속 상실하고 있다. 따라서 지역이 '공통의 공간'을 되찾을 수 있는 가능성을 살펴보겠다.

지역에 모든 존재를 병치하는 '공통의 공간'이 재생되면 어떻게 될까. 우선 생활공간 · 소비공간 · 정치공간 · 경제공간 등의 이질적인 공간들이 서로 밀접한 관계를 갖게 된다. 소비를 더욱 충실화하기 위해 정치를 이용해서 산지 소비구조를 만들고, 지역통화를 도입하여 지역내 경제를 활성화하며 이와 함께 호수성(互酬性)[36]을 부활시키고, 자스코에 공공사무소의 기능을 대신하게 한다든가 하는 식으로 이(異)공간 분야의 제휴가 일상적으로 일어날 수 있다. 또한 지역 내에서 완벽하지는 못하다 해도 어느 하나의 공간이 지역 안에서 중요한 핵을 갖게 된다. 소비공간이면 소비자의 상상이 미치는 범위에서 소비 · 유통 · 생산의 각 장면이 공유된다.

'공통의 공간'을 되살리려면 병치 · 통합의 기능을 갖춘 어떤 형태든 간에 사회장치가 불가결하다. 그러나 그것을 현실공간에서 단독으로 조달하기란 이미 불가능하다. 그래서 웹 공간에서 빌려온 사회장치를 통해 현실공간의 탈(脫)다원화를 진척시킬 필요가 있다. 이러한 사회장치를 임시로 '지역 미디어'라고 부르겠다. 이것은 지역의 경계를 재설정하는 기능을 가지고, 또 웹 공간을 수단으로 빌린다는 뜻에서 붙인 이름이다.

'지역 미디어'란 예를 들면 다음과 같은 것이다. 지역경제에서 소비공간을 지역 안에 가두어두는 것이 중요하다는 것은 제1장에서 살펴본

---

36) **역주_** 개인 혹은 집단 간에 증여를 받은 측이 준 쪽에 어떤 형태의 답례를 하는 것에 의해 상호관계가 갱신, 지속되는 일.

바 그대로이다. '지역경제 분석'에 의하면, 지역 내에서의 소득순환을 촉진하는 것은 상상 이상으로 지역에 경제효과를 불러온다. 자스코에서는 4박자를 고루 갖춘 쇼핑이 가능하지만, 자스코의 소득은 금방 지역 밖으로 유출되어 버린다. 그에 비해서 지역 상점가에서 물건을 사면 가격은 다소 비싸더라도 지역 내에서 소득이 순환하여 결과적으로 지역경제가 윤택해진다. 그래서 지역 내의 소득순환을 촉진시키기 위하여, 쇼핑할 때마다 주민에게 소비선택에 부담을 주는 지역내 모든 상점이 가맹한 전자통화 결제시스템을 도입한다. 휴대전화 등의 단말기에 '통상가격'에 덧붙여 '소득순환 효과를 고려한 가격'을 나란히 표시해서 상점 간의 비교를 통한 구입을 할 수 있게 한다. '통상가격'이라면 자스코가 가장 저렴할지 모르지만, '소득순환 효과를 고려한 가격'에서는 가장 비싼 가격을 붙일 것이다. 또한 제3의 가격으로 이산화탄소 배출량 등의 '환경효과를 고려한 가격' 표시 등도 생각해 볼 수 있다. 이와 같은 지역 미디어는 경제적 · 지역경제적 · 환경경제적이라고 하는 성격을 달리하는 미니 소비공간을 병존시키면서 동시에, 주민에게 현명한 소비선택을 압박하는 것으로서 지역의 경계를 강하게 의식시켜 지역을 벗어나지 않는 소비공간을 확보한다.

'공통 공간'의 재생을 위해서, 또 하나 더 주목하고 싶은 것이 '동기성'과 '동위성'이다. 원래 장소에는 사람들이나 물체 간의 통합을 위한 기능이 있고, 그것은 크게 '동위(同位)'와 '동기(同期)'로 나눌 수 있다. '동위'란 시간의 간격을 소멸시키는 것으로, 다른 시기와 시대를 사는 사람들을 만나게 하여 유사적인 '공시성'을 만들어 내는 기능이다. 이에 대하여 '동기'는 공간의 간격을 소멸시키는 것으로서, 공간적으로 떨어진 사람들을 만나게 하여 유사 '통시성'을 만들어 내는 기능이 있다([그림 10]). 제5장에서 살펴본 것처럼 웹 공간은 동위 공간으로서 참가자들을 대면시키는 효과가 높다. 이에 비해 현실공간은 동기 공간으로서 보완적으로 살아남을 가능성을 지적해 두겠다. '동기'의 기능은 전화에서 분명하게 드러난다. 원격지를 실시간으로 연결하여 '통시성'을 만들어 낸다.

거대 세대인 국민국가는 유사한 '통시성'을 확보하지 않는 한 단순한 허구가 된다. 평생 한 번도 만날 일이 없는 사람들끼리도 같은 국민임을 서로 확인하기 위해서는 베네딕트 앤더슨(Benedict Anderson)이 지적한 것처럼, 근대소설이나 신문과 같은 출판자본주의가 세속적인 국어화를 촉진하여 국민의 이미지를 공유할 필요가 있고, 이렇게 해서 '상상 공동체'가 형성된다.[37] 출판자본주의에서 국민을 하나로 통합하는 동기성을 확인할 수 있는데, 이것과 마찬가지로 '영토'에도 국민을 통괄하는 효과가 있다. 영토란 명확한 인공적 경계로 구분된 하나의 지역이다. 거기에는 설정된 경계의 안쪽인가 바깥쪽인가가 중대한 의미를 갖는다. 경계를 넘으면 법칙과 관습이 격변하고 경우에 따라서는 죽음과 직결된다. 이런 상황이 '통시성'을 만들어 낸다.

지역이란, 경계로 정해진 토지(area)이고 원래 '통시성'을 갖는다. 출판자본주의 이상으로 지역을 '동기 공간'으로 활용할 수가 있다. 이를 위해서는 '경계를 넘으면 규칙이 바뀐다'는 상황을 만들어 내야 한다. 그것은 실효적인 경계를 설정하고 실체적인 지역을 확실히 만드는 것이다. 현재 일본에는 애석하게도 국경을 제외하면 그러한 경계는 볼 수 없다.

---

37) ベネディクト アンダーソン, 白石隆・白石さや 譯, 『想像の共同體ーナショナリズムの起源と流行』, リブロポート, 1987.

### 향토(토지로서의 고향)로

'여기'에서 '저기'로라는 단조로운 미래지향의 시대는 이미 종말을 고하고 있다. 지금까지 살펴본 것처럼 불안정한 '나'를 지탱하려면 '돌아가야만 하는 장소'와 '변천하는 장소'라는 새로운 장소의 도움이 필요하다.

이러한 요청에 대하여 현재로서는 역부족이지만, 웹 공간과 현실공간이라는 두 개의 발판이 상호보완적으로 기능하려 하고 있다. 단, 마지막에서 살펴본 것처럼 현 상태의 지역은 전혀 도움이 되지 않는다. 그러나 불충분하지만 '공통의 공간'을 준비하고 '돌아가야만 하는 장소(고향)'를 뒷받침해 주는 '향토'로 활용하는 것은 가능하다. 웹 공간이 만들어 내는 '기록하는 고향'과 함께, 지역이 '향토'가 되는 것으로 '귀향'이 일상화되면, 우리는 절반 정도라도 안심할 수 있는 상황을 손에 간신히 넣을 수 있다.

'잔역'(웹 공간에 침식당하지 않는 현실공간)에는 확실히 '향토'라는 역할이 남아 있을 것 같다.

# 참고문헌

## 공간 · 장소론 관련

遠城明雄,「場所をめぐる意味と力」, 荒山正彦 · 大城直樹 編,『空間から場所へ－地理學的想像力の探求』, 古今書院, 1998.

ガストン バシュラール,『空間の詩學』, 岩村行雄 譯, ちくま學藝文庫, 2002.

角田幸彦,『景觀哲學への歩み－景觀 · 環境 · 聖なるものの思索』, 文化書房博文社, 2001.

クルト レヴィン,『社會科學における場の理論』, 猪股佐登留 譯, 誠信書房, 1956.

ジョシュア メイロウィッツ,『場所感の喪失(上)－電子メディアが社會的行動に及ぼす影響』, 安川一 · 上谷香陽 · 高山啓子 譯, 新曜社, 2003.

中村雄二郎,『場所(トポス)』(弘文堂思想選書), 1989.

福井憲彦 · 山本哲士 編,「現代空間論－アイデンティティと境界」,『アクト』 no.4, 日本エディタースクール出版部, 1988.

マックス ヤンマー,『空間の概念』, 高橋毅 · 大槻義彦 譯, 講談社, 1980.

アンリ ルフェーヴル,『空間の生産』, 佐藤日出治 譯, 青木書店, 2000 (Henri Lefebvre, *La Production De L'espace*, Edition Anthropos-Economica, 1999/1974).

P. L. バーガー · B. バーガー · H. ケルナー,『故鄕喪失者たち－近代化と日常意識』, 多高山眞知子 ほか 譯, 新曜社, 1977年.

Foucault, M., "Of other space," tr. J. Miskowiec, Diacritics, 16-1, 1986, pp.22~27.

## 기타

青山秀明 ほか,『パレート・ファームズ－企業の興亡とつながりの科學』, 日本經濟評論社, 2007.

エルンスト マッハ,『感覺の分析』, 須藤吾之助・廣松涉 譯, 法政大學出版局, 1971.

大黑岳彦,『〈メディア〉の哲學－ルーマン社會システム論の射程と限界』, NTT出版, 2006.

北田曉大,『〈意味〉への抗い－メディエーションの文化政治學』, せりか書房, 2004.

佐々木正人・三嶋博之 編譯,『アフォーダンスの構想－知覺研究の生態心理學的デザイン』, 東京大學出版會, 2001.

ジャック デリダ,『声と現象－フッサール現象學における記號の問題への序論』, 高橋允昭 譯, 理想社, 1970.

ジャン ピアジェ,『發生的認識論』, 瀧澤武久 譯, 白水社, 1972.

竹內敏晴,『ことばが劈かれるとき』, 筑摩書房, 1988.

竹內敏晴,『思想する'からだ'』, 晶文社, 2001.

竹內青嗣,『現象學入門』, NHKブックス, 1989.

西研,『哲學的思考－フッサール現象學の核心』, 筑摩書房, 2001.

庭田茂吉,『現象學と見えないもの－ミシェル・アンリの'生の哲學'のために』, 晃洋書房, 2001.

檜垣立哉,『ベルクソンの哲學－生成する實存の肯定』, 勁草書房, 2000.

モーリス メルロ＝ポンティ,『心身の合一－マールブランシュとビランとベルグソンにおける』, 瀧浦靜雄 ほか 譯, 朝日出版社, 1981.

クロード レヴィ＝ストロース,『野生の思考』, 大橋保夫 譯, みすず書房, 1976.

吉田純,『インターネット空間の社會學－情報ネットワーク社會と公共圈』, 政界思想社, 2000.

ジャン＝ノエル カプフェレ,『うわさ』, 吉田幸男 譯, 法政大學出版局, 1988.

## 후기

장남이 메탈 밴드를 시작한 터라 최근에 자주 음악을 듣고 있다. 내가 학생 밴드에서 활동했을 당시에 카피했던 곡 대부분을 지금은 유투브나 싱글벙글 동영상에서 간단하게 접할 수 있다. '아저씨는 뭐든지 척척' 등과 같은 태그에 의지해서 찾아보면, 1970~80년대에 유행했던 곡이 BGM 용으로 편집되어 있기도 하다. 확연하게 옛날과 다른 환경 속에서 음악을 시작하는 젊은이들이 어떤 음악을 만들어 갈 것인가 기대된다.

음악의 요소는 멜로디, 하모니, 리듬이다. 이러한 구성을 빌려서 이 책(『'장소'론』)은, 음의 시간적인 흐름을 흥얼거리기 쉬운 멜로디로 삼지 않고, 음의 울림으로서 공간에 퍼지는 하모니를 주제로 했다. 아름다움의 기준은 시대에 따라 가지각색이지만, 지금 요구하는 울림은 무엇인지를 줄곧 생각해 왔다고 나는 자부한다.

예를 들면 '변천하는 장소'란 어떤 울림일까? 문외한이라서 초점에서 빗나갔을지도 모르겠지만, 그것을 서양음악의 조성(調性)의 역사에서 찾아보면, '분할 합창'과 가깝다. 성 마르코 사원 대성당의 여기저기에서 교호하게 합창이 이루어지고, 그래도 조화로웠다고 하는 것은 부분이지만 울림을 변천시켜 가는 시스템을 가지고 있었을 것이다. 가능하다면 16세기로 거슬러 올라가 체험해 보고 싶다.

다만, 『'장소'론』을 끝내면서 불현듯 리듬에 관한 관심이 커진다. 리듬은 반복해서 생기고 단순하게 회귀를 촉진시키는 운동이다. 멜로디나 하모니가 없는 음악은 있어도 리듬이 없는 음악은 존재하지 않는다.

지역은, 웹 공간에게 주역의 자리를 내주고 있다. 그러나 그렇다고 하더라도 남는 것을 얇게 잘 도려내어 반복하는 역할을 두드러지게 하면, 생활 리듬을 만들어 내는 중요한 장소로서 살아남을 것이다. 그런 단순함에 대한 동경이 낭만주의이다.

이 책의 간행이 예정보다 늦어진 연유로 편집담당인 사사키 모토야(佐々木元也) 씨와는 오히려 오랜 기간 친분을 갖게 되었다. 사사키 씨와 그 가족에게 감사를 표하면서 이 책을 끝마치고자 한다.

## 옮긴이 후기

이 책은 2008년 12월에 NTT 출판에서 간행된 마루타 하지메(丸田一)의 『'場所'論』을 번역한 것이다. 현실공간(지역론)과 웹 공간이라는 두 개의 영역을 '장소론'이라는 중재자적 관점에서 분석한 책이다. 무엇보다 이 책은 웹 공간이 사람들의 활동을 지탱하며 실존을 근거해주는 것으로 인식됨과 동시에 실제 현실과 웹 사이에서 장소의 재편이 일어나는 현상에 초점을 맞추고 있다. 그것은 웹과의 접점을 통한 지역 재생을 의미하는 것일 것이다. 이 책을 읽는 독자들은 현 시점에서의 인터넷과 관련된 '정보사회론'적인 관점에서 '장소론'을 차분하게 읽어나가면 좋을 듯싶다.

1990년대 인터넷이 급속히 보급되면서 '웹 공간'이나 '인터넷 공간'이라고 불리는 공간이 현실 세계에 등장했다. 지역의 쇠퇴와 함께 장소가 상실되어 가고 또 다른 한편에서는 웹 공간이라고 하는 새로운 장소가 생겨났다. 이 같은 장소를 둘러싼 복잡한 양상을 극적으로 취급하여 사태의 실상을 명확하게 밝히려고 한 것이 이 책의 저자 마루타의 의도이다. 렐프를 비롯하여 볼노브와 같은 지리학자나 하이데거, 와쓰지(和辻), 니시다(西田)와 같이 많은 사람을 등장시켜서 고금동서의 장소론이나 공간론을 정리한 것이 눈에 들어온다. 하지만 저자의 박식함이 오히려 장황스러움으로 이어져 감당하기 힘들 정도로 번역이 어려웠던 점도 기억에  남는다. 이 책은 확실히 미디어론, 현대사회론과 그것들의 철학적 해석 등이 독자에게 많은 지식을 요구하고 있지만, 역으로 그것들이 정보화 사회에 있어서 장소론에 내재된 미스터리적인 요소로 작용하리라 생각한다.

이 책의 구성은 제1장과 제3장이 현실공간론, 제4장과 제5장이 웹 공간론으로 되어 있다. 제6장은 현실공간론으로 다시 돌아가서 '향토' 이야기로 마무리를 짓는다. 저자는 이 책을 통해서 인터넷이라고 하는 탈지역적인 기술 혁신을 지역의 발전에 환원시켜야 하지 않을까 하는 메시지를 끊임없이 발신하고 있는 것 같다. 옮긴이도 상당 부분 공감이 가는 바이다. 웹 공간이 현실 세상인 지역을 잠식해 간다는 시각에서 벗어나 오히려 인터넷을 통한 활동공간을 보다 유효하게 보다 건전하게 만들어서 현실공간을 재편하고자 하는 로망을 꿈꾸어 본다. 웹에 의해 '장소'를 의식하는 계기를 만드는 것, 그리고 트위터나 웹서비스 등의 공간 형식을 갖춘 인터넷이 지역 발전에 이바지할 수 있도록 만드는 것, 이러한 것들이 지금의 우리가 지역에 대한 새로운 긴장감을 되살리는 데 조금이라도 보탬이 되기를 바란다.

끝으로, 세인들은 인터넷이 세상을 완전히 바꾸어 놓았다고 말한다. 인터넷의 등장이 '혁명'인 이유인 것일 게다. 인터넷의 영향력 속에 살아가는 우리들은, 즉 인터넷이 우리의 삶에 어떠한 이익과 위협을 주는지를 생각해 보아야 할 것이다.

*    *    *    *    *

『'장소'론』이 세상 밖으로 번역되어 나오기까지 부산대학교 한국민족문화연구소 로컬리티의 인문학연구단 번역사업팀께 우선 감사의 말씀을 전하고 싶다. 또한 이렇게 좋은 책을 함께 번역한 공역자 윤상현 선생님의 노고에도 진심으로 감사를 전한다. 공역 과정에서 말 못 할 어려움도 많았을 터인데, 끝까지 인내심을 가지고 최선을 다해 준 점 거듭 감사를 드리며 윤 선생님의 앞날에 행운이 가득하길 기원하는 바이다. 마지막으로 물심양면으로 아낌없이 뒤에서 도와주고 응원해 준 후배 우근태 선생님에게도 고마움을 전하고 싶다.

# 찾아보기

【ㄱ】

【ㄴ】



【ㄷ】

【ㄹ】



【ㅁ】



【ㅂ】

【ㅅ】

【ㅇ】

【ㅈ】

【ㅊ】



【ㅋ】

【ㅌ】



【ㅍ】



【ㅎ】

**

# 〈로컬리티 번역총서〉를 펴내며

로컬리티의 인문학 연구단에서 번역총서를 내놓는다. 〈로컬리티 번역총서〉는 고전적·인문학적 사유를 비롯해서, 탈근대와 전지구화의 관점에서 해석되는 로컬리티에 대한 동서양의 다양한 논의를 담고 있다. 로컬리티 연구는 동서양을 막론하고 학문적 교차점, 접점, 소통성을 확보하는 것이 중요한 과제다. 이러한 의미에서 본 연구단에서는 장기적인 계획 아래, 로컬리티 연구와 관련한 중요 저작과 최근의 논의를 담은 동서양의 관련 서적 번역을 기획했다. 이를 통하여 로컬리티와 인문학 연구를 심화하고 동시에 이를 외부에 확산시킴으로써 로컬리티 연구의 저변을 확대하고자 한다.

우리가 로컬리티에 천착하게 된 것은 그동안 국가 중심의 사고 속에 로컬을 주변부로 규정하며 소홀히 여긴 데 대한 반성적 성찰의 요구 때문이기도 하다. 오늘날 로컬은 초국적 자본과 전지구적 문화의 위세에 짓눌려 제1세계라는 중심에 의해 또다시 소외당하거나 배제됨으로써 고유의 정체성을 잃어가고 있다. 반면에, 전지구화 시대를 맞아 국가성이 약화되면서 로컬은 또 새롭게 거듭나고 있다. 그동안 국가 중심주의의 그늘에 가려졌던 로컬 고유의 특성을 재발견하고 전 지구화에 능동적으로 대처하는, 이른바 로컬 주체의 형성과 로컬 이니셔티브(local initiative)의 실현을 위해 부단한 노력을 기울이는 모습들이 속속 드러나고 있다.

이제 로컬의 현상들을 파악하기 위해 기존의 지역 논의와 다른 새로운 사고가 절실히 필요하다. 지금까지 지역과 지역성 논의는 장소가 지닌 다양성과 고유성을 기존의 개념적 범주에 맞춤으로써 로컬의 본질을 왜곡하거나 내재된 복합성을 단순화하는 오류를 범했다. 이에 우리는 로컬을 새로운 인식과 공간의 단위로서 재정립해야 할 필요성을 다시 확인하며, 로컬의 역동성과 고유성을 드러내줄 로컬리티 연구를 희망한다.

〈로컬리티 번역총서〉는 현재 공간, 장소, 인간, 로컬 지식, 글로벌, 로컬, 경계, 혼종성, 이동성 등 아젠다와 관련한 주제를 일차적으로 포함했다. 향후 로컬리티 연구가 진행되면서 번역총서의 폭과 깊이는 더욱 넓어지고 깊어질 것이다. 번역이 태생적으로 안고 있는 잡종성이야말로 로컬의 속성과 닮아 있다. 이 잡종성은 이곳과 저곳, 그때와 이때, 나와 너의 목소리가 소통하는 가운데 새로운 생성의 지대를 탄생시킬 것이다.

우리가 번역총서를 기획하면서 염두에 둔 것이 바로 소통과 창생의 지대이다. 우리는 〈로컬리티 번역총서〉가 연구자들에게 로컬리티 연구에 대한 기반을 제공해줌으로써 학제간의 경계를 넘나드는 심화된 통섭적 연구가 이루어지고, 나아가 '로컬리티의 인문학(locality and humanities)'의 이념이 널리 확산되기를 바란다.

부산대학교 한국민족문화연구소

(HK)로컬리티의인문학 연구단

지은이 마루타 하지메
1960년 사이타마 시(埼玉市) 출생. 일본의 평론가이며 방송대학 비상근 강사. 전공은 정보사회학, 지역정보화 연구. 와세다 대학 이공학부 건축학과를 졸업한 후 다이세이 건설(주), 산와 종합연구소 주임연구원, UFJ 종합연구소 수석연구원, 국제대학 글로벌커뮤니케이션센터 교수 및 부소장 등을 역임하였다. 싱크 탱크(think tank) 시대의 지역연구에 근거하여 지역정보화 연구를 이끌면서 독자적인 정보사회에 대한 분석을 행하고 있다.

옮긴이 박화리
1964년생. 리쓰메이칸 대학 문학부 사학과 일본사 전공. 동 대학원 국제관계연구과 국제관계학 석사과정 수료. 일본 근·현대사 특히 조선총독부 관련 언어정책에 관한 연구를 하고 있다. 2005년에는 일제강점기하 식민지 언어문제를 다룬 「1930~40년대 일본어교육 전개에 관한 연구」로 인하대학교 일어일본학과에서 일본어학 박사학위를 취득했다. 주요 역서로는 『야스쿠니 신사』(2008) 등이 있다. 현재 인하대학교 출강.

옮긴이 윤상현
1970년생. 인천시립대학교 일어일문학과 학부, 한국외국어대학교 일어일문학과 석사 졸업. 2004년 나고야 대학 국제언어문화연구과 박사과정 수료 후 2009년에 한국외국어대학교 대학원 일어일문학과에서 근대문학으로 박사학위 취득. 현재 경원대학교 학술연구교수, 한국외국어대학교, 인천대학교, 경원대학교, 가천의과대학교 출강. 저서로는 『인간적인 1분 문법책』(김영사, 2005), 『일본어 급하신 분을 위한 표현백서』(김영사, 2007), 『아쿠타가와 류노스케 전집 1』(공저, 제이앤씨, 2009), 『아쿠타가와 류노스케 전집 2』(공저, 제이앤씨, 2010), 『神이 되고자 했던 바보 아쿠타가와 류노스케』(지식과 교양, 2011)

## '장소'론

**웹상의 리얼리즘과 지역의 로맨티시즘**

초판 1쇄 발행 2011년 12월 31일

지은이|마루타 하지메
옮긴이|박화리, 윤상현
펴낸이|최원필
펴낸곳|심산출판사
주 소|서울시 은평구 불광동 219-7 예은 101
전 화|02-357-0633
팩시밀리|02-357-0631
E-mail|simsan@korea.com
등 록|제1-2114호(1996년 11월 28일)
ISBN|978-89-94844-11-4 93300